中國學術思想 研究輯刊

十二編

林慶彰 主編

第49冊

焦循之「權」論研究

劉佳雯 著

花木蘭文化出版社

國家圖書館出版品預行編目資料

焦循之「權」論研究／劉佳雯 著 — 初版 — 新北市：花木蘭
文化出版社，2011〔民 100〕
目 2+184 面；19×26 公分
（中國學術思想研究輯刊 十二編；第 49 冊）
ISBN：978-986-254-689-5（精裝）
1.（清）焦循 2.學術思想 3.權變理論
030.8 100016215

ISBN-978-986-254-689-5

9 789862 546895

中國學術思想研究輯刊
十二編 第四九冊 ISBN：978-986-254-689-5

焦循之「權」論研究

作 者	劉佳雯	
主 編	林慶彰	
總 編 輯	杜潔祥	
出 版	花木蘭文化出版社	
發 行 所	花木蘭文化出版社	
發 行 人	高小娟	
聯 絡 地 址	新北市永和區中正路五九五號七樓	
	電話：02-2923-1455／傳眞：02-2923-1452	
網 址	http://www.huamulan.tw 信箱 sut81518@gmail.com	
印 刷	普羅文化出版廣告事業	
封 面 設 計	劉開工作室	
初 版	2011 年 9 月	
定 價	十二編 55 冊（精裝）新台幣 90,000 元	

焦循之「權」論研究

劉佳雯　著

作者簡介

劉佳雯，畢業於彰化師範大學國文研究所，現任教於彰化縣立彰興國民中學。

提　　要

　　焦循是乾嘉時期重要代表學者，而「權」的觀念是他思想中最鮮明的特色，後人以「變通哲學」稱之。其論「權」，係建立在孔孟及諸儒之「權」論的基礎上而加以充實與發揮，並將其導入現實生活中，強調必須變通以應對客觀領域中的日用百為，才能促進生活品質的升級。他並提出「權而後經正」、「禮以時為大」、「能知故善」的思想內容，其重視現實社會的實務與時效，頗能反映清代經驗義理學的面貌。

　　全文則主要依下列脈絡寫作：首先略述研究動機與目的，並探討相關於「權」的幾個概念：如「變」、「中庸」、「時中」。其次則對孔孟暨諸儒之「權」論的梳理，以呈現儒家「權」論的理路脈絡，藉此充分把握焦循論「權」的線索。再其次論述焦循論「權」的學術氛圍，以印證焦循之「權」論是在儒學價值觀已然轉型下所建構的社會哲學。之後則全面析論焦循「權而後經正」的理論內容：包括對「攻乎異端」、「一以貫之」的再詮釋、「反經所以為權」、「知命行權」、「反乎經而不枉乎道」等思想；再從焦循「趨時行權」的變通實踐觀來深論其與《易》之會通，並架構出重變主智的兩大論點：「禮以時為大」、「能知故善」。最後則總結焦循「權」的思想。

　　要之，焦循重新省視儒家「通權達變」的思想，可說是轉型社會的一種文化模式。因當時中國社會正從傳統走向現代，注重變革、現實功利，故其「權」論可說兼容傳統文化與歷史進程的思想，使得傳統思想與現代思維能順利銜接。故將其「權」論放在此一觀察點來看，自有其理論意義與實踐價值。

目

次

第一章　緒　論

一、研究動機與目的

　　焦循是乾嘉時期重要代表學者，阮元譽之爲「通儒」，〔註1〕正說明了「變通」的觀念是他思想中最鮮明的特色。從賴貴三先生指出「焦循極度關心現實問題，以變通爲要義」即可見一斑。〔註2〕

　　所謂「變而通之之謂權」，〔註3〕「權」即是變通，也就是通權達變。而「權」的概念本是儒家所重視與強調，孔子言「未可與權」、孟子言「嫂溺援之以手，權也」，後儒在孔孟之「權」論的基礎上加以繼承與發揮，漢儒言「反經爲權」、宋儒論「權只是經」，〔註4〕其立論的側重點不同而衍生出對經、權關係的看法雖不同，但對於「權」的肯定卻是高度一致的。明、清之際，諸儒面對天崩地解的年代，現實的紛亂與經驗界的失序，促使清儒急欲思索對治方法，此刻儒家「權」的思想顯得尤爲重要，清儒就是在此意義上對「權」的概念做了歷史的總結。

〔註1〕　阮元，〈通儒揚州焦君傳〉，收在焦循，《雕菰集》（台北：鼎文書局，1977），頁6。
〔註2〕　賴貴三，〈清代乾嘉揚州學派經學研究的成果與貢獻〉，《漢學研究通訊》，第十九卷，第四期，2000·11，頁592。
〔註3〕　〈說權一〉，《雕菰集》，卷十，頁143。
〔註4〕　以上引言分見〈子罕〉，《論語纂疏》（趙順孫，《四書纂疏》，台北：學海出版社，1993），頁245；〈離婁上〉，《孟子纂疏》（《四書纂疏》），頁449；何休注、徐彥疏，《春秋公羊傳注疏》（《十三經注疏》，台北：新文豐出版公司，2001），卷五，頁185；〈子罕〉，《論語集注》（朱熹，《四書章句集注》，台北：大安出版社，1999），卷五，頁157。

　　面對時代的變化與文化氛圍的轉變，焦循重新省視儒家「權」的內涵與意義，並將其導入現實世界，不但對孔孟的「權」論有所繼承，並且融通漢、宋「權」說，進而開拓出自己獨樹一幟的「權」論。大陸學者亦指出：

> 「實」、「通」二字是焦循「實測」之學的核心和靈魂。在他的思想體系裏，「實」與「通」緊密不可分，并貫串于他的哲學、社會政治倫理思想、治經問學方法、以及其自然科學之中。〔註5〕

是以焦循強調「實且通」的思想頗能反映乾嘉時期的義理傾向，故具有一定的理論價值與實際意義，值得深入研究。

　　焦循字里堂，生於清乾隆二十八年（西元 1763 年），卒於清嘉慶二十五年（西元 1820 年）。世居江都北湖黃玨橋，當時屬江蘇揚州府甘泉縣，今為江蘇邗縣黃玨橋鎮。焦循自幼即飽讀經書，在潛移默化之中，建立起自己通達的見識與胸襟，是以善於匯通、反對執一就成為其治學的態度與方法。他多次參加科舉考試卻屢屢挫敗，直到三十九歲終於鄉試合格，考中舉人，隔年赴京會試，在高度的期待下卻落第，感嘆之餘也反省出失利的原因竟是「文章未解趨風氣」，〔註6〕於是他放棄了祿命的追逐，回到家鄉，自築雕菰樓，從此足不入城市，專心從事著述與研究，終其一生，以讀書、教書、寫書為主要的活動。〔註7〕於經學、史學、文學、曆算、文字、音韻、地理、水利、醫學、生物、文藝、建築等無所不通，更貫徹其「證之以實，運之以虛」的精神，〔註8〕成為乾嘉時期考據與義理兼備的重要學者，可見生命的轉彎與變通能為自己開拓出另一條廣闊的人生道路，焦循「權」的思想可說是生命經驗的凝結。

　　「通」是焦循在為學上所秉持的一貫態度，是以他成學力主「通核」，〔註9〕故博採眾說、著述豐富：（一）在經學方面，著有《易學三書》四十卷（《易通釋》二十卷、《易圖略》八卷、《易章句》二十卷）、《易話》二卷、《易廣記》三卷、《注易日記》三卷、《孟子正義》十四卷、《六經補疏》二十卷、《論語通釋》一卷、《三禮便蒙》等；（二）在天文曆算方面，有《里堂學算記》（包括《加減乘除釋》八卷、《天元一釋》二卷、《釋弧》三卷、《釋輪》

〔註5〕辛冠浩、葛晉榮、陳鼓應等編，〈焦循的實測文學〉，《明清實學思潮史（下）》（濟南：齊魯書社，1989），頁1662。
〔註6〕〈題闈中壁〉，《雕菰集》，卷四，頁57。
〔註7〕閻韜，〈焦循〉，收在辛冠浩等編，《中國古代著名哲學家評傳（續編四）》（濟南：齊魯書社，1982），頁3。
〔註8〕〈與劉端臨教諭書〉，《雕菰集》，卷十三，頁215。
〔註9〕〈辨學〉，《雕菰集》，卷八，頁109。

二卷、《釋橢》一卷、《開方通釋》一卷等）；（三）在醫學方面，有《李翁醫記》、《醫說》、《種痘醫書》、《沙疹吾驗篇》等；（四）在地理方面，有《禹貢鄭注釋》一卷、《毛詩地理釋》四卷；（五）在生物方面，有《毛詩鳥獸草木魚虫釋》十一卷；（六）在文學方面，有《劇說》、《雕菰樓詞話》等；在地方志方面，有《揚州府志》、《邗記》、《北湖小記》等。此外，還有（七）文集，有《雕菰集》、《里堂札錄》、《里堂家訓》、《憶書》、《八五偶談》、《易餘籥錄》、《易餘集》等，約三百卷。〔註10〕而其著作中，以《易學三書》、《易話》、《易廣記》、《孟子正義》、《論語通釋》、《論語補疏》、《里堂家訓》、《易餘籥錄》、《雕菰集》等主於闡發其義理之學，尤其是以「權」的思想占重要部分，本文即根據以上幾本原典爲其研究的原始材料，歸納並尋繹出焦循「權」的理論與架構。

學術界以焦循爲研究對象頗爲豐碩，賴貴三先生於〈焦循（1763～1820）研究論著目錄：1796～2001〉一文中搜集大陸、台灣、日本、香港等地學者有關焦循研究論著資料，並彙編目錄，分爲十二類：（一）焦循研究專書。（二）焦循研究學位論文。（三）焦循生平、著述及年譜。（四）焦循學術思想通論。（五）焦循經學通論與易學研究。（六）焦循其他諸經與孟子學研究。（七）焦循數理思想研究。（八）焦循戲曲與文學理論研究。（九）焦循史學研究。（十）焦循書信、詩文等研究資料。（十一）日本學者的焦循研究。（十二）焦循研究相關論著資料。又附錄一篇，〔註11〕共約有二八八筆。把前人的研究成果網羅殆盡，資料周全且詳盡，也爲研究焦循者提供極爲珍貴的線索，是以前賢的研究成果與貢獻值得予以高度肯定。

筆者即以學者專家的研究做爲本文研究進路的基礎，並在閱讀過程中發現前輩對於焦循「權」的思想早已有所注意，如錢穆先生說「里堂既惡執故言權」、「趨時能權則不執一」；王茂先生則標舉「焦循的時行哲學」，從政治哲學——時行、變通的角度對於焦循的思想有精闢論述；何澤恆先生指出焦循「以變通言性善」、「以權變分辨人禽之性」、「以易旁通義說孟子性善」、「以變通義說命」，從性善義的角度來論焦循「變通」思想；張師麗珠云：「主於趨時、變通的『行權』，便成爲焦循學說中的處世之道」；王永祥先生亦稱焦

〔註10〕引自辛冠潔、葛晉榮、陳鼓應等編，〈焦循的實測之學〉，《明清實學思潮史（下）》，頁 1659～1660。

〔註11〕詳見賴貴三，〈焦循（1763～1820）研究論著目錄：1796～2001〉，《漢學研究通訊》，第二十一卷，第一期，2002・2，頁 171～182。

循的哲學叫做「變通哲學」，不論是治學的精神、宇宙觀、性善論、論人事的理、論事物的理、論欲處或注重理智作用等，都是主張變通，〔註12〕這些都提點著筆者焦循「權」的思想值得開發與探討。

是以筆者嘗試著以「權」做為焦循思想的核心，做深入的擴充與延伸，以呈現焦循完整的「權」論，並藉此反映乾嘉新義理學的獨特面貌。

二、釋「權」

（一）「權」的本義與引申義

1. 物理作用之本義

「權」是秤錘，「衡」是秤杆，二者合構而成稱量物品輕重的衡器——秤（稱）。〔註13〕《廣雅·釋器》：「錘謂之權」、顏師古《漢書·食貨志》注：「衡，橫也」、朱駿聲云：「懸者曰權，橫者曰衡」，可見秤上曰衡，秤錘曰權，兩者是秤的組成零件。段玉裁簡單的描繪秤的形構，其言：「權衡者，一直一橫之謂。」〔註14〕林憶芝先生則對秤的形構與各個組成要件的功能有詳實且具體的描述，其論：

> 稱之結構分為四部分：稱桿、稱毫、稱鈎和稱錘。
>
> （1）稱桿，即衡，是稱錘、稱紐與稱鈎之所繫。當稱量物件時，稱桿必須平正，然後稱量才能準確。稱桿向上翹或向下垂都表示權的位置不正確，因為稱桿尚未達到平衡，故未能知道物件的真正重量。稱桿上刻有標記，稱為小星，每一刻度表示一特定的重量。
>
> （2）稱毫，又稱稱紐，是稱量物件時人手提把的地方，是支點之所在。

〔註12〕以上引言分見錢穆，《中國近三百年學術史（下）》（台北：商務印書館，1996），頁510；王茂等著，〈焦循的時行哲學〉，《清代哲學》（安徽：人民出版社，1992），頁704～716；何澤恆，《焦循研究》（台北：大安出版社，1990），頁174～206；張師麗珠，〈焦循發揚重智主義道德觀的「能知故善」說〉，《清代義理學新貌》（台北：里仁書局，1999），頁227～228；王永祥，〈戴東原的繼承者焦里堂〉，《東北叢刊》，第一卷，第十二期，1930·12，頁24。

〔註13〕段玉裁云：「秤即今稱字」。（見許慎著、段玉裁注，《說文解字注》，台北：藝文印書館，1970，頁330。）

〔註14〕以上引言分見丁福保，《說文解字詁林正補合編》（台北：鼎文書局，1975），頁538，942，943；《說文解字注》，頁714。

（3）稱鉤，用以鉤住被稱量的物件，是重點之所在。

（4）稱錘，即權，又稱稱砣，是力點之所在。物件的輕重，完全依靠權的位置來確定，因此可以說，稱而無權，則不能稱量物件。
〔註15〕

筆者簡單以圖示之：

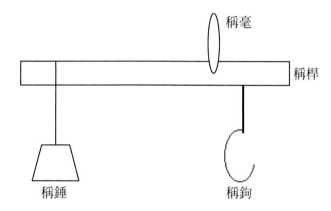

《漢書・律曆志》：「權衡者，衡，平也；權，重也。衡所以任權而均物平輕重也。」《論語》：「謹權量」、《孟子》：「權，然後知輕重。」《荀子》：「衡誠縣矣，則不可欺以輕重」、《莊子》：「爲之權衡以稱之。」《管子》：「權衡者，所以起輕重之數也。」〔註16〕可見權衡的主要功用是測定物體的重量。

而權衡既是用來衡量物重，那麼要如何來操作權衡呢？又權衡必須在何種狀態才能呈現出物體的真實重量呢？這就涉及及到力學上的槓桿原理。《墨經》是最早對秤的槓桿原理做理論的探討，其中記載「衡而必正，說在得」，指出如果秤杆要平正，其關鍵在於稱錘的位置恰當合宜。《經說》有進一步闡釋：「衡，加重於一旁，必捶，權相若也相衡，則本短標長。」〔註17〕戴念祖先生指出從稱的支點到重物一端的距離稱爲本（今稱爲重臂），從支點到稱錘

〔註15〕林憶芝，〈《論語》「可與共學」章試釋〉，《中國文化研究所學報》，第十期，2001，頁 466。

〔註16〕以上引言分見班固，〈律曆志〉，《漢書（上）》（台北：商務印書館，1981），卷一，頁 196；〈堯曰〉，《論語纂疏》，頁 346；〈梁惠王上〉，《孟子纂疏》，頁 363；王先謙，《荀子集解・禮論》（台北：藝文印書館，2000），卷十三，頁 596；郭慶藩，《莊子集釋・胠篋》（台北：國家出版社，1982），頁 350；安井衡，《管子纂詁・明法解》（台北：河洛圖書出版社，1976），卷二十一，頁 22。

〔註17〕李生龍，《新譯墨子讀本・經說下》（台北：三民書局，1996），頁 321。

一端的距離稱爲標（今稱爲力臂），是以他概述了本段內容可以理解爲：當秤平衡時，在秤的本端加重，本端要下垂，因爲此時權與重物二者不相當；如果本端加重后秤是平衡的，那麼秤必定是本短標長。〔註18〕經由戴氏的解說，我們可以進而以槓桿原理的數學公式來表示：本×重＝標×權，而其中稱錘是槓桿原理成立的要件。

是以權和衡所構成的秤，其實就是物理作用的廣泛應用，也就是說秤之能夠稱物，主要是運用槓桿原理。當稱來物時，稱錘必須因應來物的輕重而左右移動，務必使稱桿保持平衡狀態，稱毫左右沒有重俯輕仰的情形，然後根據稱錘所在位置的稱星，即可知道來物的眞實重量；倘若要在稱鉤上減輕少許重量，此時必出現稱桿不平衡、傾斜的狀態，稱毫左右會出現輕仰重垂的情形，此時稱錘必須向秤桿的右端移動，才能使稱桿再度平衡，根據稱錘所在位置的稱星，便可知道減輕後的物體重量。

秤桿在平衡狀態才能呈現物品實重，故「下齊如權衡以應平」，〔註19〕正說明秤桿平衡是物重的指標。焦循說：

> 權之於稱也，隨物之輕重以轉移之，得其平而止，物增損而稱，則
> 長平轉移之力也，不轉移則隨物爲仰昂，而不得其平。〔註20〕

故促使稱桿保持平衡的重要關鍵則是稱錘，它沒有固定的位置，必須因應來物的輕重而做適當的轉移，其目的就是要保持稱桿平衡以獲得物品實重，故稱而無權，則不能稱量物件，可見要發揮秤的最大作用，秤錘的調整是操作重點，如焦循所說「所以銓衡輕重，全視乎錘」，〔註21〕是以錘之進退能發揮秤的整體功效——衡以進退得平、物以輕重得準，其重要性不言而喻。

是以從物理作用來看，在稱物時，沿著力臂移動作用力錘，可以平衡重臂的重量，可見秤錘是機動的、可隨時轉移、不固定的，它是秤具中唯一可以移動的，移到恰當處與來物的輕重相當，使秤桿保持平衡的重要依據，故可說是秤具中最重要的一部分。

2. 人事作用之引申義

〔註18〕上論及引言分見戴念祖，《中國古代物理學》（台北：商務印書館，1994），頁15；戴念祖，《中國力學史》（石家莊：河北教育出版社，1988），頁201。

〔註19〕王夢鷗，《禮記今註今譯（下）·深衣》（台北：商務印書館，1987），頁933。

〔註20〕〈說權四〉《雕菰集》，卷十，頁145。

〔註21〕焦循，《孟子正義·梁惠王章句上》（台北：文津出版社，1988），卷三，頁88。

從物理作用來說，秤錘位置稍有移動或變通，就能使秤桿俯仰低昂，是以「權」是變動不居的，而其移動的目的是因應來物而求得其平衡。人們便從「權」的物理作用領悟到「權」的人事作用，也就是從「權」的本義——秤錘的移動轉化提昇為「權」的引申義——通權達變。戴念祖先生即指出：「權字作變通的引申義來自秤。」〔註22〕可見物重不定，以秤錘應對之以達到平衡；而外在人事、環境不同，則權變因應之，以致和宜，兩者的精神實質密切關連，林憶芝先生亦說：

> 「權」字引申為變通、權變的意思，這個意義乃由稱衡的運作情況而衍生的。……換句話說，權必須按每次稱量的實際情況而移動，所以權又有因時制宜、權變、通變的意思。〔註23〕

是以根據秤具的操作情況來看，稱錘具兩點特質：第一、權是不固定的，它是發揮衡器功能的重要組件，沒有它，則不能稱物。因為權沒有持定位置，是以它在稱桿上摸索、調整、修正一個適當之處，除了促使秤杆平衡亦能反映物體實重，這就是「權」靈活性的特點。第二、「權」是為因應來物而伸縮力臂，當來物重時，則往秤杆末（左）端移動，伸長力臂；當來物輕時，則往秤桿本（右）端移動，縮短力臂，是以來物輕重不定，稱權的移動完全視來物而決定，這就是「權」適當應用的特點。基於這兩種特點，當引申、衍化至人事日用百為上，就凝結成變通、權變的概念了。

在複雜的現實生活中，外在環境、人、事不定，人如何應接外在事物而做出適當、合宜的因應措施，唯一的方法就是「通權達變」。是以孔子言「未可與權」、孟子言「嫂溺援之以手，權也」、荀子云「人無動而不可以不與權俱」、《公羊傳》云：「權者反於經」、程頤云「權只是經也」、戴震言「權之而分理不爽」、焦循云「權也者，變而通之之謂也」等，〔註24〕也就建立起儒家「權」的理論。

除了儒家論「權」，道家雖主張自然、無為的生命狀態，但「無為而為」也是一種權衡變通的作法，可見老、莊的思想中，也有「權」的概念。如老子：「玄德深矣遠矣，與物反，然後乃至大順。」此「反」也淺藏著未必要按

〔註22〕同註18，頁202。
〔註23〕同註15，頁468。
〔註24〕以上引言分見〈正名〉，《荀子集解》，卷十六，頁696；戴震，〈權〉，《孟子字義疏證》（台北：廣文書局，1978），卷下，頁11；〈說權一〉，《雕菰集》，卷十，頁143。

照既定的原理而行的意義，所以他進而指出「反者道之動」的體認，〔註 25〕雖未符合孔孟論「權」的真正含義，但還是透露著「權」思想的端倪。莊子也說：「知道者必達於理；達於理者必明於權；明於權者不以物害己。」此「權」就有變、動之義，因為明權知變才能不役於外物的拘執，如此才能使生命有更開通的生機，所以雖然「緣督以為經」，但也必須「為之權衡以稱之」。〔註 26〕莊子言「權」的意義、原則與孔孟雖不盡相同，但也表明了「權變」在莊子思想中的重要性。

墨家除了對「權」有物理作用的闡述，對於「權」的人事作用亦有理論探討，並且有其特殊見解，尤其墨家後期對於道德行為主體在境遇兩難的取捨給予的高度關注。《墨子》中指出：「於所體之中而權其輕重之謂權。權，非為是也，亦非為非也。權，正也」，是以要根據自身的體驗來取捨與判斷其輕重，這才是「權」。而行權必須考慮利害結果，其原則是「利之中取大，害之中取小」，這種在利害大小中進行權衡、比較，就是「權」。墨家主張趨利避害主要是以利天下之利益為考量，故天下人之大利才是行為取捨的最終極指標。而判斷、取捨利害的據點是什麼？他們把人們在面臨行為抉擇的行權根據訴諸於人類的欲望與理智，其言：「權，欲正權利，惡正權害」，〔註 27〕權衡分欲正、惡正兩種情形，欲正是利中取大，惡正是害中取小，兩而勿偏的考慮利害兩方面，墨家把行權導向理性分析的層面，就這個意義來說，顯然比其他學說來得更為成熟與深邃的。

由以上可知，稱物體時，必須隨物的輕重而移動稱錘以持平；應人事時，也須衡量本末先後、輕重緩急以得宜，故「權」由秤錘的物理義折射成為變通的人事義，落實在日用百為就成為「行權」、「用權」的應世之方。

但稱錘移動以量物之輕重，簡單且具體，只要依循操作原理即可；而人類面臨境遇是複雜且不定，該如何權變？或者變通的舉措是否有原則可以遵循？這就涉及到「經」的觀念，經、權是哲學上的一對概念，葛榮晉先生就說：「經和權是標誌常規（常理）和權變的一對哲學範疇。」〔註 28〕何謂經？徐灝云：

> 經者，所以織也。經其常也。戴氏侗曰：「凡為布帛，必先經而後緯。
> 故經始、經營、經常之義生焉。」灝謂：「大經猶如大綱，故經常亦

〔註 25〕朱謙之，《老子校釋》（台北：華正書局，1986），頁 266，165。
〔註 26〕〈秋水〉，〈養生主〉，《莊子集釋》，頁 588，115。
〔註 27〕上論及引言見〈大取〉，〈經說上〉，《新譯墨子讀本》，頁 360，265，296。
〔註 28〕葛榮晉，《中國哲學範疇史》（哈爾濱：黑龍江人民出版社，1987），頁 35。

曰綱常也。」〔註29〕

「經」的本義指織布的縱絲，與「緯」相對，而「緯」是指織布的橫絲，經、緯交錯即成織物。「經」既為織布之直線，由直線的本義逐引申為原則的意義，是以「經」、「權」的概念便緊密連結起來。而「經」又可概括為兩種涵義，第一種指常道的內容意義；第二種則指禮、法的形式意義，如果對於「經」的理解角度不同，連帶的對於經、權關係的立論也會不同，如「權即是經」即是主張權變是以完道為最終目的；又如「反經為權」即是主張禮法等形式可隨時調整，這就是權變。僅管對於「經」的內涵指涉不同，但對於「權」思想的高度重視卻是不謀而合。

是以人事作用之引申義──權變、變通就成為重要的哲學思想，而圍繞經、權關係展開的論述亦成為歷來學者所關注與強調的。

3. 今人釋「權」

關於經權說，當今學者亦有其精闢的詮釋。為使讀者對經、權內涵有全面性的了解，筆者即歸納學者之說，並分為四種說法來闡述「權」的涵義。

（1）把「經」概括為原則性，把「權」概括為靈活性。

甲、張岱年先生說：「經就是原則性，權就是靈活性。」

乙、張立文先生認為「經」與「權」約具四義：常規性與變動性、原則性與靈活性、處理事件的一般性和特殊性、社會、經濟、道德等的守常和改革。

丙、馮友蘭先生說：「道是原則性，權是靈活性。靈活性在表面上看，似乎是違反原則性，但實質上正是與原則性相合。」

丁、錢鍾書先生說：「昔語所謂『權』，今語所謂『堅持原則而靈活運用』也」。〔註30〕

戊、林憶芝先生認為「權」有三種意義：一、權是原則。二、權是原則的應用。三、權是適當地應用原則。他進而指出孟子心目中的孔子為「聖之時者」，其具備兩層涵義，他說：「第一、一切行為均以仁義原

〔註29〕《說文解字詁林正補合編》，頁 528。

〔註30〕以上諸說分見張岱年，《中國古典哲學概念範疇要論》（北京：中國社會科學出版社，1989），頁 209；張立文，〈經權論〉，《中國哲學範疇發展史──人道篇》（台北：五南圖書出版社，1997），頁 672；馮友蘭，《中國哲學史新編（一）》（北京：人民出版社，1982），頁 144；錢鍾書，《管錐編》（香港：太平圖書公司，1980），頁 206。

則、道德原則爲根本；第二、必須權衡情況，運用智慧實踐仁義原則。
第一層所重的是道德原則（仁義原則），是根本的、是經；第二層所
重的是操作原則（權衡），是配合時勢、環境而作的變化，是權。這
兩者的關係十分密切，而第一層具有優先性，意即必須首先合乎仁義
的原則，然後我們才可以考慮如何行權，如合配合時勢、環境以實踐
仁義。」

己、呂紹綱先生說：「經、權說是儒家關於如何處理常道與變通二者關係
的哲學學說。經，常道；權，變通。猶當今之原則性與靈活性。」又
說：「在一般的正常情況下守常道、遵禮義做事相對的容易，在特殊
的非常情況下知權行權則極難能。前者屬於道德修養問題，后者既屬
於道德修養問題也屬於智能問題。」

庚、譚宇權先生認爲「權」是「權衡輕重」、是「靈活運用」、是「處於
特殊狀況下的措施」，並進而言「所謂權變，是指當吾人判斷道德是
非中，知道如何運用自己靈活的頭腦。並且能夠不走極端、也不死守
舊法，以達到適當的人生境界。」〔註31〕

此說把「經」釋爲原則性，把「權」視爲靈活性，看似對立，實質上「權」
可適當彰顯「經」的意蘊，兩者是切合的，故堅持原則而靈活運用。另外，
此說法也點出了人智的重要性，因爲「智」才可通可變，做出合宜的抉擇，
也就是「智」能變通而擇善。

（2）「權」是指因革損益

甲、蔡仁厚先生認爲「經」指不變的常道，是生活的基本原理、可適用
於任何時代、不受時代限制的永恒眞理。而「凡度量事勢以求其合
理合宜，皆謂之權」，故「經是原則，權是運用。」兩者的關係是
「有經而後有權。」權只是一種運用，是用來實現經的，也就是說
「應變只是手段，它本身不是目的。應變的目的，事實上正是爲了
守護常道，使常道換一個方式來繼續表現它的意義和價值」，故「經

〔註31〕以上諸說分見林憶芝，〈《論語》「可與共學」章試釋〉，《中國文化研究所學報》，
第十期，2001，頁 466；林憶芝，〈聖之時者——孟子心目中的孔子〉，《鵝湖
學誌》，第二十四期，2000‧6，頁 33；轉引自馬育良，〈仁、義與孔孟的經權
思想〉，《安徽師範大學學報（人文社會科學版）》，第二十八卷，第四期，2000‧
11，頁 521；譚宇權，《孟子學術思想評論》（台北：文津出版社，1985），頁
219，220，221，231。

之實現必須通權，權之運用不可離經。」他進而認為守常與應常具
備因革損益的實質，其言：「該繼承的，就因襲下來；該變革的，
就革而去之；多餘之處，就酌予減損；不足之處，就隨時增益。」
〔註32〕

此說凸顯「損益隨時」的特質，所強調的正是儒家「因革損益」、「禮以時為
大」的觀點。

（3）「權」可理解為境遇主義

甲、吉永生先生主張孔孟在創立規範主義倫理學的同時，將少量的境遇
　　主義成分引入了他們的倫理思想之中，肯定了不墨守規範要求而尊
　　重實際境遇去行動的合理性。他說：「境遇主義主張道德決斷必須
　　根據人們所面臨的實際境遇來進行，即便人在作道德決斷的時候採
　　納了某條道德規範，理由也僅僅是因為這條規範適用于那一特定的
　　境遇，而不是因為規範本身體現了一種內在的、永恆的善。如果一
　　條無法與實際境遇相吻合，就應該毫不猶豫地拋棄它，決不能用削
　　足適履的辦法讓活生生的境遇去受制於無論哪一條康德式的絕對
　　命令。」

乙、楊國榮先生則指出：「所謂權，便是指道德原則在具體情景中可以
　　作合理的變通。」他認為以境遇分析即是「權」，其言：「道德既體
　　現了人的普遍本質，又與人的具體存在相關，道德原則的絕對性
　　（經），在一定意義上從一個側面突出了人的本質力量，而其相對
　　性（權），則折射了人在具體境遇中的存在。」〔註33〕

此說凸顯「因地制宜」的觀念，強調人處在不同的位置時，其「遇合」也不
同，故回應必須視時而變。

（4）「經」、「權」是儒家管理哲學的方法論

甲、黎雷紅先生主張中國古代哲學的經權觀，是一種重要的實踐方法
　　論。他說：「在管理活動中，『經』指基本的管理規則，『權』指隨
　　機應變的管理技巧。儒家管理哲學的方法論講究「執經達權」，就

〔註32〕蔡仁厚，《儒家的常與變》（台北：東大圖書公司，1990），頁 4～5，8～9；蔡
　　　　仁厚，《儒家思想的現代意義》（台北：文津出版社，1987），頁 31。
〔註33〕以上分見吉永生，〈論孔孟倫理思想中的境遇主義成分〉，《孔子研究》，第三
　　　　期，1999，頁 46；楊國榮，〈論原始儒家的經權學說〉，《孔孟月刊》，第三十
　　　　一卷，第三期，1992・11，頁 9。

是要求管理者一方面要把握永恆不變的基本原則，另一方面又要因
應瞬息萬變的內外環境，因地制宜，因時制宜，因人制宜，左右逢
源，無往而不通。」他進而強調執經達權的基本原則是適時、取中、
得宜，合道。

乙、熊禮匯、姜國斌則認為一個領導者必須能夠做到審度時勢、通權達
變，但要注意一點：「通權達變也必須堅持原則。企業管理者以靈
活變通的辦法來處理問題，也應當以不破壞原則為基本前提。靈活
變通與堅持原則，並不互相矛盾，相反，只有使兩者有機結合，互
相補充，才是成功的管理之道。」〔註34〕

此說把經、權的運用合稱為管理哲學，經是管理規則，權是管理技巧，「執經
達權」才是成功的管理之道，其強調「權」是現實中靈活的治世之方。

綜合以上今人釋權，不論是堅持原則而靈活運用或是因革損益、境遇主
義或管理哲學方法論，這四種涵義是相通的。可知「權」是指具體境遇中的
靈活變通，也就是在面對複雜多變的人事交接過程中，能因地、時、人而制
宜，如此才能化解人生的困頓，促使生命以積極變通的方法來實踐道德原則
與意義，簡而言之，可說是一種靈活的處世之方。是以由「權」的物理本義
引申而來的人事義——通權達變，這正是今人釋「權」的內涵。

（二）相關於「權」的幾個概念——「常變」、「中庸」與「時中」

1.「常謂之經，變謂之權」〔註35〕——「常」與「變」

「常變」可說是與「經權」相關的一對範疇，後人常把二者相提並論，
焦循說：

> 變而後不失常，權而後經正。〔註36〕

可見以常言經，以變言權，「常變」與「經權」可相互發明以足其義。《韓詩
外傳》就明確指出「常謂之經，變謂之權」，是以守常應變、執經達權就成為
意義相通的語詞。《玉篇·巾部》：「常，恒也。」《正韻》：「常，久也。」具
有恒久、常則、不變等意義，其穩定的性質與「變」相對。《說文·攴部》：「變，

〔註34〕 以上兩說分見黎雷紅，《儒家管理哲學》（廣東：高等教育出版社，1993），頁90，111；熊禮匯、姜國斌著，《孟子與經營管理》（台北：絲路出版社，1998），頁316。
〔註35〕 賴炎元，《韓詩外傳今註今釋》（台北：商務印書館，1986），頁41～42。
〔註36〕〈說權四〉，《雕菰集》，卷十，頁145。

更也。」《小爾雅‧廣詁》：「變，易也。」《玉篇‧言部》：「變，化也」，具有更、化、易、革、通、權等意義，其變動的性質與「常」相對。

（1）孔、孟暨前賢之常變觀

儒家重視「常變」的思想，孔子說：「齊一變，至於魯；魯一變，至於道」，齊、魯政教風俗改變的目的是常道，是以常道是變革的目的，而「變」則成為實現目的方法。孔子從自然界變易的認識「逝者如斯夫，不舍晝夜！」體會出人文化成社會變革的概念。孟子亦云：「由今之道，無變今之俗，雖與之天下，不能一朝居也。」〔註37〕強調社會必須變革，才能進步和發展。

荀子進一步明確把「常變」標誌為一對哲學範疇，其「體常而盡變」的主張，充實和豐富「常變」思想的內涵。他也肯定道德主體自主選擇的行為與應變能力，認為「物至而應，事起而辨，若是則可謂之通士矣。」個體能應變而通，表現了荀子對境遇中變通的關注，他進一步肯定「人無動而不可以不與權俱」，〔註38〕把「變」與「權」的趨向相應，轉化成「權變」的合成意義。

荀子言「變」，表現理性客觀的思維，其言：

> 欲惡取舍之權，見其可欲也，則必前後慮其可惡也者；見其可利也，
> 則必前後慮其可害者也，而兼權之，熟計之，然後定其欲惡取舍，
> 如是則常不失陷。〔註39〕

對於欲利惡害關係的取舍變通，必須建立在「前後慮」、「兼權」、「熟計」的理性考察、分析與比較，如此才不會使「常道」陷於框架中。在權變中滲入理性精神，此「變」的思想更見嚴密。從「變」的角度出發，他主張依常行變，亦即「宗原應變，曲得其宜」，也就是具體行為雖可變動或調整，但是仍要遵守恒定的、必然的、穩定的常道，那是「變」的依據，不可否定或忽視「常」的本身，否則「變」的過程必窒礙難伸，是以「離道而內自擇，則不知禍福之所托」，〔註40〕強調的正是窮盡一切變化並付諸變革現實的實踐，其目的在於「體道」，常變關係相互制約、相互促進，通過「變」的方法以完成「常」的精神，這正是荀子「體常而盡變」的思想要義。

〔註37〕〈雍也〉，〈子罕〉，《論語纂疏》，頁 210，242；〈告子下〉，《孟子纂疏》，頁 516。

〔註38〕〈解蔽〉，〈不苟〉，〈正名〉，《荀子集解》，卷十五，頁 646；卷二，頁 169；卷十六，頁 696。

〔註39〕〈不苟〉，《荀子集解》，卷十五，頁 172。

〔註40〕〈非十二子〉，〈正名〉，《荀子集解》，卷三，頁 244；卷十六，頁 696。

法家韓非在「常」「變」觀上，則提出「常」「變」的應用標準，其曰：

> 不知治者，必曰：「無變古，毋易常」。變與不變，聖人不聽，正治
> 而已。然則古之無變，常之毋易，在常古之可與不可。〔註41〕

變或者不變，要根據客觀情勢，亦即以是否利於國治爲考量重點，只要有利
於國治，即「變」，這樣治國之道即可通過應變的手段而完成，可見韓非強調
變革的重要性。「變」的觀念可說是相應著社會歷史的加速變動而起著重要的
推動作用，即便到了社會結構較穩定的秦漢，「常變」觀依然受到關注，董仲
舒說：「春秋之道，固有常有變。」〔註42〕可見「變」的思想在歷史中受到儒
者的重視與肯定。

明儒方孝孺面對社會文化的潰散，則強調「常」的重要，他認爲「儒者
舉其常以示人，而不語其變」，是因爲恐怕世人惟變求之，而流於怪妄，導致
「棄其常而趨怪」，所以儒者「存之而不言」，也就是不過分渲染「變」的重
要。方氏此論係針對釋氏之徒，認爲他們欲使天下人信乎己，於是棄倫常不
言，惟取怪變之說，並以此「附飾其故，以警動眾庶」。〔註43〕此「變」已離
「常」，早已流於怪誕，沒有「常」爲其依歸，社會就失去了穩定、平衡與有
序的基礎與條件，是以常、變不離。

明清之際，社會發生了鉅變，有識之志重新思考變革、變通的重要性。
王夫之提出「參變知常」的主張，重點是「時亟變而道皆常，變而不失其常」，
〔註44〕其言：

> 居因其常；象，至常者也。動因乎變；數，至變者也。君子常其所
> 常，變其所變，則位安矣。常以治變，變以貞常，則功起矣。〔註45〕

在他看來，「常」或「變」必須視外在情況的而參濟使用，當常則常，當變則
變，其「常其所常，變其所變」與孔子「無可無不可」的精神相通。而「參
變知常」的原則是「常以治變」，「變以貞常」，亦即以「常」來制定「變」，
使「變」有所依歸與發揮；以「變」來實踐「常」，使「常」能充分實踐與貫
徹，兩者相互爲用，才能在現實中產生功效，端視人們如何正確理解與把握。

〔註41〕韓非，〈南面〉，《韓非子》（台北：中華書局，1987），卷五，頁8。
〔註42〕董仲舒，〈竹林〉，《春秋繁露》（台北：世界書局，1975），卷二，頁37。
〔註43〕上論及引言見方孝孺，〈啓惑論〉，《遜志齋集》（寧波：寧波出版社，1996），
　　　　卷六，頁178。
〔註44〕王夫之，《周易外傳·雜卦傳》（《船山遺書（一）》，北京：北京出版社，1999），
　　　　卷七，頁392。
〔註45〕〈繫辭上傳第二章〉，《周易外傳》，卷五，頁344。

是以「常」「變」不離不棄，兩者相輔相成，這和經、權關係是一致的，清代學者可說是對常變、經權的思想做了歷史的總結。

（2）《周易》中「變」的思想

關於常變、經權的思想，可以從《周易》中尋繹出其深奧的底蘊，東漢鄭玄提出易有三義：易簡、變易、不易，就全面性的概括了《周易》中常變、經權之義，不易為常為經；變易為變為權；簡易則是對常變、經權關係的整體把握。《周易》以易名書，就具有變動本質，從「變」的原理出發，建構出一套「變」的哲學。

其「變」可概括為二義，一為變化、變易義。是屬於現象界的性質與運動。如「剛柔相推，變在其中矣」、「變動不居，周流六虛，上下無常，剛柔相易，不可為典要，唯變所適。」「變化者，進退之象也」、「一闔一闢，謂之變，往來不窮謂之通」，〔註46〕經由陰陽、乾坤、日月、寒暑、進退、男女、剛柔等對立性質的相互作用，也就是相交、相取、相濟、相攻、相蕩、相感、相推，做為萬物化生的內在驅動力，這是自然界萬事萬物發生、發展、變化的過程與規律，充分說明自然界變化、變易的必然性。由此可知，宇宙萬物不是靜止固定的，只有不斷的運動、轉化、變易才是萬物生成的基礎與條件。

二為變通、變革義。是屬於人的主觀能動性與變通能力，這也是人們「觀乎天文以察時變」，從自然現象的變化中深刻體認而抽取出人文化成的道理。如「化而裁之謂之變，推而行之謂之通」、「變而通之以盡利」、「變通者，趨時也」，〔註47〕依循自然的變化而轉化成主體裁制的變通能力，是以變化、變易是變通、變革的基礎；而變通、變革則是變化、變易的昇華。從變化提昇到變通，它體現了客觀規律與主觀能力的統一，故「窮則變，變則通，通則久」，人們應充分發揮客觀認識與主體把握的能力。

儒家的社會變革論正是基源於此，所謂「天地革而四時成。湯武革命，順乎天而應乎人。革之時，大矣哉！」〔註48〕天地應時而變，形成一年四季的規律，而湯、武革命是順天應人的作為，亦是適應社會發展的需要，是以順天應時的變革是社會發展和進步重要思想，而這種思維，對中國歷史的發

〔註46〕以上引言分見焦循，〈繫辭傳下〉，〈繫辭傳上〉，《易章句》（《易學三書（上）》，台北：鼎文書局，1977），卷八，頁 207，224～225；卷七，頁 182，202。

〔註47〕以上引言見〈繫辭傳下〉，《易章句》，卷八，頁 205，207。

〔註48〕〈象傳下〉，《易章句》，卷四，頁 122。

展起著很大的影響力，從古代到近代幾乎都發生的變法運動，就是變革觀念在現實中最具實踐價值的眞實寫照。

（3）小結

《韓詩外傳》：「常謂之經，變謂之權」、朱熹云「經者，道之常；權者，道之變也」，〔註49〕焦循亦曰：「經者何，常也」、「權者以言變也。」〔註50〕可見「經」引申爲「常」、「權」引申爲「變」成爲普遍的共識，故「經常」與「權變」就成爲現代通用的語詞。

僅管常變範疇與經權範疇在內容上與方法上仍有所不同，黎雷紅先生指出：在內容上，常變範疇所涵蓋的比較廣泛，包括整個自然界和人類社會中一切常住性與變動性現象；而經權範疇則主要指人類社會中的守常與變更。在方法上，常變範疇是對自然與社會客觀規律的描述，側重于認識的方法論；經權範疇則主要是人們的主觀選擇，側重于實踐的方法論。〔註51〕細究之下，經權與常變雖有實質上的差異，但是就整體而言，兩者是可相通的。

熊十力先生就把「經權」、「常變」的觀念緊密的結合，其言：

> 夫道有經有權，經立大常，權應萬變。變體其常，故可於變而知常；
> 權本於經，守貞常而不窮於變。故權行，而後見經之所以稱常道者。
> 〔註52〕

由以上的論述可知，「常變」與「經權」是可以互相置換的，兩者的概念可以相互闡發與相互補足。

2. 「君子之中庸也，君子而時中」〔註53〕——「中庸」、「時中」

「中庸」或「時中」的觀念在儒家思想體系中占有極爲重要的地位，和「權」的概念一樣，體現著儒家處世方法的變通性，趙紀彬先生說：

> 孔子所說的權字，其方法論涵義，和時中、中庸等詞，都可以互訓。
> 〔註54〕

〔註49〕 朱熹，〈論語・子罕下〉，《朱子語類（三）》（台北：文津出版社，1986），卷三十七，頁989。

〔註50〕 分見〈說權四〉，《雕菰集》，卷十，頁145；焦循，〈釋權〉，《論語通釋》（木犀刊軒本，《無求備齋論語集成》，第214冊，台北：藝文印書館，1966），頁18。

〔註51〕 《儒家管理哲學》，頁92。

〔註52〕 熊十力，《讀經示要》（台北：明文書局，1987），卷一，頁56。

〔註53〕 《中庸纂疏》（《四書纂疏》），頁76。

〔註54〕 趙紀彬，〈釋權〉，《困知二錄》（北京：中華書局，1991），頁276。

可見「中庸」、「時中」、「權」三者的概念是相通的，均是注重具體境遇中靈活的應世之方。

釋「君子之中庸也」

孔子首倡中庸，其言：「中庸之爲德也，其至矣乎！民鮮久矣！」〔註55〕標誌著中庸至德是人民日用百爲不可或缺者，孔子雖言「中庸」，但對於中庸的內涵卻沒有具體的闡釋，因此後人常把「中庸」一詞誤解爲折衷主義的代名詞，也就是以爲把各種不同的觀點、理論各截取一半，而這些論點有可能互相矛盾、有可能一是一非，都是毫無原則的、機械的拼湊起來，以爲這樣就可以適用任何一方，結果反而陷入模稜兩可、游移不定的格局中以致進退失據，這是對「中庸」不正確的理解。

鄭玄對於「中庸」一詞有得乎孔子原意的詮解，其言：「名曰中庸者，以其記中和之爲用也。庸，用也。」〔註56〕以用訓庸在其它典籍中亦有記載，如《尚書‧舜典》：「明試以功，車服以庸」、《詩經‧兔爰》：「我生之初尚無庸」、《左傳‧僖公二十五年》：「庸勳親親」，〔註57〕可見以庸爲用是明確的訓詁義。

許慎《說文解字》中對於「庸」字的解說不僅有「用」的意義，更涵括有「持續」的意義，其曰：「庸，用也。從用，從庚。庚，更事也。」「庚」與「更」均有連續義，如《詩經‧小雅‧大東》：「東有啓明，西有長庚。」《毛傳》：「庚，續也。」〔註58〕故董根洪先生據此把「中庸」詮釋爲持續的用中、連續的用中，〔註59〕把「庸」理解爲相續施用，可說是反映了「中庸」的深刻意涵。王夫之解「庸」和許慎相仿，其言：「蓋以庸爲日用則可，日用亦更新意。」點出「用」的本質是動態的，即隨時而用的意思，他接著說：「故知日中庸者，言中之用也。」可見中庸是中之用。劉寶楠亦云：「用中即中庸之義是也。」〔註60〕是以中庸就是用中，也就是把「中」在現實行爲中加以應

〔註55〕　〈雍也〉，《論語纂疏》，頁212。

〔註56〕　鄭元注、孔穎達正義，〈中庸〉，《禮記注疏（下）》（《十三經注疏》，台北：新文豐出版社，2001），卷五十二，頁2189。

〔註57〕　以上引言分見孔安國傳、孔穎達等正義，〈舜典〉，《尚書正義》（《十三經注疏》），卷三，頁95；毛公傳、孔穎達等正義，〈兔爰〉，《毛詩正義（上）》（《十三經注疏》），卷四，頁423；杜預注、孔穎達等正義，〈僖公二十四年〉，《春秋左傳正義（一）》（《十三經注疏》），卷十五，頁657。

〔註58〕　〈大東〉，《毛詩正義（中）》（《十三經注疏》），卷十三，頁1216～1217。

〔註59〕　董根洪，《儒家中和哲學通論》（濟南：齊魯書社，2001），頁102。

〔註60〕　以上引言分見王夫之，〈中庸〉，《讀四書大全說》（台北：河洛圖書出版社，

用，付諸實踐。

而在現實中，具體落實「用中」的內涵有二：一為「執兩用中」。《中庸》記載：「執其兩端，用其中於民」，〔註61〕意即把握不同之兩種觀點的特質，靈活的運用，因為每一種觀點均有其價值之處，沒有絕對的對與錯，放對了地方就可揮最大的效用，也就是說並非執取事物兩端的中點以求平衡，而是因時而定，即便所採的一端就當下之時也是恰如其分的。故權衡兩端，用其中以得其宜，焦循說：「兩端即中庸」，而「凡若是（事）皆兩端也，而皆有所宜，得所宜則為中。」〔註62〕這充分說明用中以適用得宜為特點，是以「執兩」為方式方法，「用中」為機制用途。

二為「過猶不及」。子貢問：「師（子張）與商（子夏）也孰賢？」子曰：「師也過，商也不及。」曰：「然則師愈與？」子曰：「過猶不及」。〔註63〕孔子認為用中之實踐，體現在人的行為是無過不及，子張自視甚高，顯得太過偏激，子夏言行保守，顯得拘謹而不及，這兩者都有偏差，因為超過與未及都流於僵化，無法使事情獲得合宜的處置，是以無過與無不及而靈活用中，才真正展現孔子「中庸」思想。焦循就指出：「求也退，故進，由也兼人，故退，時也。」所謂「時」指「當其可之謂時」，故「進退無常，量時為宜」，〔註64〕求退顯得不及，由兼人顯得太過，故在進退之間必須因人而異，視情況不同而靈活應用之，才能得時合宜、適時用中，故適時、適度之「中」才是用中的本質。

釋「君子而時中」

「中」之體現於人的行為是中之用，而此用中必須以適時、得時宜為基本內涵，由「中」衍化為「時」，是以「時」與「中」聯綴而成「時中」，就成為「中庸」的特質。故中庸即用中，而中之用的根本持徵是時中，即因時而用中、隨時而用中，孔子就指出「中庸」與「時中」的密切關係，其言：「君子之中庸也，君子而時中。」可見適當其時、得其時之中、隨時以處中是「中

1974），卷二，頁 62，63；劉寶楠，《論語正義‧雍也》（台北：文史哲出版社，1990），卷七，頁 247。

〔註61〕 同註 53，頁 79。

〔註62〕 焦循，《論語補疏》（木犀刊軒本，《無求備齋論語集成》，第 214 冊，台北：藝文印書館，1966），頁 16。

〔註63〕 〈先進〉，《論語纂疏》，頁 260。

〔註64〕 《論語補疏》，頁 1；〈公孫丑章句上〉，《孟子正義》，卷六，頁 215。

庸」、「時中」的共通涵義，也就是根據客觀實際情況的變化與發展來隨時變通以調整自己的舉措，以恰當、合宜的處理問題，這和「權」的概念可說是相互貫通。

孫實明先生說：

> 中庸之道就意味著權。所謂權即善于衡量事物的輕重，亦即《中庸》引孔子所謂「時中」——因時制宜，根據變化了的情況，確定當下的中道。故中庸之道滲透著原則性與靈活性相結合、具體問題具體分析的精神。〔註65〕

是以「中庸」是因時隨事而有所變通，這就是「中」、「時」、「時中」、「權」也。陳淳說：「權，只是時措之宜，君子而時中，時中便是權」，焦循亦言：「權時之宜」、「趨時則可與權矣」，〔註66〕所強調的正是諸概念一致的精神實質，故行權就是用中。

「中」或「時中」可說是中庸思想的核心，梁啓超先生說：「時中兩字確是孔子學術的特色。」〔註67〕而孔子「中」的思想淵源可溯自殷周時期，《尚書・酒誥》：「爾克永觀省，作稽中德」、《尚書・呂刑》：「明啓刑書胥占，咸庶中正」、「惟良折獄，罔非在中。」所強調的正是中德。《尚書・大禹謨》還明確提出「允執厥中」，孔子在此基礎上提出「允執其中」的看法，明確標誌著儒家「中」的哲學主張，另外孔子亦強調「刑罰中」的看法，其言：「刑罰不中，則民無所措手足」，〔註68〕其凸顯「時」字，刑罰當其時，輕則輕，重則重，也就是在具體的斷獄中，或輕或重，視時而判，只取一方，絕非折中於輕重之間，這明顯承自《尚書・呂刑》中「輕重諸罰有權，刑罰世輕世重，惟齊非齊，有倫有要」的觀念而來，〔註69〕這就是孔子「執兩用中」的具體實踐。

孟子以「權」的概念豐富了孔子「中」的思想，把「權」和「中」加以

〔註65〕 孫實明，〈論孔孟的中庸之道〉，《理論探討》，1994，第四期，頁88～89。

〔註66〕 以上引言分見陳淳，〈經權〉，《北溪字義》（北京：北京圖書館出版社，1997），卷下，頁26；焦循，〈告子章句下〉，《孟子正義》，卷二十五，頁864；焦循，〈說權〉，《雕菰集》，卷十，頁143。

〔註67〕 梁啓超，〈孔子〉，《梁啓超全集（六）》（北京：北京出版社，1999），頁3150。

〔註68〕 以上引言分見〈酒誥〉，〈呂刑〉，〈大禹謨〉，《尚書正義》，卷十四，頁556；卷十九，頁806；卷四，頁145；〈堯曰〉，〈子路〉，《論語纂疏》，頁345，284。

〔註69〕 〈呂刑〉，《尚書正義》，卷十九，頁806。

聯繫，也就是說「中」必須是動態的活中——隨時間、條件的不同而不同，如「湯執中，立賢無方」，「中」透過行權的實踐才能發揮現實作用；相反的，「中」如果是靜態的死中——死守兩端等距的中點，執中卻不知權變，缺乏靈活性，那麼便是「執中無權」。〔註70〕故具體實踐執中、用中的運作過程中都必須隨時權變。

二程、朱熹對於「中」的思想發揮頗多，二程釋「中」為不偏，故不偏之中實是權時之中，是以二程認為孔子可仕、可止、可久、可速，「皆時也，未嘗不合中，故曰君子而時中」，〔註71〕可見其強調「權」指視時而時中。朱熹對於「中」的思想也有高度的肯定，其論「中」之意是指：「不偏不倚、無過不及。」這基本上是孔子「過猶不及」的進一步發揮，他強調「中」並非「折中」，一般人以為「有十分厚者，有一分薄者，取極厚極薄之二說而中折之」就是所謂「中」，此「中」是中折其間，非時中也。在朱熹看來，所謂時中者，「隨時以處中，方是到恰好處。」〔註72〕因為凡事皆有厚薄、大小、重輕之兩端，必須視時而擇中、用中，如「自極厚以至極薄，自極大以至極小，自極重以至極輕，于此厚薄、大小、輕重之中，擇其說之是者而用之，是乃所謂中也。」〔註73〕故當厚、當大、當小為恰到好處便是「中」；當薄、當小、當輕為恰到好處，亦是「中」，其關鍵在於視時而用中，故主張「時中」之「中」是「用」。

程子學生楊時，以「堂室之中」為喻來具體闡述「中」、「權」無異。他說：「知中則知權，不知權，是不知中也。」可見中猶權也。他舉例說明：

> 猶坐於此室，室自有中；移而坐於堂，則向之所謂中者，今不中矣。堂固自有中；合堂室而觀之，蓋又有堂室之中焉。若居今之所守向之中，是不知權，豈非不知中乎？……故權以中行，中因權立。《中庸》之書不言權，其曰『君子而時中』，蓋所謂權也。〔註74〕

是以「中」是運動的，不固守於一點而不變，在時空之中隨事制宜，這和「權」

〔註70〕〈離婁下〉，〈盡心上〉，《孟子纂疏》，頁460，531。

〔註71〕程頤、程顥，《河南程氏遺書》（《二程全書（一）》，台北：中華書局，1986），卷二十五，頁4。

〔註72〕上論及引言分見《中庸章句》（《四書章句集注》），頁24；〈中庸二〉，《朱子語類（四）》，卷六十三，頁1525，1522；卷六十二，頁1480。

〔註73〕〈中庸二〉，《朱子語類（四）》，卷六十三，頁1525。

〔註74〕楊時，〈語錄‧荊州所聞〉，《龜山集》（《景印文淵閣四庫全書》，第1125冊，台北：商務印書館，1985），卷十，頁190～191。

的機動性質是不謀而合的。故「中」不可執，猶「權」之靈活，此「中」就是「權」，是以楊時以「權以中行，中因權立」來強調《中庸》所曰「君子而時中」，其實就是指「權」的觀念。

由上可知，「時中」的思想可說是儒家哲學的第一要義，孟子認爲孔子是體現「時中」的代表，故稱「聖之時者」。〔註75〕近人梁啟超就以〈時中的孔子〉一文來凸顯其「流動哲學」的特色，其言：

> 孔子的中庸還含有時間性，所以說時中。……因爲孔子所建設的是流動哲學，那基礎是擺在社會動相上，自然是移步換形，刻刻不同了。時中就是從前際後際的兩端求出個中來適用，……《孟子》上他的徽號說是聖之時，眞是不錯。〔註76〕

孔子「移步換形、刻刻不同」的「時中」精神可說是表現在他「無可無不可」的人生態度上。焦循說：「道中於時而已，故孔子曰：『我則異於是，無可無不可』」，即其體現爲「仕止久速，皆視其可，是爲量時」。〔註77〕故仕止兩可，久速兩可，量時度勢、不拘常規，靈活對待，無往而不得其「時」、得其「中」。梁啟超用流動的眼光看待「時中」，把握「中」的特點，可謂切中肯綮。

孔子與《易經》的「時中」思想可說是一脈相傳，惠棟說：

> 易道深矣！一言以蔽之曰，時中。……其言時也，有所謂：時者、待時者、時行者、時成者、時變者、時用者、時義、時發、時舍、時極者。其言中，有所謂：中者、中正者、正中者、大中者、中道者、中行者、行中者、剛中、柔中者。……子思作《中庸》，述孔子之意，而曰：『君子而時中』，孟子亦曰：『孔子聖之時』。……時中之義，明於孔子。〔註78〕

「時中」思想可說是《易傳》的精髓，〈象辭〉中記載「以亨行，時中也」、「時止則止，時行則行，動靜不失其時」、「與時偕行」、「損剛益柔有時」、「應乎天而時行」等，就充分反映《易傳》的思想核心。《易》以二、五兩爻爲中，而這雙中實統攝全卦卦義，是大吉的表徵，故《易傳》以「中」爲貴，把「中」

〔註75〕〈萬章下〉，《孟子纂疏》，頁481。

〔註76〕同註67，頁3152。

〔註77〕以上引言分見〈微子〉，《論語纂疏》，頁336；《論語補疏》，頁6；〈公孫丑章句上〉，《孟子正義》，卷六，頁215。

〔註78〕惠棟，〈易尚時中說〉，《易漢學》（《惠氏易學（下）》，台北：廣文書局，1981），卷七，頁1215。

的思想表現在爻位的排列上，而「中」之爻位必須適時而變，才能處得其中，得中則得時，象徵著主體變通趨時以得宜的積極運用，是以孔子「時中」思想與《易傳》應時得中、乘時得中的豐富意涵相貫通。

　　綜上所知，儒家「中庸」之義為「用中」，體現在現實行為則是因時而用中，故謂「時中」。是以「時中」就是「中庸」的特徵，強調隨時權衡、隨時變通，所以「時中」亦可謂「中庸」的實踐操作機制。故「中庸」、「時中」、「權」的概念是切合的，焦循說：

　　　　聖人之道，以時為中，趨時則能變通，知變通則權也。〔註79〕

是以「中庸」、「時中」的實質是變通，也就是「權」也。

〔註79〕〈告子章句下〉，《孟子正義》，卷二十七，頁918。

第二章　孔孟之「權」論及後儒的闡釋

一、孔孟之「權」論

儒家思想以積極用世的精神影響中國文化深遠。其中「權」說以能適應複雜多變且不可預測的現實環境，堪稱是儒家靈活運用的一種方法論。故在與時俱變中，當社會生活與道德理想發生衝突、矛盾時，尤其能夠顯現儒家通權達變的社會適應性。

儒家論「權」，可以從孔孟的觀點來一窺端倪。《論語》中，孔子已注意到「權」的觀念，孟子在孔子論「權」的基礎上，加以繼承且深化之，可見孔孟之時就肯定了通權達變的重要性。孔子說：「言必信，行必果，硜硜然小人哉！」〔註1〕孟子更發展為「大人者，言不必信，行不必果，惟義所在！」〔註2〕如此論「權」，在以道德準則建構而成的道德必然性的社會中，提供一個全新的視角，使道德準則與道德品質更具靈活性與生命力，也因此後代學者對於「權」的內涵、範圍、原因、基本方法與條件雖各有不同的理解與詮釋，但均是在孔孟論「權」的原始意義下發展而來。

可見孔孟之「權」論在中國「權」說史上的重要性，為中國古代倫理要義的精髓——「權」論之進一步開展與深化提供了概括性的良好基礎。焦循《論語通釋》、《孟子正義》與《易學三書》中論「權」，均是以孔孟論「權」的意義為根柢而加以重新詮釋與發揮，故溯源而知流，才能對思想體系有系統性與全面性的認識，以下即分別闡述孔孟之「權」論。

〔註1〕　〈子路〉，《論語纂疏》（趙順孫，《四書纂疏》，台北：學海出版社，1993），頁288。
〔註2〕　〈離婁下〉，《孟子纂疏》（《四書纂疏》），頁458。

（一）「通乎大道以應變」——孔子之論「權」

「權」的思想是孔子哲學體系的重要部分。根據《荀子》的記載，魯哀公曾就教於孔子，要具備怎樣的條件才堪稱得上是賢人和聖人，孔子回答：「所謂賢人者，行中規繩而不傷於本，言足法於天下而不傷於身」、「所謂大聖者，知通乎大道應變而不窮辨乎萬物之情性者也」，〔註3〕孔子認為以本身的性情為出發，在不違逆、扭曲性情的原則下，使言行合乎道德的準則，作為天下之法式，這樣的人也只能是賢人的人才；而只有那種透澈人性與道德的本質，不拘泥於自己的情性，不固執於道德的規範，能靈活應變，完全適應客觀的情勢且不扭曲主觀存在的價值理念，這才真正可稱為聖人。也就是說在大道（經）與應變（權）之間，能通能曉，把兩者保持高度一致的自覺選擇，才能不偏不倚、依時而行、據事而動、無可無不可。可見孔子注意到了在經與權、常與變、相對與絕對、對立與統一、原則與靈活的關係中，道德主體選擇能力的重要性，所以提出「通乎大道應變」的觀念。而孔子雖然沒有對「權」的思想做理論性的深入解釋，但從孔子的言行中卻可以見到孔子對「權」觀念的重視，並且貫徹的實踐它。

1. 子曰「未可與權」〔註4〕

《論語》中有諸多孔子通權達變的權宜思想，其中孔子曾三次明確論及「權」的觀念，曰：

> 可與共學，未可與適道；可與適道，未可與立；可與立，未可與權。
> 不降其志，不辱其身，伯夷、叔齊與。謂柳下惠、少連，降志辱身

〔註3〕 以上引言見王先謙，《荀子集解・哀公》（台北：藝文印書館，2000），頁841。

〔註4〕 近人趙紀彬先生指出朱熹對於《論語・子罕》「可與共學」章有錯簡與斷章之失，遂啟後世的長期紛爭。在錯簡方面，朱熹在《集注》中以為順序是：學→道→立→權。趙氏以清・翟灝《論語考異》與清・阮元《論語校勘記》為立論，認為當是：學→立→道→權。在斷章方面，朱熹認為「未可與權」與「唐棣之華」毫不相干，以此駁漢人反經之說。趙氏則以何晏《論語集解》中「未可與權」下緊接有「唐棣之華」，兩者實為一章為立論。香港公開大學林憶芝教授認為朱說甚對，並無斷章之失，且他不同意趙氏指摘朱子錯簡之失的結論，並舉其證：（1）今人程樹德《論語集釋》中之考《淮南子・氾論訓》之論。（2）舉唐・陸贄所引順序與《淮南子・氾論訓》相同。（3）列舉當今流通之版本，都是由學→道→立→權。究竟有無錯簡與斷章之失，尚無定論，本文不擬深究。讀者可參考趙紀彬，〈論語權字義疏〉，《困知二錄》（北京：中華書局，1991），頁263～268；林憶芝，〈論語可與共學章試釋〉，《中國文化研究所學報》，2001，頁469～470。

矣！言中倫，行中慮，其斯而已矣！謂虞仲、夷逸，隱居放言，身
中清，廢中權。我則異於是，無可無不可。

謹權量，審法度，脩廢官，四方之政行焉。〔註5〕

前二則，「權」是動詞，指權衡、權變，亦即指具體的境遇中，在堅持原則之
下做出必要的策略改變與行為調整；最後一則，「權」是名詞，做為工具義「稱
錘」之本義，但由此物理本義引申到人倫日用上，仍然是一求適境、權變、
合義的方法。而前二則是孔子富哲學性與思辨性的話，引起後世很大的迴響，
其中蘊涵著孔子論「權」的內涵與深意。

孔子在論及道德修養、知識進路時，提出了四個層次：共學→適道→與
立→與權，其中行權是最難以到達的高度，可見孔子對於「權」的重視。孔
子認為可與之學習的人，若是動機信仰不端正，即使共同學習，是否能不迷
失方向而走上正道，這是無法確定的事；而即使是立定向道、志切學習，但
不一定能守得住，因為聲名利祿有可能會動搖其心志，無法堅持到最後；最
後即使守得住道，不為聲名利祿所引誘，若困執於「篤志不變」之中，不能
自由呈現個體，只算立而不知變，所以要知常、知變，不能視守道為死命，
才能稱為知權變。因為唯有適當的通權達變，才能使道德的實踐順利達成，
也就是說行權是為了保存最高的道德原則，否則徒守道理，不懂得靈活的運
用方法，必然會抹殺了道德本身的意義與價值，成為僵固的教條。

孔子曾說「人能弘道，非道弘人」，〔註6〕說的正是要視具體的情況做出
符應的道德選擇，是以能應時達變，觀察問題，解決矛盾的方法，這才是行
權。孔子充分肯定在既定的原則之下能靈活的自我調整，反對只知守經守常，
不知道應時而變通的單一道德模式，是以唯有精心認識和處理經權對立統一
關係的基本原則，才能知權行權。故戴震說：

蓋同一所學之事，試問『何為而學』，其志有去道甚遠者矣，求祿利
聲名者是也，故『未可與適道』。道責于身，不使差謬，而觀其守道，
能不見奪者寡矣；故『未可與立』。雖守道卓然，知常而不知變，由
精義未深，所以增益其心知之明，使全乎聖智者，未之盡也，故『未
可與權』。〔註7〕

〔註5〕 以上引言分見〈子罕〉，〈微子〉，〈堯曰〉，《論語纂疏》，頁245，335〜336，346。
〔註6〕 〈衛靈公〉，《論語纂疏》，頁314。
〔註7〕 戴震，〈權〉，《孟子字義疏證》（台北：廣文書局，1978），頁10。

戴震以知常又知變來詮釋孔子之「權」論，可說是最佳詮釋。

如何才是通權達變呢？孔子評論了當時幾位隱士，從他的言談中讓後人對於「權」的思想有了更具體的認識。孔子認為像伯夷、叔齊為了固守原則，不願降志辱身，保有清譽，那只不過是守其一節罷了，但看似守節，其實是有經無權；而柳下惠、少連降低自己的意志，屈辱自己的身份，也不過是言語合乎義理、法度，行為經過考慮而合乎人心，就只這個樣子的（其斯而已矣），所以柳下惠、少連的進而不退，仍嫌不足，是有權無經；至於虞仲、夷逸逃世遯隱而不仕，放言直論，只為證明行徑廉潔，寧可置身閑廢而不作官，看似合於權宜的措施，但實際上不合乎時宜，因此虞仲、夷逸之不進而退，雖能身清廢權，表現出隱者之清高，但實際上是無權無經。是以孔子雖也肯定這幾位隱士的做法，但他也自我檢討說：「我則異於是，無可無不可。」此語說明了孔子深諳經與權、常與變兩者之間的關係，所以他不拘泥於常經或刻意於權變，兩者相互為用，視具體的情況採取不同的應變對策，避免失之片面。

通過經、權觀念的運用與掌握，道德活動有了機動性，人的生命才能擺脫僵化道德準則的約束，如此才能「無可無不可」，亦才能隨遇而安。劉寶楠說：

> 進者，可也；退者，不可也。逸民或治則進，亂則退；或雖治亦退，或雖亂亦進，行各不同，皆未適於大道。惟夫子本從心之矩，妙隱見之權，進退俱視乎義。義苟可進，雖亂亦進，義苟宜退，雖治亦退。〔註8〕

在進退之間全視乎「義」，也就是行權的原則視乎「義」，故原則之下的靈活運用，以「義」為基準，可見「義之與比」是經、權運用的最高原則。

2.「義之與比」──孔子論行權的原則

在孔子看來，凡事不應固執於一定的準則之下，要懂得適時變通，否則再好的準則若不知變通，那麼一定會失去本身的價值，變得毫無意義。所以在面對各種具體情況時，應當以更開放的心胸與行為去做自我的調適，所謂「退而求其次」或「退一步海闊天空」，正是因知權宜、通達變而獲得的和諧狀態。但行權可不是任何人、任何事可隨意濫用，那樣反而會使真理泯滅、是非難辨、黑白不清，失去「權」的意義了，所以孔子提出了行權的原則，他說：

〔註8〕劉寶楠，《論語正義‧微子》（台北：文史哲出版社，1990），卷二十一，頁730。

　　君子之於天下也，無適也，無莫也，義之與比。〔註9〕

朱熹有得乎其意的解釋，他說：

　　適，可也。莫，不可也。無可無不可，苟無道以主之。不幾於猖狂

　　自恣乎？……聖人之學不然，於無可無不可間，有義存焉。〔註10〕

可見無適無莫正是「無可無不可」，而無可無不可並不是毫無主見、得過且過、模稜兩可，而是指不拘不執，凡事可彈性而爲，但在廣大的彈性空間內，必須以「義」爲基準，這個「義」涵括內在的仁質與外在合禮的行爲。

　　孔子挖掘了「行權合義」的深層底蘊，指出判斷事之輕重緩急，其判別的原則就是「義」，因爲「權」本身並不是一個價值標準，是一無固定形式或方法卻又積極展現「義」的調整機制，它的價值在於化解生命中主觀、客觀條件所形成的衝突、矛盾，以求突破與超越。是以孔子以「義」約制「權」的思想，爲其孟子「惟義所在」之架構提供良好的基礎。

　　孔子既以「義」爲行權的原則，那麼在進退之間總是泰然自若，即使倉廩小吏或苑囿芻牧，他總是樂在其中，能伸能屈，靈活變通，故「不在其位，不謀其政」，所以當委吏時，就是「會計當而已矣」；或當乘田時，就是「牛羊茁壯長而已矣」，〔註11〕這即是他根據特殊的境遇而當採行的相應作法。故孔子一生的理念是修齊治平，也是他出仕的終極關懷，他說：「君子之仕也，行其義也。道之不行，已知之矣」，觀其孔子一生之仕途並不順利，他治國平天下的理念也屢屢遭受挫折，在現實與理想無法求得圓滿時，他通融且靈活的心得到了一個結論：「用之則行，舍之則藏」，在用舍不定的現實中，他悟出了合義合宜的行藏變通，所以「義之與比」的權衡，不但化解了人生的困境，也讓自己有了更彈性、開闊的空間，故「義以爲質」可說是行權的基本原則。〔註12〕

　　是以無可無不可的通變態度才能消解現實世界成法的拘限，在諸多可行可變之應變方法中，以「義」爲其底限，行所當行，主體變得靈活有能力，可適切擺脫生命的衝突與矛盾，當機呈現求其無憾。

〔註9〕　〈里仁〉，《論語纂疏》，頁185。

〔註10〕　〈里仁〉，《論語集注》（朱熹，《四書章句集注》，台北：大安出版社，1999），
　　　　　卷二，頁95。

〔註11〕　以上引言分見〈泰伯〉，《論語纂疏》，頁233；〈萬章下〉，《孟子纂疏》，頁488。

〔註12〕　〈微子〉，〈述而〉，〈衛靈公〉，《論語纂疏》，頁335，217，314。

3. 「從心所欲，不踰矩」〔註13〕──孔子論「權」之實踐

「從心所欲，不踰矩」可說是孔子人生的最高境界，指的正是仁與禮之間的和諧與平衡。「從心所欲」是仁的體現，是指內在、自覺、個體自律與自主的，那最高層次的表現是「我欲仁，斯仁至矣。」而「不踰矩」之「矩」指的是禮，是外部性，規範性的，意指社會道德的規範或準則，孔子曾說「不學禮，無以立」，在不逾越人倫日用之禮，才能由立而達。孔子貴仁、重禮，他說「克己復禮爲仁」、「人而不仁，如禮何」，〔註14〕可見禮的實質是仁，仁與禮是內容與形式的統一，仁道的外化即是禮，仁與禮儘管有內外之分，但作爲普遍性，原則性之「經」，這一點看來則是一致無違的，所以仁與禮可說是「經」的一體兩面。故孔子的道德實踐上，在內聖方面，指個人能存仁心、做仁人、知禮儀、遵禮制；在外王方面，則是指以仁政禮治來治國平天下，所以仁、禮正是達成內聖外王作用最好的基準。那麼如何將普遍之「經」落實在現實的境遇中，這種調整的機制與方法就是行權。

以下茲就孔子強調「有所損益」的「禮以行之」與「能近取譬」的「仁之方也」兩方面來印證孔子在其言行中如何因地制宜、因時制宜、因人制宜的行使仁與禮。

（1）強調「有所損益」的「禮以行之」

孔子之時，正值春秋末年，也正是社會由奴隸制度走向封建制度轉變的時期，當時各國爲爭奪領土成爲霸主，不惜發動戰事，致使禮樂崩壞、道德淪喪，面對社會的動盪與轉變，孔子爲維護和恢復周禮，他主張對周禮進行「損益」，因爲他已看出舊有之禮已不能適應當時的社會條件，唯有對禮制進行調整，才可能恢復周禮的精神，也就是說禮節儀式可調整，因人、事、時制宜，而禮能權宜，在應用上更具靈活性，如此守禮行權，禮的精神才能眞正貫徹落實。所以他主張夏、商、周三代的禮，其間的傳承並不是全盤因襲，而是有條件的「損益」，而損益其實就是因時變通以制其宜。

孔子主張對於禮儀的實踐，以不傷害「禮」的實質爲要，而對於行禮的方式隨時應變則是可行的。他說：

> 麻冕，禮也；今也純，儉，吾從眾。拜下，禮也；今拜乎上，泰也。

─────────────

〔註13〕〈爲政〉，《論語纂疏》，頁161。

〔註14〕以上引言分見〈述而〉，〈季氏〉，〈顏淵〉，〈八佾〉，《論語纂疏》，頁224，321，268，171。

雖違眾，吾從下。〔註15〕

按照周禮的傳統要求，冠要以麻制，才能顯現禮儀的隆重與正式，但為了節儉方便，後人開始用絲來制作，而孔子以靈活的態度來看待禮制的轉變，他認為「義以為質，則禮以行之」，禮的本質不變——「義」，那麼從眾依俗則無不可也。但是君臣之間關係的維繫，則主張「君使臣以禮，臣事君以忠」，〔註16〕孔子認為君臣禮制是重要的，不可以隨意更改，所以按照禮的規定，臣下拜見君主要在堂下跪拜，用階級之距以表示尊者之威嚴、臣下之恭從，但後來人們改在堂上跪拜，造成君臣之間相互猜忌，導致君臣之間進退無禮、君臣之義蕩然無存，孔子慎重表態寧違眾不從，遵周禮而行。面對這兩種不同的選擇，孔子深知守常與行權相互為用的關係，沒有矛盾與糾葛，在變小禮（以絲代麻之服飾）與守大禮（君臣之禮、君臣之義）之間知其輕重、高低。可見孔子對於三代之禮，並沒有執禮過死，而是視境遇的轉變、條件的要求與價值的得失做靈活的轉化以合時合宜。

根據《論語》記載魯人林放向孔子請教禮的根本，孔子回答：

大哉問！禮，與其奢也，寧儉；喪，與其易也，寧戚。〔註17〕

孔子認為「禮」的變通不僅要考量外在客觀的變化，更要考慮內在感受的不同，內在真實的情感具有優先性，所以當「禮」與「義」出現衝突或矛盾時，孔子把握住行權的原則——「義」，以此判斷輕重緩急，調整策略也隨之而行。是以奢禮，是屬於形式的、外在的，且禮文過於繁奢，會湮沒人的道德本質，故可有所損益；而心戚，是屬於情感的真實與誠懇，是主要的、內在的，且心之戚才是禮之本，所以在行權時，只要稍微調整外在形式，精神自可凸顯出來，這就是行權的效果。

可見「義以為質，禮以行之」是孔子論經權關係的深層底蘊，更是孔子對禮之損益所持的基本原則與立場。

（2）強調「能近取譬」的「仁之方也」

孔子之時，由於社會的變化急速，現實生活失序、道德價值埋沒不彰，固有的經禮已無法應對和覆涵當時的社會條件，面對這種狀況，孔子開始思索如何走出這個時代的缺口。當歷史的遞嬗呈現疲態、混亂不明時，人心思

〔註15〕〈子罕〉，《論語纂疏》，頁237。
〔註16〕以上引言分見〈衛靈公〉，〈八佾〉，《論語纂疏》，頁312，178。
〔註17〕〈八佾〉，《論語纂疏》，頁172。

變，於是孔子開始向人的內在情感領域挖掘，提出「爲仁由己」，[註18]果然此領域一開掘，便如無盡寶藏，「取之不盡，用之不竭」的延續數千年。孔子提出了「仁」的理念來說明「禮」，以補救固有之禮面對新的社會日益顯露的窘況，以「仁」來支撐將崩壞之「禮」，果然爲「禮」紮下了一個最深層、最穩固的基礎，「禮」有了「仁」爲依歸，變得靈活有生命，不再僵化與強制。「人而不仁，如禮何」，仁禮的關係相輔相成，構成了孔子仁學的道德體系。

　　什麼是「仁」？「仁」與行權的關係爲何？孔子說：

　　　　子貢曰：「如有博施於民而能濟眾，何如？可謂仁乎？」子曰：「何事於仁！必也聖乎！堯舜其猶病諸，夫仁者，己欲立而立人，己欲達而達人。能近取譬，可謂仁之方也已。」[註19]

「仁」的意義可說是「己欲立而立人，己欲達而達人」的忠恕之道，而「仁」的範圍雖然大，但卻有方法、途徑可循，那就是「能近取譬」，近取諸身，以己之所欲，比喻他人之所欲亦如是，這就是仁之方法，可見仁之「方」是指仁的「方法」，而此方法是靈活變通的。是以「推己及人」、「視人如己」即是變通之仁方，可說是達仁的最佳應用。換句話說，「能近取譬」是仁方，也就是踐仁的方法，而此方法具備「通」的特性。

　　孔子學說的核心爲「仁」，也是最高層次的道德標準，以「仁」來面對人生的衝突與矛盾，把它視爲最後抉擇的依歸，可以消解許多無法突破的困境。當人生理想和社會現實發生矛盾時，孔子很巧妙的把「能近取譬」之仁方運用到人生哲學上，亦即把「權」的觀念運用到人生的諸多面相上，如教育上、政治上或人倫上，使生命更見融通。

　　首先，在「行權」之教育實踐上：春秋社會解體，致使官學失守，流落四方，孔子不但編纂收集佚失典籍，並且創立私塾以教育弟子，足見孔子量時爲宜的做法，視特殊的情勢而做出適當的措施。再者其因材施教的方式，更是孔子在教育上的通權達變，這些都是仁政的具體化，如：

　　　　子路問：「聞斯行諸？」子曰：「有父兄在，如之何其聞斯行之？」冉有問：「聞斯行諸？」子曰：「聞斯行之？」公西華曰：「由也問聞斯行諸？子曰：『有父兄在。』求也問聞斯行諸？子曰：『聞斯行之。』」

〔註18〕〈顏淵〉，《論語纂疏》，頁268。
〔註19〕〈雍也〉，《論語纂疏》，頁212～213。

　　赤也惑敢問。子曰：「求也退，故進之；由也兼人，故退之。」〔註20〕
依照學生資質、個性的不同，故回答也因人而異，可見孔子施教的方式靈活
多變。

　　其次，在「行權」之政治實踐上：孔子對於政治上的態度也是善於變通、
適應時變的表現：

　　篤信好學，守死善道。危邦不入，亂邦不居。天下有道則見，無道
　　則隱。邦有道，貧且賤焉，恥也；邦無道，富且貴焉，恥也。〔註21〕

是現或隱，是富貴或貧賤，完全以仁道為依歸，所以他說：「大臣者，以道
事君，不可則止。」以仁道為優先的考量，避免有勇無謀的莽撞行為，招
致沒有必要的犧牲。所以當他對史魚、蘧伯玉、南容三人做評價時，史魚
「邦有道，如矢；邦無道，如矢」，其行為雖符合正直，但在孔子看來，史
魚並沒有考慮到局勢的變化及本身的條件，然後做出合宜的行為調整，只
是一味的遵循正直的道德要求，不知彈性變通，直不依仁，終究會輕易喪
失生命，在孔子看來，史魚只是唯「直」可取罷了。蘧伯玉「邦有道，則
仕；邦無道，則可卷而懷之」與南容「邦有道，不廢；邦無道，免於刑戮」
的做法，〔註22〕都獲得孔子的讚賞，因為兩人識時而進退，時有道，則進；
時無道，則退，也就是說有道時，仕而不廢，可以施行仁政，使全天下百
姓由立而達；無道時，則卷懷免刑，保全生命，修己安人，這也是行仁之
始的必要條件，由以上可知孔子在進退之間極重視以「仁」為行權的最後
指標。

　　復次，在「行權」之人倫實踐上：孔子主張在人倫關係上，人常會面臨
到「道德兩難」的問題，亦即兩種道德標準擺在面前，你只能擇其一，不能
同時遵守和踐履時，此時則必須行權來超越它。人倫關係有親疏之別，在以
道德相接待的過程中，難免會有衝突，此時如何思考道德本質與判斷道德層
次、輕重、高下的不同呢？讓其道德的價值能各得其所，不至於顛倒錯置。
孔子深諳道德的本質，他以「仁之方」來解決道德矛盾的抉擇。

　　根據《論語》記載：

　　葉公語孔子曰：「吾黨有直躬者，其父攘羊，而子證之。」孔子曰：

〔註20〕　〈先進〉，《論語纂疏》，頁263。
〔註21〕　〈泰伯〉，《論語纂疏》，頁232。
〔註22〕　〈先進〉，〈衛靈公〉，〈公冶長〉，《論語纂疏》，頁264，309，191。

「吾黨之直者異於是，父爲子隱，子爲父隱，直在其中矣。」〔註23〕
一般人認爲子證父攘的行爲是合乎道德標準中的正直，但孔子對於「直」德
卻有不同看法，他主張父子相隱才能成就「直」的實質意義。在孔子的「仁」
的思想體系中，「仁」是中心點，它涵攝了其它的道德標準與規範，建構了一
個層次分明的有機整體。「仁」位於置高點，與其它道德準則的距離有遠近、
關係有深淺之別，所以價值的輕重也有不同。《中庸》二十章：「仁者，人也，
親親爲大」，正說明中國社會所建立的宗法制度是以血緣關係爲紐帶，所以孔
子極爲重視倫常中父子有親，他認爲父慈子孝才是「仁」的初始，他說：「君
子篤於親，則民興於仁。」〔註24〕可見父子相隱才是合情合理，亦才符合「仁」
的最高層次道德體現。子證父竊之「直」，直雖直矣，完全不顧人倫親疏的遠
近做相應的價值高下的選擇，一味的死守原則，只成爲僵化的教條罷了，且
「直」不在「仁」之中，似乎將價值的層次混淆不清、顛倒錯置了。大陸學
者吳付來先生詮釋的很貼切，他說：

> "直"作爲仁德在日常生活中的體現，儘管也是人們所應遵循的道德
> 準則，其要求不過是耿直正派的做人，反對巧言令色之類，顯然只是
> 用來制約和評價人們言談舉止的一般性行爲準則，在仁德體系中，其
> 地位遠沒有父慈子孝重要。而"父爲子隱，子爲父隱"雖然不符合
> "直"的本義，但因其體現了父慈子孝這一較高層次的道德要求，所
> 以這種行爲非但沒有出格，仍在道德允許的範圍內，而且也體現了
> "直"德的"昇華"，故曰"直在其中"。這時，由較高層次道德準
> 則統攝的"直"德，也就不能從"常義"上加以理解，而應考慮到具
> 體情況的變化，換個角度即從"變義"上去理解。〔註25〕

可見當境遇道德兩難時，必須去思考道德的本質並且判斷其道德準則層次的
高低，再者，較低層次的道德準則在較高層次道德準則的統攝下，不但使自
身昇華，並且助成較高層次道德準則的體現，這就是能從靈活變通的角度看
待道德準則而加以運用的結果。

所以當面臨道德兩難（仁與直）時，必須思考判斷道德價值的本質與輕
重，然後有所側重。由情→理→法來看，親情是仁之始，也是人己所欲也，

〔註23〕　〈子路〉，《論語纂疏》，頁 287～288。
〔註24〕　《中庸纂疏》（《四書纂疏》），頁 106；〈泰伯〉，《論語纂疏》，頁 227。
〔註25〕　吳付來，〈試論儒學經權論的邏輯走向〉，《安徽師大學報》，第二十四卷，第
　　　　　一期，1996，頁 14。

以「能近取譬」的方式才是合乎人之常情，所以以人的眞實情感爲優先的考量，故子爲父隱。而「理」此處則是指「直」，爲人必須正直，打抱不平、揭發不直之行爲的道理是人人所知道的，但直之理必須考慮到是否合常情，不合常情之直，有失仁厚，成爲桎梏人的原則。當情→理都無法解釋時，才由「法」來裁定，但其父攘羊事件中，攘羊之事小，可由加以規勸或償還即可解決，不用公堂對質，而且失羊之事，由司法負責的權限，不必兒子舉發，所以一味依法，既不合情又不合理。可見孔子面對道德兩難時，從靈活的角度來判斷道德本質，化解了許多的人生衝突，這就是行權。

（二）以權濟禮──孟子之論「權」

繼孔子論「權」，孟子加以承繼和發揮。他高揚道德主體能動性，肯定道德主體選擇自由與選擇能力的必要性與重要性，並賦予「權」以「應時而變」的明確化內涵，使「權」的概念有更進一步的發展。

孟子把孔子譽之爲「聖之時者」，他認爲伯夷的政治態度是「非其君，不事；非其民，不使。治則進，亂則退」，伊尹則是「何事非君？何使非民」，持「治亦進，亂亦進」的政治態度，柳下惠是「不羞汙君，不辭小官」，立於朝廷就不隱藏自己的才能，一定按原則來待人接物，不管被遺棄或者遇到窮困，也抱著不怨不憫的心態看待之。他們三位都稱得上是聖人，但對於「權」涵意的認識並不透澈，一味的「清」、一味的「任」、一味的「和」，終究還是等而次之。孔子與他們不同，在進退之際總是根據情況的改變而決定自己行動的原則與態度，去他國之道是「接淅而行」，去父母國之道是「遲遲吾行」。這兩種不同的表現方式，表現出孔子「可以速而速，可以久而久，可以處而處，可以仕而仕」的變通態度，〔註26〕不執於固定的生存方式與生命形態，完全因時制宜、因人制宜、因地制宜、據事而動。所以在孟子心中，孔子是「聖之時也」，集「清」、「任」、「和」之大成，是層次最高的聖人。

孟子以「時」論「權」，「時」的意義是指人們應根據當時客觀情況的變化及其發展來採取適當的措施，而「權」的涵意也正是如此。可見孟子不僅高度評價孔子能因時權衡，更因襲著孔子「權」的理念而加以深化之，在歷史上產生了重要的影響。

〔註26〕〈萬章下〉，《孟子纂疏》，頁 481～482。

1.「權，然後知輕重」——孟子之釋「權」

何謂「權」？孟子說：

> 權，然後知輕重；度，然後知長短。〔註27〕

孟子言簡意賅的點出「權」的內涵，他認為凡是物體，有其輕重、長短，必須用秤與尺加以量度，才能知其重量與尺寸。而權與尺都必須隨物質的重量或長度做移動或伸縮，才能得其輕重長短。若把物體昇華到人倫日常之間，則權和尺也都轉換成待人接物的方法，方法隨具體境遇的不同做調整。孔子建立起「權」的觀念，孟子則深化之，從「權」到「度」，用以衡度「過」或「不及」，是以「權衡以度」更完整的指涉「權」的概念，其意涵也加深了一層。

孟子如何釐定經與權的關係？他鮮明的指出「禮」與「權」相對待，兩者的關係可以以「越禮行權」來涵蓋之。在與淳于髡的對話中，他形象的說明如何行權：

> 淳于髡曰：男女授受不親，禮與？孟子曰：禮也。曰：嫂溺則援之
> 以手乎？曰：嫂溺不援，是豺狼也。男女授受不親，禮也；嫂溺援
> 之以手者，權也。〔註28〕

「男女授受不親」是儒家所遵循的常禮，指一般的情形下，嚴謹男女的界限，否則就是逾禮的行為，這是禮教所禁忌的。但孟子並不死守古禮，他主張「嫂溺援之以手者，權也」，強調以權濟禮的變通行為。「禮」，是維繫社會風俗與秩序的準則，也是實現仁義的資具，但當在特殊情形下，當儀禮已不能貫徹落實禮的真實精神或者禮已違反「仁」的本質時，若不知權衡以變，反而成為束縛仁義的鎖鍊，因為此時，禮制已形同虛設甚而殘害生命時，是以孟子主張在攸關生命存亡的特定情況下，必須跳脫古禮的侷限從權處置，以尊重生命、體現仁心為前提，對常禮做一種調整修正，超越與突破「禮」的表面意義，使「禮」的本質精神充分顯露。所以當嫂溺危急的特殊情況下，不再拘泥於男女授受非禮的限制，仁心的發用下，「援之以手」，這是行權的運用，是值得肯定的。

「權」與「中」相通。孟子深諳儒家中庸之道的深意，強調「中」是隨客觀實際變化而變化的「中」，可說是變動不拘的。其言：「湯執中，立賢無方」，

〔註27〕〈梁惠王上〉，《孟子纂疏》，頁 363。
〔註28〕〈離婁上〉，《孟子纂疏》，頁 449。

〔註29〕無方是指不拘一定的標準或原則，如朱子說：「中無定體，隨時而在」，
〔註30〕故聖人行中庸之道，是彈性有張力的，視情形而做出較佳的行為抉擇，
以求合時合宜，所以「中」猶「權」也。而聖人執中行權，是以活動的全方位、
全時期之「中」，這與拘於一格的子莫執中不可相提並論。孟子說：

> 楊子取為我，拔一毛而利天下，不為也。墨子兼愛，摩頂放踵利天
> 下，為之。子莫執中，執中為近之。執中無權，猶執一也。所惡執
> 一者，為其賊道也，舉一而廢百也。〔註31〕

楊朱一毛不拔，是極端的利己，墨子摩頂放踵，是極端的利他，這兩種學說
都是孟子力闢的學說，因為楊、墨皆固守一隅而偏執。子莫雖棄其為我與兼
愛之極端，專乎守中，看似近中道，實際上卻不然，因為子莫所謂執中是指
凡事固守中道，不知通權達變，執一之中指執於一定之中，此「中」具絕對
性而失其相對性了，是極端的中和、是死寂之中、是「執中無權」，故所執的
只是一個固定的中，這和楊子與墨子固守一偏之論點是一樣的，都是「執一」，
而執一者必然害道，因為待人接物若既存著一定的觀點或方法，那麼必不容
於其他變通的途徑，這樣會使道窒礙不通，難得其全。

是以楊子執一為我，自私自利，人倫難繫，有害于仁；墨子執一兼愛，
親疏無別，毀滅人倫，有害於義；子莫執一守中，不懂權變，同樣賊害於儒
家仁義之道。所以「舉一而廢百」，正指舉執一種既定的規範或準則，不知靈
活應用，那麼此規範或準則必然會走向僵化，難以適應變化多端的複雜的社
會環境，終究會損害了規範的真實精神與限制了準則本身的作用。在這裡，
孟子倡導「權」與「中」的共同本質，可見他對「權」觀念的深入認識。

2.「惟義所在」──孟子論行權的原則

孔子認為行權的原則是凡事無適無莫之「義之與比」，孟子受其啓迪進
一步概括之，他說：「大人者，言不必信，行不必果，惟義所在」，一般情況
下，言必信，行必果，這是做人的基本原則，但是在特殊的情況下，言行必
須有所修正調整以適應具體情況的變化，那麼信與果或可捨，但必以「義」
為要，以因時制宜，可見孟子論「權」是繼承孔子論「權」的觀念而加以充
分發揮。

〔註29〕〈離婁下〉，《孟子纂疏》，頁460。
〔註30〕〈中庸章句〉（《四書章句集注》），頁24。
〔註31〕〈盡心上〉，《孟子纂疏》，頁531。

　　孔子論行權合義，孟子說依義定權，由「惟」一字，可見孟子對於行權原則──「義」的重視與強調。孔子從仁→禮的思想體系中，義總涵括於仁、禮之中，孟子在孔子論「權」的基礎上，繼續強化，而成爲仁→義→禮的思想體系，把「義」的地位充分凸顯出來，他說：「仁，人心也；義，人路也。舍其路而弗由，放其心而不知求，哀哉！」孟子認爲在「居仁由義」的進程中，「禮」是一種輔助性的外在形式，「夫義，路也；禮，門也」，〔註32〕禮是義路之門也，是要輔助仁義之原則達到較完善的境界並適用複雜的現實環境。大陸學者馬育良即指出仁、義是行權的取捨判斷標準，他說：

> 仁與義是孟子心中懸置的兩個取捨判斷的標準，而仁是爲了破除經禮文化對自我呈現仁心良知構成的阻障，充分開拓越禮行權的實踐空間，義則是爲行權實踐設定了一個不可越限的基本界域，以阻遏人們在感官刺激和其他欲望的誘惑下，假行權之名，蛻變爲禽獸和權詐之人的可能性的出現。前者屬權之“可以然”之域，後者屬對權之“不可以然”之域的界定，二者不可或缺。〔註33〕

故爲避免執禮過死成爲僵固不通的教條，依「仁」則可超越「禮」，以仁心的體現爲主，爲行權開闢了廣闊的空間；而行權雖是值得肯定，但爲防有心人士借權自飾，在感官和欲望的競逐下，做出違反道義之傷天害理行徑，所以依義定權，行權以合宜合理爲原則，「義」爲行權定下一個不可逾越的界域，可知仁義是行權的主要原則。

　　可見孟子在「仁」到「禮」的過程中，留下一個緩衝的空間，那就是「義」。就仁、義而言，「仁」屬內，「義」屬外；就義、禮而言，「義」屬內、主觀、主動，「禮」屬外、客觀、被動，可見「義」兼具內外兩種靈活變通的機制性質，將「仁」與「禮」統而合之，在「居仁由義」的修德中，讓「禮」的實質精神與作用更合時合宜表現出來，也就是依義定權的原則中，越禮行權將仁心做全幅展現。所以孟子深諳道德的實質，又受孔子「義之與比」的啓發，故主張「惟義所在」，肯定仁、義爲行權的內在蘊涵和取捨輕重的尺度。

〔註32〕以上引言分見〈告子上〉，〈盡心上〉，〈萬章下〉，《孟子纂疏》，頁504，533，490。

〔註33〕詳見馬育良，〈仁、義與孔孟的經權思想〉，《安徽師範大學學報（人文社會科學版）》，第二十八卷，第四期，2000・11，頁526。

孟子肯定「義」的價值，把它視爲比生命更重要者，其言「舍生而取義」，
〔註34〕若因義而死，那麼雖死猶生，可見「義」是行權的唯一指向，也可看出
孟子強調「義」的用心。「義」大至生死，小至授受之間，無不可爲基準，如：

> 可以取，可以無取，取傷廉。可以與，可以無與，與傷惠。〔註35〕

可見在授受予取之間，是考驗人性的重要關鍵，一般人在與和不與之時，宜
與，但如果是強迫要授予人恩惠，執意要人勉強接受，其動機令人存疑，啓
人是否有買惠以遂己私之嫌的疑竇；而在取與不取之間，宜取，但如果因欲
求所貪而接受了對方的利益，那麼就傷害了廉潔的美德，這是因爲不知行權
的原則——「惟義所在」，所以容易違禮失義，並且損害惠、廉的眞正含義。
故在授受之際，必須權衡應變，以義爲準則，那麼惠、廉才能得有它的純潔
性，避免自己陷入難堪、尷尬的處境。

在孟子面對接受贈金的選擇中最能體現「依義定權」的一個典範：

> 陳臻問曰：前日於齊，王餽兼金一百而不受；於宋餽七十鎰而受，
> 於薛，餽五十鎰而受，前日之不受是，則今日之受非也，今日之受
> 是，則前日之不受非也，夫子必居一於此矣。孟子曰：「皆是也。當
> 在宋也，予將有遠行，行者必以贐，辭曰餽贐，予何爲不受？當在
> 薛也，予有戒心，辭曰：聞戒，故爲兵餽之，予何爲不受？若於齊，
> 則未有處也，無處而餽之，是貨之也，焉有君子而可以貨取乎？」
> 〔註36〕

由以上看出孟子的靈活變通，他不拘執於前日之不受來與今日之受做絕對的
比較而做出是非的判斷，他認爲昨日與今日所面臨的具體境遇與條件是不同
的，所以必須做受與不受不同的適當措施，如此不但成全惠、廉之名實，而
且也成就君子之德行，這就是依義定權的實際效果。

孟子在「居仁由義」的修爲中，如何凸顯「義」的重要性呢？如何將仁、
義連結起來？亦即如何爲行權的原則找到一個最深層的據點呢？那就是性善與
四端之說。孔子之時，禮已式微，孔子雖言「性相近也，習相遠也」，〔註37〕
並未對人性論做明確的闡發，故欲求已有的禮與人的內在相契合，似乎欲振乏
力。孟子之時，傳統的經禮文化與當時的客觀形勢、人們的社會需求和思想觀

〔註34〕〈告子上〉，《孟子纂疏》，頁502。
〔註35〕同註29，頁462。
〔註36〕〈公孫丑下〉，《孟子纂疏》，頁403～404。
〔註37〕〈陽貨〉，《論語纂疏》，頁323。

念已不符，孟子眼見禮已失之浮華、僵化，所以他轉而徹底求諸於人內在的情感良知，因為他深信只有開發人潛在的力量並加以充擴，才能活化禮儀，使內在仁、義之德與外在經禮相應。所以他將仁、義、禮三者建立在人性論的基礎上，把行權的依據植立在人之內在深層之端，那就是性善，而此善端即成就「仁」的內在依據。可見行權時「惟義所在」之「在」的力量源頭來自於主體內在固有善端，所以孟子更肯定主體行權的自由與能力。是以孟子把行權的依據建立在人性論的基礎上，不但強化孔子「權」的論說，也把孔子「權」的思想開拓得更深邃與更縝密。

3. 孟子論「權」之實踐

孟子之時，「禮」已失序並失去本身的價值，不能適用新的局勢，當孟子轉而求諸人內在之真實時，企圖透過人的良知良能的潛在力量，來活化禮儀，可見孟子對於「禮」的價值還是十分肯定的，畢竟「禮」是社會、經濟、政治等各種典章制度及處理維繫人倫秩序的道德準則，是達到內聖外王理想境界不可或缺者。所以孟子主張經禮文化要適時的變革與修正，故對經、權關係所持的基本立場是「以權濟禮」，認為具體的原則與規範必須透過行權的補充與平衡作用才能臻於完善。

孟子行權的範圍非常廣泛，在各方面都有體現，如禮制的行權運用主要以君臣關係為主，而仁、義、禮體系的行權作用則以親親、尊尊為重要內容，以下試就政治與人倫兩方面的實例來分析孟子如何「以權濟禮」：

（1）「行權」之政治實踐

孔子遵守周禮「君使臣以禮、臣事君以忠」的觀念，孟子則進一步的主張君臣關係不但「其交也以道，其接也以禮」，並且是相對且互動的，他認為君臣關係如手足或腹心、犬馬或國人、土芥或寇讎，〔註38〕取決於雙方的態度而調整相應之，君臣之禮不再是絕對的君禮臣忠，這是較合人性的也是最能維護個人尊嚴的，且君臣之禮固是常禮，但若能講究分寸、方法，而具體對待，君臣之禮才能真正貫徹落實。在孟子看來，「君有大過則諫，反覆之而不聽，則易位」，〔註39〕這樣大膽的看法，實基於孟子對「權」的思想有獨特見解。

孟子的政治主張具有革命性的思想，堪稱古代政治思想的新指標，他認

〔註38〕〈萬章下〉，〈離婁下〉，《孟子纂疏》，頁 486，456。
〔註39〕〈萬章下〉，《孟子纂疏》，頁 491。

爲君臣之道理當遵守，但若對於昏庸無道、不仁不義的暴君的誅討，則不能完全從君臣關係的角度來看待，所以他提出異於前人的說法，相較之下更具衝擊力，他說：

> 齊宣王問：「湯放桀，武王伐紂，有諸？」孟子對曰：「於傳有之。」
> 曰：「臣弒其君，可乎？」曰：「賊仁者謂之賊，賊義者謂之殘，殘
> 賊之人謂之一夫。聞誅一夫紂矣，未聞弒其君也。」〔註40〕

在孟子看來，桀、紂昏暴荒淫、殘仁賊義，群業已失，有若獨夫，故不夠資格以「君」稱之，湯、武所殺之不過是「一夫」罷了，不能說是「弒君」。雖然按照君臣之禮，爲臣當遵守忠臣之道，但是桀、紂昏暴，使天下百姓陷於恐慌之中，已失仁義，爲使天下復歸正道之下，達到「保民而王」的政治理想，湯、武在這種特殊的情形下，全面權衡而作出合義的道德選擇，所以行權誅討，以安天下百姓。是以孟子主張政治的變革，這都是孟子基於對「權」的思想有正確理解與認識。

「禮」包括各種長尊幼卑之禮，其實質內容（仁、義）雖是一致的，但在形式意義（禮）的表現上，則必須因人而異、據事而動。如君臣之禮、賓主之禮與師生之禮的表現形式則必須視具體狀況掌握分寸，然後再做出相應的具體行爲，如：

> 曾子居武城，有賊寇，或曰：「寇至，盍去諸？」曰：「無寓人於我
> 室，毀傷其薪木。」寇退。則曰：「修我牆屋，我將反。」寇退，曾
> 子反，左右曰：「待先生如此其忠且敬也，寇至，則先去以爲民望，
> 寇退則反，殆於不可？」沈猶行曰：「是非汝所知也，昔沈猶有負芻
> 之禍，從先生者七十人，未有與焉。」子思居於衛，有齊寇。或曰：
> 「寇至盍去諸？」子思曰：「如伋去，君誰與守？」孟子曰：「曾子、
> 子思同道，曾子，師也，父兄也。子思，臣也，微也。曾子、子思
> 易地則皆然」。〔註41〕

孟子認爲曾子與子思都是變通行爲，因爲兩人當時的身分、地位與所處的客觀環境是不同的，所以採取不同的作法，曾子在武城的身分是「賓」，在沈猶行家裏的身分是「師」，依照賓主之禮、師生之禮，尚不至於一定要爲對方犧牲；但是子思與衛君的關係是君臣，而君臣之禮義是不能棄君於不顧的，所

〔註40〕〈梁惠王下〉，《孟子纂疏》，頁375。
〔註41〕〈離婁下〉，《孟子纂疏》，頁467。

以若把兩人所處的立場互換，曾子一樣會留下而子思也會逃避的。朱子也同意的說：

> 古之聖賢，言行不同，事業亦異，而其道未始不同也。學者知此，則
> 因所遇而應之，若權衡之稱物，低昂屢變，則不害其爲同也。〔註42〕

可見他們是贊同曾子與子思對於「禮」所持的態度是通權達變、靈活應用、應時而變的。

（2）「行權」之人倫實踐

孔子把孝悌作爲仁、義的基礎，把親親、尊尊作爲仁、義的標準，所以極重視父慈子孝、兄友弟恭之倫常關係。孟子也說：「親親，仁也；敬長，義也。」〔註43〕可見親親爲人之初始。孟子強調人倫之間是最高層次道德表現的所在，由其言「仁之實，事親是也；義之實，從兄是也」就可見兩者的關係。但在人倫日常之間，難免會有道德兩難的問題，如忠孝難兩全之類，此時道德主體必須做出判斷與取捨，權衡比較道德價值的高低，而做出正確的道德行爲，化解矛盾與衝突。

而要合理解決兩難問題，那就是依據行權的最高原則——「惟義所在」，以仁、義是行權最終的依歸，如此才能突破所面臨的困境。如：

> 萬章問曰：「《詩》云，娶妻如之何？必告父母。信斯言也，宜莫如
> 舜。舜之不告而娶，何也？」孟子曰：「告則不得娶。男女居室，人
> 之大倫也，如告，則廢人之大倫，以懟父母，是以不告也。」〔註44〕

這裏有二個矛盾的情形，一方面娶妻必告是常禮，另一方面，不告而娶才能續人之大倫且成就大孝，兩相權衡比較之下，後者顯然比較重要的，所以舜之不告而娶，是行權之實踐。雖然有悖於禮，卻符合道德體系中層次較高的孝德的標準，因此舜雖不告而娶，「君子以爲猶告也。」〔註45〕故道德價值的權衡輕重，求諸人心的良知，是最自然與眞實的發用，取其大經（仁、義）而違反小經（常禮），以小經成全大經，這才是能靈活的體認道德的本質。

道德與禮法之間存在著緊張，若個體境遇仁義與禮法同時存在只能擇一時的兩難時，該如何「行權」以消溶其緊張而取得聯繫與互助呢？孟子以一頗富戲劇性的假設來回答這個問題。

〔註42〕〈離婁章句下〉，《孟子集注》（《四書章句集注》），卷八，頁421。
〔註43〕同註31，頁527。
〔註44〕〈萬章上〉，《孟子纂疏》，頁470。
〔註45〕同註28，頁452。

> 桃應問曰：「舜爲天子，皋高陶爲士，瞽瞍殺人，則如之何？」……
> 孟子曰：「執之而已矣。」「然則舜不禁與？」曰：「夫舜惡得而禁之？
> 夫有所受之也。」「然則舜如之何？」曰：「舜視棄天下猶棄敝蹝也。」
> 竊負而逃，遵海濱而處，終身訢然，樂而忘天下。〔註46〕

孟子認爲兩人的身分、立場、與瞽瞍的關係不同，所面臨的選擇難度與行爲表現也就不同。皋陶身爲執法者，必須堅守崗位，遵守禮法之公正，上自天子下至庶民，以法爲據，故心知有法不知有天子之父，這是他的職責所在，故孟子回答：「執之而已矣。」但舜有雙重身分，一爲一國之君，另一是亦爲人子也，故當其父犯法時，一方面，他不能徇情枉法，渺視禮法的權威性，另一方面，身爲人子，亦不能枉顧親情坐視父親被執而無動於衷，這裏存在著禮法與仁義的緊張，也涉及到了不同道德規範「忠」與「孝」的衝突，如何化解這種衝突呢？在國法與私情之間，孟子看似肯定「執之而已」的國法爲要，但實際上並非如此，他最後選擇了「竊負而逃」的不得已做法來維護父子親情之仁義，也就是說，既不能因禮法而廢棄父子親情，也不能因父子親情而廢棄禮法，在無法兩全的情況下，故權衡禮法與仁義的輕重後，寧願放棄天子高位，違反做官當以盡忠職守爲使命的禮法，以成全仁義與孝的最高原則。

具體而言，「執之而已」指守經、遵禮法；「竊負而逃」指以仁義爲最高準則的行權，是以「舜視棄天下猶棄敝蹝也」，以尊親之仁原則比爲政富有天下更重要，故行爲表現以「孝」爲最高原則，所以最後選擇「竊負而逃」來化解禮法與仁義的矛盾的困境，人生才臻於「遵海濱而處，終身訢然，樂而忘天下」的和諧之境，可見孟子行權的原則以人倫爲主，這和孔子是一致的。

（三）小結

由孔孟「權」的思想來看，可知孔子已注意到道德主體在道德準則構成的道德必然性社會中的自由選擇問題，從而肯定了道德主體選擇自由與選擇能力的重要性，他提出「通乎大道應變」的經、權相輔相濟的概念，而且經、權的相互爲用必有一個原則，那就是「義之與比」，使行權的範圍有跡有循，不致濫用無度，並將這一原則應用到日常生活中，不論是「有所損益」的「禮以行之」或是「能近取譬」的「仁之方也」，都能見其貫徹始終。孟子從現實生活中繼承與發揮孔子經、權的思想，並加以深化之，他從道德主體的能動性與可能性出發，強調道德主體在面臨道德兩難境遇時臨時應變的必要性，

〔註46〕同註31，頁534。

賦予權以應變的確定性內涵，並且繼承孔子「義之與比」的行權原則，提出「惟義所在」。孟子深切體認到道德是體現人的普遍本質，故進而為仁、義奠基，他提出人性論與四端說，將行權的原則徹底的訴求於人內在真實情感為依據，將人文自覺提升到最高度。是以孟子稱讚孔子為「聖之時者」，可見對於孔子能通權達變的做法表示欽佩與服從，所以在行權的實踐範圍上，不論是政治或人倫上，均可見到以權濟禮的基本立場與親親為尊的原則。

　　細究孔孟經、權觀，可以看見兩者在經、權的內涵、原則、條件與範圍上有異同之別。首先，孟子在孔子仁→禮的思想基礎上，繼續補充發展而成為仁→義→禮的思想體系，充分凸顯「義」的地位，並且明確指出以權濟禮的觀念，使經、權關係更為鮮明。其次，孔子「義之與比」與孟子「惟義所在」相較，孟子比孔子更強調「義」在行為選擇上的重要性，再次，孔子守禮行權與孟子越禮行權比較，孟子似乎比孔子進一步肯定「禮」的靈活運用。而當攸關生死之際越禮行權，更能激發出人性最真實的善端發用，是以孟子提出人性善與四端說，為行權找到一個最穩固的內在基質，可見孟子論「權」在孔子論「權」的基礎上加以充實，使儒家「權」的思想更完善。但總體而言，孔、孟均重道德主體的道德選擇問題，肯定在特殊的情況之下，堅持原則而靈活運用，使經、權保持高度一致的自覺，如此，才能正確認識經、權既對立又統一的相輔相濟關係。

二、後儒對孔孟之「權」論的繼承與發揮

（一）漢儒之「反經為權」

　　「權」的觀念到漢代以後得到了充分的發展。〔註47〕西漢初期由於情勢的不穩定，人們欲以經典之訓來解決現實問題，故「權」的思想可說是立基於歷史意識與現實思慮上，如陸賈強調「因世而權行」，根據時世的變化而採取權宜、便利的辦法，面對現實，切合實際的解決當世的問題。賈誼也說：「是以君子為國，觀之上古，驗之當事，參之人事，察盛衰之理，審權勢之宜，去就有序，變化應時，故曠日長久而社稷安矣。」〔註48〕兩者明顯有因時制宜的行權觀念。

〔註47〕參見張立文，〈經權論〉，《中國哲學範疇發展史（人道篇）》（台北：五南圖書出版公司，1997），頁671～701。

〔註48〕以上引言分見陸賈，〈術事〉，《新語》（台北：中華書局，1987），卷上，頁5；賈誼，〈過秦下〉，《新書》（台北：中華書局，1983），卷一，頁7。

而首標經、權對舉之書則是《韓詩外傳》卷二記載孟子論衛女「權如之何」曰：「夫道二，常之謂經，變之謂權。懷其常道，而挾其變權，乃得爲賢。」〔註49〕以常、變來詮釋經、權，其運用的方式是懷常挾變，才能得其賢，可見他企圖整合經、權思想，並融合常變觀念，重新展現孔、孟之經、權觀，而經、權關係至此也已較爲具體了。

眞正釐清經、權界限與對經、權關係做全面性闡述者是《春秋公羊傳・桓公十一年》，其「反經爲權」亦成爲漢代「權」說的主流：

> 權者何？權者反於經，然後有善者也。權之所設，舍死亡無所設。
>
> 行權有道，自貶損以行權，不害人以行權；殺人以自生，亡人以自存，君子不爲也。〔註50〕

《公羊傳》以歷史事件爲背景，描述鄭莊公死後，根據立正黜庶的王位繼承之禮，理應立忽出突，但宋國執鄭相祭仲，逼迫其立突出忽，如果「祭仲不從其言，則君必死，國必亡；從其言，則君可以生易死，國可以存易亡。」〔註51〕在這種立突出忽之違常禮，不立突出忽將面臨君死國亡的兩難中，祭仲做出了違禮以保國、保君爲結果的抉擇。《公羊傳》即以祭仲權變的作爲來發揮「反經爲權」的觀點，並以抽絲剝繭的方式有條理的界定行權的三個層次。

首先是「權」的內涵——「權者反於經」，經、權是對立的，「權」也就是背反常規的行爲或做法，但反經的結果必須是善的，也就是「反經合善」。其次是行權的處境或條件——「舍死亡無所設」，可見除了面臨生死關鍵時，「權」是不可濫用的，否則人類社會必失序。最後是行權的依歸——「行權有道」，此「道」則是成人之仁，必須是「自貶損以行權，不害人以行權」之損己利人的行爲才是行權，君子絕不會損人以自生自存的。所以唯有「反經合道」，反經即違反禮儀制度，合道即返歸道德、道理，這樣行權才有意義，是以《公羊傳》側重經、權對立，強調「權者反於經」。

《淮南子》則以歷史事件進一步釐清經、權的關係與性質，其言：

> 唯聖人能知權，言而必信，期而必當，天下之高行也。直躬，其父攘羊而子證之，尾生與婦人期而死之。直而證父，信而溺死，雖有

〔註49〕賴炎元，《韓詩外傳今註今譯》（台北：商務印書館，1986），頁41～42。

〔註50〕何休注、徐彥疏，《春秋公羊傳注疏》（《十三經注疏》，台北：新文豐出版公司，2001），卷五，頁185。

〔註51〕同前註，頁183～184。

　　直信，孰能貴之。……信反爲過，誕反爲功。〔註52〕
他舉歷史事件中鄭國商人弦高雖矯命但卻保存鄭國的例子來說明這就是知權，其提出「信反爲過，誕反爲功」的結論可說是《公羊傳》「反經爲權」的呼應與強化。他進一步發揮《公羊傳》「反經合善」的理論，所謂「知權」是指「忤而後合者」，其結果「失禮而有大功者」；所謂「不知權」是指「合而後舛者」，其結果「反醜矣」，〔註53〕如楚恭王戰敗於陰陵遭俘且意識不清，臣子黃衰微爲救他便「舉足蹴其體」，而「恭王乃覺，怒其失禮，奮體而起」，《淮南子》則下結論說：「夫君臣之接，屈膝卑拜以相尊，禮也；至其迫於患也，則舉足蹴其體，天下莫能非也。是故忠之所在，禮不足以難之也。」可見他同意在特殊的情形下，違反禮儀的形式以適應實際變化，這才是「權」。

　　孟子以嫂溺援手的具體事件來說明「權」的概念，《淮南子》也以相同的例子——父溺來論「權」。他認爲在常境下，「孝子之事親，和顏卑體，奉帶運履」，但當特殊情況發生時，「至其溺也，則捽其發而拯，非敢驕侮，以救其死也」，也就是平常守常禮，但突發狀況就必須「反經」，故「溺則捽父」、「祝則名君」，這都是「勢」的客觀變化而不得不採取權變的相應措施——「此權之所設也。」〔註54〕故「權」是一種反常禮的變通行爲，可見《淮南子》所指的「忤」與「失禮」，相當於《公羊傳》「反經」之「反」，是以「權」的思想深受《公羊傳》的影響。

　　董仲舒論述經、權關係是漢代最有系統者，他認爲「凡人之有爲也，前枉而後義者，謂之中權。」〔註55〕其「枉」亦近於《公羊傳》「反經」之「反」，可見其說源於《公羊傳》，而「權反於經」之說，在理論上又有新的發展。董仲舒論「權」，先區別經禮與變禮，經禮之特性能「安性平心」，合乎禮之要求，如「昏禮不稱主人」、「天子三年然後稱王」、「婦人無出境之事」者就是經禮；而變禮「性雖不安，於心雖不平，於道無以易之」，不能完全合乎禮之規則，甚或違反之，但這就是變禮之重要，如「辭窮無稱，稱主人」、「有故，則未三年而稱王」、「母爲子娶婦，奔喪父母」者就是變禮。如何在常、變之間取得適切點呢？那就是「明乎經變之事，然後知輕重之分，可與適權矣。」如何明經變之事、知輕重之分？董氏認爲「各有所處，得其處則皆是也，失

〔註52〕劉安，〈氾論訓〉，《淮南子》（台北：中華書局，1993），卷十三，頁12。
〔註53〕同前註，頁13。
〔註54〕以上引言同前註，頁12～13。
〔註55〕董仲舒，〈竹林〉，《春秋繁露》（台北：世界書局，1975），卷二，頁42。

其處則皆非也。」也就是因地、因時而制宜，故人們在面臨外在環境的變化時，「無以平定之常義，疑變故之大義」，〔註56〕既要守經亦要達權，可見董氏強調認識經變輕重，才是「權」的重要意義。

而「權雖反經」，也有其限度，那就是「亦必在可以然之域，不在可以然之域，故雖死亡，終弗爲也。」〔註57〕《公羊傳》主張「權之所設」必須在生死關鍵，董氏則以更嚴格的態度認爲行權「不在可以然之域」，即使是生死關頭亦不能爲之，但這其實是《公羊傳》「反經合善」與「行權有道」的衍化，防止人們以「權」爲藉口而破壞社會的秩序，故「必在可以然之域」指的正是以「善」爲唯一的依歸，而「不在可以然之域」指的正是行權不可以濫用。

董氏吸取時代空氣，滲透經、權觀念，以陰、陽類合經、權，確定「經」之主導地位，「天以陰爲權，以陽爲經，……經用於盛，權用於末，以此見天之顯經隱權。」此不但顯示「先經而後權」的概念，並且強調「權，譎也，尚歸之以奉鉅經耳。」〔註58〕在董氏的心中，「經」還是居於優先地位，是以「反經爲權」的主張傾向保守，這與孔、孟強調因時制宜、通權達變的基本意義終究有隔，故董氏雖對《公羊傳》「反經爲權」做了補充與修正，但實際上價值取向的底蘊已異化了。

東漢初年馮衍也附和「反經爲權」之說，他認爲「權」之所貴者是「逆而功者」，「逆」即是反經，也就是背反常規。是以他贊同「鄭祭仲立突而出忽，終得復位，美於《春秋》。蓋以死易生，以存易亡，君子之道也。」〔註59〕可見馮衍亦主張行權必違反常經才能獲得善功。另外，最早爲《公羊傳》作注的後漢人何休也呼應說：「古人謂伊尹也。……前雖有逐君之負，后有安天下之功。猶祭仲逐君存鄭之權是也。」〔註60〕他肯定伊尹前逐君後安天下的作爲，認爲那同於《公羊傳》中所載祭仲逐君存鄭的權變作法。

荀悅主張「權者反經」，他認爲「權無制，制其義，不制其事。」指「權」是指方法或策略可隨時、隨事調整，但必須以合義爲準則，故「權不可預設，

〔註56〕 以上引言見〈玉英〉，〈精華〉，〈竹林〉，《春秋繁露》，卷三，頁52～53；卷三，頁65；卷二，頁38。

〔註57〕 〈玉英〉，《春秋繁露》，卷三，頁56。

〔註58〕 〈陽尊陰卑〉，〈玉英〉，《春秋繁露》，卷十一，頁260，261；卷三，頁57。

〔註59〕 范曄，〈桓譚馮衍列傳〉，《後漢書（三）》（台北：中華書局，1984），卷五十八上，頁6。

〔註60〕 〈桓公十一年〉，《春秋公羊傳注疏》，卷五，頁185。

變不可先圖，與時遷移，應物變化，設策之機也。」〔註61〕與時遷移、應物變化，才能掌握先機，說明「權」之靈活本質。徐幹也說：「明哲之士者……見變事則達其機，得經事則循其常。」機、常對舉，此處「機」則指「權」，「常」則指「經」，他並舉例說：「宋襄公守節而不知權，終以見執；晉伯宗好直而不知時變，終以隕身。」〔註62〕可見他認爲守節好直並無不可，但要知權而時變，才不致白白犧牲生命。而後漢趙歧注《孟子》說：「權者，反經而善者也。」〔註63〕也是漢儒「反經爲權」說的要員。由上諸說可看到《公羊傳》「反經有善」、淮南子「忤而後合」與《春秋繁露》中「前枉後義」之延申。

成書於南北朝的《劉子》，也有專章來論「權」，首先他爲「權」下定義說：

> 循理守常曰道，臨危制變曰權，權之爲稱，譬猶權衡也。衡者，測邪正之形；權者，揆輕重之勢。量有輕重，則形之於衡，今加一環於衡左，則右蹶，加之於右，則左蹶，唯莫之動，則平正矣。人之於事，臨宜制變，量有輕重，平則行之，亦猶此也。古之權者，審於輕重，必當於理而後行焉。〔註64〕

由「權」的物理作用折射在「權」的人事作用上，則「人之於事，臨宜制變，量有輕重，平則行之」，這基本上是符合儒家「權」觀念。《劉子》一書進而闡述經、權關係，其言「權者，反於經合於道，反於義而後有善。」顯然是由《公羊傳》衍生增添而來，他接著說：「有道則無權，道失則權作。」〔註65〕把行權的範圍限制在非道失不可的地步，非違道不可的條件，似乎把「經」與「權」絕對對立了，經由《劉子》的闡釋，「反經爲權」已跳脫原意，雖根源於《公羊傳》，但其實早已貌合神離，但基本上仍不脫《公羊傳》的範疇。

唐襲漢說，李賢欲整合前人「反經爲權」，其言：「於正道雖違逆，而事有成功者謂之權，所謂反經合義者也。」〔註66〕此說明顯延續《公羊傳》的。

〔註61〕以上引言見荀悅，〈時事〉，《申鑒》（台北：中華書局，1981），卷二，頁6；荀悅，〈高祖紀〉，《漢紀》（台北：商務印書館，1971），頁18。

〔註62〕徐幹，〈智行〉，《中論》（《百子全書》，台北：黎明文化事業公司，1996），卷上，頁2159，2158。

〔註63〕趙歧注、孫奭疏，〈離婁上〉，《孟子註疏》（《十三經注疏》），卷七下，頁330。

〔註64〕劉晝，〈明權〉，《劉子》（《百子全書》），卷下，頁7081～7082。

〔註65〕以上引言同前註，頁7082～7083。

〔註66〕李賢注，〈馮衍傳〉，《後漢書》（《景印文淵閣四庫全書》，第252冊，台北：

馮用之《權論》亦明言：

> 夫權者，適一時之變，非悠久之用。……聖人知道德有不可爲之時，
> 禮義有不可施之時，刑名有不可威之時，由是濟之以權也。……設
> 於事先之謂機，應於事變之謂權。機之先設，猶張羅待鳥，來則獲
> 之；權之應變，猶荷戈禦獸，審其勢也。〔註67〕

馮用之肯定「權」的作用，他認爲「權」是「適時之變」，用來應付處理突發狀況的方法，當道德、禮義、刑名有矛盾、衝突時，才「濟之以權」，所以必須全面觀察情勢的變動而採相應的應變措施。他進而主張「反於常而致治，違於道而合利，非權其孰能與於此乎？」〔註68〕這基本上仍是「反經爲權」的基調。

綜上得之，「反經爲權」源自《公羊傳》，側重在把「經」定位在常禮、常規的形式意義，而這些形式規範可隨外在環境的變化而有所有調整與修正，故「經」可反也。以經、權對舉，從漢到唐，大體不出《公羊傳》之範圍。

（二）宋儒論「權即是經」

宋元時，由於論述的角度、立場、側重點不同，經、權範疇進入另一個新的階段，宋儒「權即是經」可說轉化了漢儒「反經爲權」的基本論調。

北宋時期，李覯、王安石仍提倡漢說。李覯說：「常者，道之紀也。道不以權，弗能濟矣。是故權者，反常者也。事變矣，勢異矣。而一本於常，猶膠柱而鼓瑟也。」〔註69〕當事變勢異時，要隨機應變，若拘泥不時變通，就如同瑟器之弦柱膠粘了，無從調音，則陷入鼓不出傳任何聲音的窘況了。他並舉例說明孔子行權的實踐：如「子見南子」、「昭公知禮」、「文王既沒」、「誅少正卯」、〔註70〕「諾陽貨曰將仕」；〔註71〕而這些看似不正、不直、不讓、不仁、不信的行爲，其實正是孔子「應時遷徙，各得其所。禮所以制乎中，義所以謂之宜也」的權變表現。〔註72〕

　　　　商務印書館，1984），卷五十八上，頁 682。
〔註67〕馮用之，〈權論〉，收在董誥、陸心源，《全唐文及拾遺》（台北：大化書局，1987），卷四〇四，頁 1853～1854。
〔註68〕同前註。
〔註69〕李覯，〈易論第八〉，《旴江集》（《景印文淵閣四庫全書》，第 1095 冊，台北：商務印書館，1986），卷三，頁 45。
〔註70〕以上詳見〈雍也〉，〈述而〉，〈子罕〉，《論語纂疏》，頁 212，224，238；〈孔子世家〉，《史記會注考證》，卷四十七，頁 750。
〔註71〕〈陽貨〉，《論語纂疏》，頁 323。
〔註72〕〈復說〉，《旴江集》，卷二十九，頁 258。

王安石也舉孔、孟之例來說明行權的重要，他說：「若有禮而無權，則何以爲孔子？天下之理，固不可以一言盡。君子有時而用禮，故孟子不見諸侯；有時而用權，故孔子可見南子也。」這正是「反經爲權」的具體體現。王安石強調權時之變，他認爲時代在變化，禮、義也應當有所改變，古之禮、義而今從由之，其形式與內容未必相合，不可不加以辨別，切莫認認然的陷入「事同於古人之跡而異於其實」，〔註73〕形式相同，意義早已大相逕庭了，這就是非禮之禮、非義之義，故「反經」的變通行爲是王安石所肯定的。

但眞正在兩宋居於主流的是程、朱之「權」論。程頤首先提出「權即是經」的主張來駁斥漢儒「反經爲權」的說法。他說：

漢儒以反經合道爲權，故有權變、權術之論，皆非也。權只是經也。

自漢以下，無人識權字。〔註74〕

他指摘漢儒「反經爲權」之說，終將成爲奸惡者用以自飾的憑藉，他嚴厲批判漢儒短見，混亂「權」字，故肯定的說「權只是經也」。他進而指出「古今多錯用權字。纔說「權」便是變詐或權術。不知權只是經所不及者。權量輕重，使之合義。才合義，便是經也。」〔註75〕在他看來，必須「權能合義」，而以「經」爲至道，合義即合經，合經即道，才可說權是經，所以：

夫臨事之際，稱輕重而處之以合於義，是之謂權，豈拂經之道哉？

〔註76〕

程頤強調通過「權」的作用來貫徹「經」的精神，故經即是權，權即是經，無所謂經、權對立，故怎可解釋「權」是「拂經」（反經）呢？是以程子主張經、權是一。

朱熹既不完全反對漢儒「反經爲權」之相離說的觀點，也不完全同意程頤「權即是經」之等同說的看法，他說：

大抵漢儒說權，是離了個經說，伊川說權，便道權只在經裏面。〔註77〕

〔註73〕 王安石，〈再答龔深父論語孟子書〉，〈非禮之禮〉，《臨川集（三）》（台北：中華書局，1987），卷七十二，頁 5；卷六十七，頁 7。

〔註74〕 〈子罕〉，《論語集注》，卷五，頁 157。

〔註75〕 程頤、程顥，《二程遺書》（《景印文淵閣四庫全書》，第 698 冊，台北：商務印書館，1985），卷十八，頁 188～189。

〔註76〕 程頤、程顥，〈論道篇〉，《二程粹言》（《景印文淵閣四庫全書》，第 698 冊，台北：商務印書館，1985），卷上，頁 362。

〔註77〕 朱熹，〈論語十九·子罕篇下──可與共學章〉，《朱子語類》（台北：文津出版社，1986），卷三十七，頁 991。

他企圖整合二說，因此，他在批判吸取漢儒「反經爲權」說合理因素的基礎上，有了同情的修正，並且在程子「權即是經」的路脈上，做了更精闢、深入的探索，故其「權」說，蔚爲大觀。

宋儒側重形上之理的抽象思辨，故明於「體」，朱熹便是以「體同」、「用異」的思路來詮釋經、權關係。從「體同」來贊同程子之經、權無別，從「用異」來接納漢儒經、權有別。首先，從經、權有別「用」來看（此「用」指經、權使用時間效用的不同而言），朱熹認爲「伊川說權卻是經」，把經、權關係說死了，並不活絡，反觀漢儒「反經爲權」之說，卻把經、權關係說得曉然，可見漢儒之說亦有可取之處。朱熹說：「孟子分明說：『男女授受不親，禮也；嫂溺授之以手，權也。』權與經豈容無辨！」可見經、權有別，「反經爲權」有其特定意義存在的合理性，故「經與權，須還他中央有個界分。」因爲「權與經，不可謂是一件物事。畢竟權自是權，經自是經。」兩者是二非一物，他認爲「權是稱錘也。稱衡是經」之物譬是「難得親切」。他並從內涵上加以界定：「經，是常行道理；權，則是那常理行不得處，不得已而有通變底道理。」〔註78〕可見朱子上論是針對「常則守經，變則行權」爲主要命題，常時守經，變時行權，以此來同意漢儒之說。

而經、權在時間的效用上如何分判？朱熹認爲「經」能處置得常事，「權」能處置得變事，所以「權是不常用底物事」，而經、權使用的時機有何不同？朱熹認爲「固是不同：經是萬世常行之道，權是不得已而用之，大概不可用時多。」他並舉例說明：

> 冬日則飲湯，夏日則飲水，此是經也。有時天之氣變，則冬日須飲水，夏日須飲湯，此是權也。權是礙著經行不得處，方便用得，然卻依前是常理，只是不可數數用。〔註79〕

可見守常與行權在不同時間的使用功能上是有對立和界限的，就這個意義上來看，朱熹認爲從淺平處來看，漢儒說「反經爲權」，此「語亦未十分有病」。〔註80〕

其次，從經、權無別「體」來看，朱熹思想深受程頤影響，故在經、權觀方面，他除了對程子「權即是經」的說法有所調整外，並提出自己的新見。他深切的了解到程子深惡「反經」之說是因爲「恐人離了經，然一滾來滾去，

〔註78〕上論及引言同前註，頁988～993。
〔註79〕上論及引言同前註，頁983～991。
〔註80〕同前註，頁989。

則經與權都鶻突沒理會了」和「漢儒只管言反經是權，恐後世無忌憚者皆得借權以自飾」兩種因素，才會語重心長的道出學者心中的憂慮，這可由漢代末流把行權目的與結果由「善」往「功」轉向可見，經、權愈見糾纏，其價值也混淆不清了，致使最後的離經叛道。所以朱熹肯定程子「權即是經」的背後意義，就這點來看，朱熹同意「漢儒謂『權者，反經合道』，卻是權與經全然相反；伊川非之，是矣」的看法，他說：「權者，乃是到這地頭，道理合當恁地做，故雖異於經，而實亦經也。」可見兩者是不離而合的，「經」是「權」的內涵，「權」是「經」的表現，這其中以道理為促進，因為「道理當恁地做，雖然反經，卻自合道理⋯⋯若合道理，亦何害於經乎！」故「合於權，便是經在其中。」〔註81〕由此可見，朱熹已拈出以「道」來消解「經」與「權」的緊張關係，也為漢儒反經之說找到了理論根據。

他進而指出經、權之互助性：「經是已定之權，權是未定之經。」經、權在互為機轉的過程中，可說「經」是「權」的損益完成狀態，「權」是「經」的損益進行狀態，所以經中有權，權中有經，二者統一無別的，故朱熹提出「道貫經權」的經、權同體的觀念，以「道」來貫穿兩者，不但為漢儒、程子之經、權衝突找到合理解決，也為「權即是經」的說法往更深的領域開拓。他說：

> 經者，道之常也；權者，道之變也。道是個統體，貫乎經與權。
> 〔註82〕

「道」在朱熹哲學中，是一個最高的綱領性範疇，他以「道」來成為聯結經、權的本體，成為貫通兩者的中介和橋樑。他舉「義」說明：「義」字可廣包經與權，兼經、權而用之，在「經」與「權」過接處扮演重要的共同連繫紐帶，所以經、權對舉無妨，但若把義當經，而主張權、義對稱則是不行的，因為「義可以總括得經權，不可將來對權。義當守經則守經，義當用權則用權。」程子權即經說，其側重的著眼點便是落在這個統體的「道」上，他說：「權為經之要妙微密處，非見道理之精密、透徹、純熟者，不足以語權也。」〔註83〕是以朱熹主張在「道」的籠括下，經、權具有同質性，故經、權不分。

〔註81〕上論及引言同前註，頁 988～991。
〔註82〕同前註，頁 989。
〔註83〕上論及引言同前註，頁 989～991。

在這個的同時，朱熹也發現到程子「說『經』字太重，若偏了」，〔註84〕朱熹認爲漢儒、程子之歧見，癥結在兩者對「經」字意義的認知有差異，朱熹意識到漢儒言「經」側重於「禮」，故「反經」指反常禮而言，所以「反經爲權」有其正當性，這也是朱熹同意漢儒說的原因；而程子言「經」則近乎於「道」，故朱熹附和程子質疑漢儒反經如何合道。因爲朱熹認爲「經」與「道」的層次顯然不同，故他進而修正程子「權即經」說法的思想基礎，有此認識與掌握，對於朱熹「道貫經權」的說法才能有更深入與仔細的分疏。〔註85〕而由於程、朱皆重形上之道，故「權即是經」與「道貫經權」的立論基調大致相同，而朱熹雖不反對漢儒「反經爲權」，但對於漢儒僅把經、權視爲對立——「論權而全離乎經」的立場，〔註86〕他可是持否定的態度，故實際上朱子是支持「權即是經」的主張。

湖湘學派張栻承襲程、朱「權即是經」來批判漢儒「反經爲權」的說法，他說：「自陋儒反經合道之論起，而其害有不可勝言。」此「害」亦如程子所說的藉「權」自飾甚而枉棄經倫之道，張栻有所感的指出：「此論——行而後世竊權之名以自利，甚至於君臣父子之大倫蕩棄而不顧。曰：吾用權也，不亦悲夫！」他認爲「經」是道之常也，而權變的作爲就是要貫徹於「經」的精神，也就是以完道爲終極目標，故其言「經者，道之所以爲常也；權者，所以權其變而求合夫經也。」是以在程、朱「權即是經」的基礎上，他再一次針對宋儒提出「既反經矣，尙何道之合乎」的質疑。〔註87〕

朱熹的弟子陳淳批判漢儒「反經行權」是錯誤的。他爲經、權兩者的實質意義是相同的，同樣歸屬於道理，其言：「經是日用常行道理，權也是正當道理」，經雖常行，權雖非常行，但是「權」對「經」卻發生補齊的作用與起著彌合事態的功能，故「權只是濟經之所不及也」，「權以濟經」顯示兩者相互發明、相互作用。他舉柳宗元所說的「權者，所以達經」，當「經」到那裏

〔註84〕同前註，頁988。

〔註85〕朱熹以「道」貫經、權來會通漢儒、程子的說法。「道」運動於經、權，既內在又超越經、權。就超越面而言，道、經分屬不同層次，故權雖反經卻不悖於「道」，故「反經行權」可行也；就內在面而言，經、權同具「道」的成分，故「權即是經」亦無不可。（詳見韋政通，〈朱熹論經、權〉，《儒家與現代中國》，台北：東大圖書有限公司，1984，頁80。）

〔註86〕同註77。

〔註87〕張栻，〈離婁上〉，《癸巳孟子說》（《景印文淵閣四庫全書》，第199冊，台北：商務印書館，1984），卷四，頁422；張栻，〈子罕〉，《癸巳論語解》（《景印文淵閣四庫全書》，第199冊，台北：商務印書館，1984），卷五，頁249。

「行不去」時,「非用權不可濟」,故「權雖經之所不及,實與經不相悖,經窮則須用權以通之。」可見以權通經正是「權即是經」的進一步說明。而「以權通經」非常人可運用,必須「理明義精」之人,才能應用得妥貼不差,也就是指用權必須對「經」心領神會,當「合用權處亦看不出」,即經權無別也。故其言「公羊謂反經合道,說誤了,既是反經,焉能合道?」〔註88〕是以陳淳以「權以濟經」的經權合一觀來抗議漢儒「反經爲權」。

元人趙順孫亦從程、朱之說,並認爲程子「權只是經」與朱子「權經亦當有辨」,不但不互相抵觸,而且各有所發明,他說:

> 黃氏曰:程子言:「權只是經」,《集註》云:「權經亦當有辨」,是各有所發明也。權,變也;常者,一定之理;變者,隨時之宜。遇事之常,則但當守一定之理,遇事之變,則不得不小有移易,以就夫權。此權經不可無辨,《集註》之說然也。然天下之理,惟其當然而已。當經而經,當然也;當權而權,亦當然也;則權雖異於經,而以其當然,則亦只是經,此程子之說然也。有《集註》之說,則經權之義始明;有程子之說,則經權之義始正;先儒明道之力,至是而始備矣。〔註89〕

可見趙氏仍以當然之理來貫串經、權,可說是繼承朱熹而有所發揮,是以他肯定程、朱之說是相得益彰。

到了明代,「權即是經」的餘緒猶存,胡居仁也主張經、權合一,其言「權與經本非二理」。在他看來,「權」是用來輔助「經」的實現與完成,故「權所以濟經也」,所以他說:

> 權所以濟經,如一兩是一兩,如十兩是十兩,不失分銖,此正天理之精微處,非聖賢不能用。後世學不及此,有以苟且從俗爲權者,以機變處事爲權者。故權變權術之學興;於是背乎經,非所以濟經也。〔註90〕

「反經」之所以爲程子等人所詬病,正因漢儒不識「權」的眞正意義,故用權之方早已與儒家「權」的理念背道而馳,胡氏主張以「濟經爲權」來取代

〔註88〕上論及引言見陳淳,〈經權〉,《北溪字義》(北京:北京圖書館出版社,1997),卷下,頁24~26。

〔註89〕〈子罕〉,《論語纂疏》,頁246。

〔註90〕胡居仁,〈經傳〉,《居業錄》(《景印文淵閣四庫全書》,第714冊,台北:商務印書館,1985),卷八,頁91。

漢儒「反經爲權」。

其後馮從吾亦呼應「權雖通變，不離乎經」，故他說：「程子謂權只是經，可謂獨見。若外經言權，則權謀權變矣。」〔註 91〕可見馮氏亦支持程子「權只是經」的主張，並以此來抵制漢儒「外經言權」的論調，直批那是權謀、權變，緣此可知宋明儒的抨擊，主要是集中在漢儒「反經」二字。

總之，宋明儒之非議漢儒，大抵源於程子，他們立足於「理」的形而上學，對經、權思想進行全面的把握與轉化。宋儒以「權即是經」對漢儒「反經爲權」說的否定，實際上是漢儒理解「經」的內涵側重在常禮、常規的行爲規範與途徑，重視行權的形式與過程，故「權」可說是用來調整「經」的形式義，是以「反經爲權」；宋儒理解「經」的內涵則側重在常道的準則，重視行權的精神與原理，故「權」可說是用來實踐「經」的道德義，以完道爲目的，是以「權即是經」，緣此可見，漢、宋諸儒立論的差異所在。誠如何澤恆先生所分析的「宋儒直認經爲道，故以反經爲非是；不知漢儒之所謂「經」，相對於宋儒所謂「道」而言，只能算是「跡」。換言之，漢儒所指是行爲的途徑；宋儒所指則爲行爲背後的精神或原理，宋儒自程子以下之非斥漢儒者，大抵皆由此一誤會而起。」〔註 92〕此論適足以清楚說明漢、宋儒經、權觀的相異點。雖然漢儒側重於「反經」上，宋儒側重於「合道」上，然而他們對於孔、孟強調「權」的概念——通權達變、因時制宜，卻是高度一致的，也就是肯定實行權宜的目的在使常經能順利把握與實行。

〔註91〕以上引言見馮從吾，〈語錄・疑思錄三・讀論語上〉，《少墟集》（《景印文淵閣四庫全書》，第 1293 冊，台北：商務印書館，1985），卷二，頁 64。
〔註92〕何澤恆，〈論語孟子中所說的「權」〉，《孔孟月刊》，第二十四卷，第三期，1985・11，頁 20。

第三章　焦循論「權」的學術氛圍

一、明清儒學的轉向

　　明清之際，無論是政治、經濟、文化領域都發生重大的變化，舊的傳統觀念與新的進步理念在這一時期產生了激烈的衝擊，社會的轉折導致價值的轉向，從形上價值觀到經驗價值觀，與之相應則從主觀思想辨方法到客觀實證方法。焦循融入時代變革的浪潮、把握社會進步的要求，對傳統的道德價值進行重新的評價與詮解，其「權」論就是在儒學價值取向與思維方式的轉向軌轍上產生的。

（一）肯定形下氣化的情欲價值觀

　　儒學以內聖通向外王爲雙重進路，重視內聖成德的闡發，以道德價值爲人生追求的理想。孔子以「仁」爲最高的道德價值，並以「仁」來評價人生價值及其實現，而孔子始終沒有明顯把「天」與「仁」連結起來，正提撕著人的道德自主性。孟子進一步凸顯人內在的心性是道德價值的根源，其「盡心知性以知天」的主張，[註1] 則初步爲心性與天搭界，除了重視人的德性自覺，亦肯定「天」對於人的積極意義。

　　《中庸》曰：「天命之謂性，率性之謂道」，[註2] 明確的把天與性加以貫通，將道德價值根源歸諸於天，人的道德創造就是在應合天之化生萬物，「天理」成爲支配人類社會的至高無上、不容置疑之道德原則，如何通過主體心

〔註 1〕　〈盡心上〉，《孟子纂疏》（趙順孫，《四書纂疏》，台北：學海出版社，1993），
　　　　　頁 521。
〔註 2〕　《中庸纂疏》，（《四書纂疏》），頁 61。

性的涵養以上達純然至善的天理，就成爲宋儒所刻意追求與關注的，是以形上領域的內容意義在這裏就顯得格外重要，宋儒便在這樣的基礎上傾盡全力的開發形上的超越世界，並建立起道德形上學。

《易繫上》言「形而上者謂之道，形而下者謂之器」。朱熹用理氣來概括整個世界，其言：「天地之間，有理有氣。理也者，形而上之道也，生物之本也；氣也者，形而下之器也，生物之具也。」〔註3〕說明「理」爲世界的本體，其純善至善、先天具足，是道德的形上根源，而人道德修養的終極境界就是要契合於「理」，是以「理」被標高到無以復加；而陰陽之氣由於有清濁之異、駁雜不齊，所以人生氣稟必有善有惡，故形下之氣被視爲惡的來源，尤其人欲更是惡的源頭，是天理下貫的障蔽，故必須去除，才能純乎天理、復歸秉於天的至善之性，是以「氣」受到輕視，「欲」受到摒棄，宋儒認爲理氣是處於對立的，并由此提出「存理滅欲」的主張。

事實上，孔孟都承認自然欲求的合理存在，孔子言：「富與貴，是人之所欲也」，孟子云「必使仰足以事父母，俯足以畜妻子，樂歲終身飽，凶年免於死亡，然後驅而之善，故民之從之也輕」，〔註4〕基本上原始儒家是關懷現實人生的，故承認人皆有欲，但必須有所節制，亦即做到寡欲的修爲功夫。由於宋儒把天理與人欲強烈的對決起來，並在《禮記》中「滅天理而窮人欲」的影響下，宋儒進一步的發揮，其主張不僅要寡欲，進而要滅欲。二程說：「人心莫不有知，惟蔽於人欲，則忘天德也。」把人欲視爲天德的阻礙，主張革盡人欲才能復盡天理，其言：「聖人千言萬語，只是教人存天理，滅人欲。」〔註5〕而陸王則直接主張明心見性、發明本心，以爲心包括天地萬物之理，只要反觀自省，無須外求，是以宋明理學就是以存理滅欲、探求性命義理爲主要課題，故儒家的內聖之學──「如何體證形上性理」，在宋明理學五、六百年間得到了充分的闡發。但在趨之若鶩的鑽營探索下，心性之學漸漸走向偏頗，其末流演變成游談無根、束書不觀、玄虛而蕩的學風，甚至出現「天崩

〔註3〕 朱熹，〈答黃道夫書一〉，《朱子文集（六）》（台北：德富文教基金會，2000），卷五十八，頁 2798。

〔註4〕 〈里仁〉，《論語纂疏》（《四書纂疏》），頁 183；〈梁惠王上〉，《孟子纂疏》，頁 364。

〔註5〕 分見王夢鷗，《禮記今註今譯‧樂記》（台北：商務印書館，1987），頁 612；程頤、程顥，《二程遺書》（《景印文淵閣四庫全書》，第 698 冊，台北：商務印書館，1985），卷十一，頁 99；朱熹，《朱子語類》（台北：文津出版社，1986），卷十二，頁 207。

地解，落然無與吾事」的脫離現實積習，〔註6〕故當在總結明亡的歷史教訓時，玄虛蹈空的流弊總是難辭其咎。

　　明清之際，社會面臨空前的激盪，除了明亡所引發的歷史反思，隨著經濟的繁榮、市民階層的崛起、西學的東漸等，生活型態與社會結構發生了巨大變化，傳統的價值觀與秩序結構已無法適應文化的震盪，因此產生了新的社會價值觀，人們的視野從形上之道轉向形下氣化的現實世界，形成人們重新認識與肯定情欲的新趨向，劉述先就指出清初儒學新典範就是「從道德形上學到達情遂欲」。〔註7〕故明清儒學的轉型可說是從形上之理轉移到形下之氣，落實在器上，是以明清儒者主張「氣即是理」就迥異於宋儒「理先氣後」的二分看法。

　　劉宗周說：「盈天地之間，一氣而已矣」、「理即是氣之理，斷然不在氣先，不在氣外。」黃宗羲說「通天地，亘古今，無非一氣而已」、「理為氣之理，無氣則無理」，〔註8〕方以智也說「彼離氣執理，與掃物尊心，皆病也。……一切物皆氣所為也，空皆氣所實也。」王夫之亦言「理與氣元不可分作兩截」，顧亭林言「盈天地之間者氣也」，戴震亦言「氣化流行，生生不息，是故謂之道。」〔註9〕由以上可知，明清諸儒把理氣融為一片，「理」不再是超越的、形上的、本體的，而只是氣的條理，反映在形下的現實層面就是客觀、經驗的事理或條理了。

　　我們可以看到當價值已從「理」的形上領域漸次轉移到「氣」的形下領域，而由於氣凝聚成器，器為氣的具體現形，是以現實世界實務面的典器制度同時也被強調出來了，顧亭林就說：「非器則道無所寓」、王夫之亦云「天

〔註6〕黃宗羲，〈留別海昌同學序〉《南雷文定》（台北：世界書局，1964），卷一，頁16。

〔註7〕劉述先，《儒家思想意涵之現代闡釋論集》（台北：中央研究院中國文哲研究所，2000），頁73。

〔註8〕以上引言分見劉宗周，〈學言中〉，《劉宗周全集（二）》（台北：中央研究院中國文學研究所籌備處，1996），卷十三，頁480，483；黃宗羲，〈濂溪學案下〉，《宋元學案（上）》（台北：河洛圖書出版社，1975），卷十二，頁110；黃宗羲，〈何東學案上〉，《明儒學案》（《黃宗羲全集（七）》，台北，里仁書局，1987），卷七，頁111。

〔註9〕以上引言分見方以智，〈天類〉，《物理小識》（台北：商務印書館，1977），卷一，頁3；王夫之，《讀四書大全說》（台北：河洛圖書出版社，1974），卷九，頁600；顧炎武，《日知錄集釋》（台北：國泰文化事業公司，1980），卷一，頁15；戴東原，〈天道〉，《孟子字義疏證》（台北：廣文書局，1978），卷中，頁1。

下惟器而已矣」，[註10]明清儒者在突出「氣」與「器」地位的同時，正表明了他們對於「得於天具於心」超越層次的不滿，他們所關懷的是現實生活中道德的落實與踐履，以及經驗領域中日用百為的秩序與成效，是以重情主智成為清儒一致的追求，張師麗珠就以「情性學」[註11]——發揚情性而範以智性的義理主張及理論建設來標誌清代異於宋明儒（心性學）不同歷史選擇下所分別體現的價值趨向。

故明末清初儒者們消弭理氣之分，把「理」下降到人倫日用的層次，當「理」不再是遙不可及，而只是座落在現實生活中人我真實且平實的情感，故情欲順而達的發抒是合理且自然的，對於人具有正面的助益，是以「理在欲中」、「人欲即天理」、「理存乎欲」的情欲覺醒無異是對宋儒「存理滅欲」的一大挑戰。這從明末就可看出價值轉換的趨向，如高拱從「理欲不兩立」的觀點批判「遏人欲即是存天理」，劉宗周認為「欲與天理只是一個」，故「即欲可以還理」，陳確明確表示「天理正從人欲中見，人欲恰好處，即天理也。向無人欲，則亦並無天理可言矣。」[註12]王夫之認為天理不與人欲對壘，其言「飲食男女皆性也，理皆行乎其中也。」顧炎武說：「天下之人各懷其家，各私其子，其常情也。」顏元亦肯定男女之情是人之真情至性，其云：「男女者，人之大欲也，亦人之真情至性也。」[註13]其後到了乾嘉之時，戴震也強調懷生畏死、趨利避害是自然的表現，故欲可節不可窮，其高呼「達情遂欲」、「以情絜情」的主張，如梁啟超先生所言「不外欲以情感哲學代理性哲學」，[註14]正代表從嚴判理欲到肯定人欲的明顯分趨。焦循在已然轉型的新價值觀上，亦主張欲可寡不可無，認為忍其欲制其情，會導致氣血日戾，痰

〔註10〕顧炎武，《日知錄集釋》，卷一，頁 15；王夫之，《周易外傳‧繫辭上傳第十二章》（《船山遺書（一）》，北京：北京出版社，1999），卷五，頁 358。

〔註11〕張師麗珠，〈會通傳統與現代的清代情性學〉，發表於明清學術國際研討會，2002‧12‧21～12‧23，由香港大學中文系主辦。

〔註12〕以上引言分見高拱，《問辨錄》（《景印文淵閣四庫全書》，第 207 冊，台北：商務印書館，1985），卷二，頁 11；劉宗周，〈學言上〉，《劉宗周全集（二）》，卷十二，頁 428，454；陳確，〈無欲作聖辨〉，《陳確集》（台北：漢京文化事業有限公司，1984），卷五，頁 461。

〔註13〕以上引言分見王夫之，〈乾稱篇下〉，《張子正蒙注》（台北：世界書局，1967），卷九，頁 274；顧炎武，〈郡縣論五〉，《顧亭林詩文集》（台北：漢京文化事業有限公司，1984），卷二，頁 14；顏元，《存人篇》（陳居淵導讀，《習齋四存編》，上海古籍出版社，2000），卷一，頁 164。

〔註14〕梁啟超，《清代學術概論》（《中國近三百年學術史》，台北：里仁書局，2000），頁 38。

湧胸塞以死，是以「欲由欲寡」的提出，〔註15〕無疑代表著清儒已由形上的天理抽換為以情欲為價值尺度的主導了。

楊芳燕引余英時先生的論點說：

> 十五、六世紀以降的儒學，逐漸發展出一種「基調的轉換」。這種基調轉換乃是「儒家的內在動力和社會、政治的變動交互影響的結果」，它表現於對民間社會（相對於政治領域）的重視、富民論的發展、以及對治生、四民、賈道、理欲、公私、義利等觀念的再詮釋。〔註16〕

此論充分說明在明清之際，由於社會結構的遽變，人們對於現實人生情欲的正視，傳統儒家文化也面臨重大的衝擊與撼動。

傳統儒家大抵是重義而輕功利的，孔子言「君子喻於義，小人喻於利」、董仲舒云「正其宜（義）不謀其利，明其道不計其功」、朱熹云「義者，天理之所宜。利者，人情之所欲」，〔註17〕以道德價值重於物質價值是儒家傳統取向。但隨著明清鼎革，社會多元化的發展與經濟活動的繁榮，人們注重起物質生活利益與社會生產功效，是以重商、重功利就成為明清之時最顯著的特徵，也就是清儒肯定了物質生活是道德生活的基本。如高拱主張義利統一，並認為「倡為不言利之說」、「徒以不言利為高」，是「迂腐好名之人」，他強調利的重要性，其言「理財無人，國用日蹙，而民生乃益困」，故輕利之說會誤了國事，陳確嘗作〈學者以治生為本論〉一文，把治生視為先務，黃梨洲認為世儒「以工商為末，妄議抑之」的觀念是錯誤的，其云「工固聖王之所欲來，商又使其願出於途者，蓋皆本也。」顧炎武亦云「庶民安故財用足」，是以欲使民興孝興弟，莫急於生財，王夫之則主張「大賈富民者，國之司命也。」顏元主張「以義為利」，並言「正其誼以謀其利，明其道而計其功」，他認為孟子極駁「利」字，只是反對「掊剋聚斂者」，實際上「義中之利」，才是君子所貴也，〔註18〕焦循就在傳統義利觀已然轉

〔註15〕 焦循，《易餘籥錄》（《叢書集成續編》，第 29 冊，台北：新文豐出版公司，1985），卷十二，頁 353；焦循，〈格物解三〉，《雕菰集》（台北：鼎文書局，1977），卷九，頁 132。

〔註16〕 楊芳燕，〈明清之際思想轉向的近代意涵——研究現狀與方法的省察〉，《漢學研究通訊》，第二十卷，第二期，2001．5，頁 50。

〔註17〕 〈里仁〉，《論語集注》（朱熹，《四書章句集注》，台北：大安出版社，1999），卷二，頁 97。

〔註18〕 以上引言分見高拱，《問辨錄》，卷一，頁 8～9；黃宗羲，〈財計三〉，《明夷待

化下提出「趨利故義」的新主張，緣此可知，清儒已從內心世界跨向外部世界。

正由於清儒強調形下的氣化世界，如林聰舜先生所言：

> 氣本身就代表生機洋溢的力量，因此重氣的宇宙觀必然也是健動的
> 宇宙觀，這又代表當時儒者對「動的世界」的嚮往。〔註19〕

動即通也，是以動的世界即通的世界，清儒重變通的思想可說是符合氣化世界的一種表現。故焦循之「權」論的變通實踐觀中，「禮以時為大」是對器的重視，「能知故善」則為重情主智的強調，均是立足在清初價值已轉變下所建構的社會哲學（第五章將論及）。

（二）重視經驗實證的方法論

清儒經驗義理學的建立，除了核心價值的推移——從「理」到「氣」；與之相應的則是方法論的轉變——從主觀思辨到客觀實證，張師麗珠說：

> 明清價值觀丕變的演進聲中，理學存理滅欲的思想模式，已經不符
> 當時普遍重客觀氣化、重情慾的思想要求了。於是清儒相應於此一
> 重視形下氣化世界思想轉變地、從經驗論出發，提出以感官直觀、
> 客觀實證為途徑的學術方法，取代了五、六百年來理學主於內向思
> 辨的學術方式。〔註20〕

這正說明了清代「崇實黜虛」的精神導向。

宋明理學以「證體」為首要課題，但道德本體高遠玄虛，根本無從檢驗，只能用主觀思辨的思維方式進行，如此抽象玄虛的思維方法卻導致末流空疏、不切實際、脫離現實的學風和社會後果，顧炎武指出：

> 劉石亂華，本於清談之流禍，人人知之，孰知今日之清談，有甚於
> 前代者。昔之清談談老莊，今之清談談孔孟，未得其精而已遺其粗，
> 未究其本而先辭其末。不習六藝之文，不考百王之典，不綜當代之
> 務，舉夫子論學論政之六端，一切不問，而曰一貫，曰無言。以明
> 心見性之空言，代修己治人之實學，股肱墮而萬事荒，爪牙亡而四

訪錄》（《梨州船山五書》，台北：世界書局，1974），頁41；顧炎武，《日知錄集釋》，卷六，頁142；王夫之，〈大正第六〉，《黃書》（《梨州船山五書》），頁28；顏元，〈大學〉，《四書正誤》（《續修四庫全書》，第166冊，上海古籍出版社，1995），頁5。

〔註19〕林聰舜，《明清之際儒家思想的變遷與發展》（台北：學生書局，1990），頁290。
〔註20〕張師麗珠，《清代義理學新貌》（台北：里仁書局，1999），頁98。

　　國亂，神州蕩覆，宗社丘墟。〔註21〕
把亡國之痛歸咎於明末空疏無用的學風是清初儒者普遍的看法，他們認爲孔孟之學是「修己治人」的實學，強調實用實行，而宋儒卻致力「明心見性之空言」，這無疑違反了儒學宗旨，才會帶來嚴重的亡國之禍。焦循亦云：「以空疏不讀書爲家法，非持理即守心，嘉隆而後，仕者以此訌於朝，處者以是惑於野，明祚遂坐是而亡。」〔註22〕在空談誤國的歷史省思下，形而上的玄虛思維方式爲清儒所痛斥，「袪虛務實」的學術趨向成爲清儒一致的選擇。

　　如顧炎武「凡國家典制、郡邑掌故、天文儀象、河漕兵農之屬，莫不窮原究委，考正得失。」〔註23〕其《日知錄》一書的內容即涉及政治、經濟、軍事、哲學、宗教、歷史、法律、經學、藝術、語文、文學、典章制度、天文地理等的詳實考證，可說是事事有證據、有出處、有來歷，王夫之指責王學末流之廢實學、崇空疏，故主張「明人道以爲實學，欲盡廢古今虛妙之說而返之實」，〔註24〕這正是崇實思維方式的反映。焦循亦認爲事之所在，或天象算數、或山川郡縣、或人之功業道德、國之興衰隆替以及一物之情狀、一事之本末，都必須「明其事而止。」〔註25〕強調崇實尚博的經驗論，是以清儒學風由蹈空丕變爲覈實，由主觀玄虛的推想轉變爲客觀實證的考察了。

　　宋儒高談性理、崇尚抽象、邏輯的方式，是以治經一反漢唐名物訓詁，拋開傳注，主張不依靠經書的訓詁章句來把握孔孟義理，而是以個人心性的涵養與默識就能豁顯聖人之道，故宋儒對於經典訓詁，不但擅自更改，更是增字解經、望文生義、憑空臆說，此疑經改經之風日熾，朱熹進而退《五經》進《四書》，以《四書》作爲性命義理之學的立論根本，故內向、理性的思辨方式相應而生，也就取代了原始儒學偏重樸素篤實、感性經驗的思考模式。清儒在深刻反省談玄說理所招致的流禍與面對時代的巨變、社會文化的激盪和價值觀念的轉變，現實生活成爲他們關懷的主題，是以爲挽救「蹈空」的危機，「務實」成爲清儒的對治方法，故回歸原始儒家切於實際的平實風尚就

〔註21〕　《日知錄集釋》，卷七，頁154。
〔註22〕　《易餘籥錄》，卷十二，頁355。
〔註23〕　王樹等纂，〈儒林傳二〉，《清史稿（五）》（台北：華世書局，1981），頁3553。
〔註24〕　王敔，〈大行府君行狀〉，《船山房潽草冊齒錄》，王夫之十二代孫王鵬家藏抄本。（轉引自成復旺，〈返回經典，走向實學──略論明清之際學術思想的轉變〉，《第四屆清代學術研討會論文集》（高雄：國立中山大學中國文學系，1995），頁7。）
〔註25〕　〈與王欽萊論文書〉，《雕菰集》，卷十四，頁233。

成爲清儒學術活動的重點，因此清儒從實事求事的原則出發，主張實證，揚棄宋明儒憑己意解經的方式，提出了異於宋明理學內向主觀的形上思辨並弘揚經驗客觀的思維方式。

其中顧炎武可說是自覺提出方法論而促使學風轉向的主要奠基人，其言：「古之所謂理學，經學也。」強調「理」「道」是在六經之中，欲求聖人之道理，必須從儒家經典中求得，而將經學引向博證的趨向，這無疑是對理學思辨性的批判，他繼而提出「讀九經自考文始，考文自知音始」的治經方法，以文字、音韻的訓詁與考訂的基礎工夫來從事學術研究，明顯的把經學建立在羅列證據、實證尚博的小學之上，這樣客觀方法的提出對清儒產生極大影響，戴東原言「經之至者道也，所以明道者其詞也，所以成詞者字也，由字以通其詞，由詞以通其道」、「故訓明則古經明，古經明則賢人聖人之理義明」，阮元亦云「聖賢之道存于經，經非詁不明」，〔註26〕把考證字音視爲明經通道的手段，這種訴諸客觀實證的經驗主義正也推動了清代考據學蔚爲大觀的主因，也就是說考據學就是通過這種崇實尚博的客觀方法所得到的成果，胡適先生就說「中國這三百年的樸學也都是這種方法的結果」，他認爲這種方法是具有科學性質的，亦即「尊重事實，尊重證據」，〔註27〕由此可見清代的學術趨向。

清儒這種崇實尚博的思維方式，除了對抗理學懸揣依傍、師心自用的思辨外，並進一步凝聚在通經致用的目標上。原始儒學本重實際，黃宗羲說：「儒者之學，經緯天地」，顧炎武亦云「君子之爲學，以明道也，以救世也」；故「凡文之不關於六經之指、當世之務者，一切不爲。」可見其尚實證的出發點是欲從儒家經典中尋救經世之方，以期有濟于致用，顧炎武進而明確指出：「士當求實學，凡天文、地理、兵農、水土，及一代典章之故不可不熟究」，〔註28〕這種注重社會實際問題的觀察與研究以資歷史借鑑，正是客觀主義的表現。

〔註26〕 以上引言分見〈與施愚山書〉，〈答李子德書〉，《顧亭林詩文集》，卷三，頁58；卷四，頁73；戴震，〈與是仲明論學書〉，〈題惠定宇先生授經圖〉，《東原集》（台北：中華書局，1980），卷九，頁5；卷十一，頁6；阮元，〈西湖詁經精舍記〉，《揅經室二集》（《四部叢刊初編》，第82冊，上海商務印書館，1975），卷七，頁323。

〔註27〕 胡適，〈治學的方法與材料〉，《治學的方法與材料》（《胡適作品集（十一）》，台北：遠流出版事業公司，1986），頁144。

〔註28〕 以上引言分見黃宗羲，《南雷文定後集》（台北：商務印書館，1970），卷三，頁31；顧炎武〈與人書二十五〉，〈與人書三〉，《顧亭林詩文集》，卷五，頁98，91；顧炎武，〈三朝紀事闕文序〉，《亭林餘集》（收在《顧亭林詩文集》），頁155。

　　清儒經驗實證的方法論可說是相似於西方近代科學中所蘊含的實驗法（實證法），胡適先生指出：「中國舊有的學術，只有清代的樸學確有科學的精神。」〔註29〕在明朝中葉以後，由於西方傳教士來中國，將西方的科學思想與科學方法傳入中國，中西文化產生了撞擊，對於明清之際的學術趨向產生導向的作用，不但促使中國學術領域擴充到自然和社會的經驗領域，如天文算學、地理沿革、史籍、名物、典禮、制度、吏治、財賦等，使人們對歷史與社會現實投入關注，而且給中國人的學術活動提供新的方法，因為西方自然科學以天文、地理、機械、物理等作為研究對象，其本質就是實事求是，如方以智云：「泰西質測頗精」、阮元亦云「西人熟于幾何，故所制儀象極為精審，蓋儀象精審，則測量真確」，〔註30〕都是對西方科學方法的肯定。

　　故在西學東漸的影響下，縱觀明清之際出現的一些科學著作，如方以智的《物理小識》、徐光啓的《曉庵新法》、梅文鼎的《中西算學通》等，都可見其吸收西方求真求實的客觀精神，而乾嘉學者亦繼承清初學者會通中西的學風，如江永專攻西學、戴震用古天文理論以解經史、借經史材料以講天文、褚寅亮精通天文曆算之術，尤長于勾股和較相求諸法、孔廣森於數學上與經學上均有成就、凌廷堪博通群經及中西曆算、焦循研究《易經》至有成就，尤善曆算等，〔註31〕這都是吸納西學客觀實證的精神。緣此可知，清儒在形上落實形下的價值轉變下，相應於此而提出實證的經驗方法論已表現出與宋儒截然不同的樣貌了。

　　梁啓超先生指出：

　　　　清代學術主潮：厭倦主觀的冥想，而傾向於客觀的考察。〔註32〕

可見清代思維方式的變化：已由主觀思辨變為崇實博證了。焦循說：「非可以虛理盡，非可以外心衡也」，其「以實測而知」、「期於實用」、「證之以實」，〔註33〕都是極力消弭內向思辨的具體主張，是以其「權」論正是在價值觀與

〔註29〕胡適，〈清代學者的治學方法〉，《問題與主義》（《胡適作品集（四）》），頁163。

〔註30〕方以智，〈讀書類略提語〉，《通雅》（《景印文淵閣四庫全書》，第857冊，台北：商務印書館，1985），頁30；阮元，〈南懷仁〉，《疇人傳彙編（上）》（台北：世界書局，1962），卷四十五，頁595。

〔註31〕詳見龐天佑，〈乾嘉考據學：中國傳統考據學與西方科學方法的結合〉，《歷史文獻研究》（北京：燕山出版社，1990），第二輯，頁201。

〔註32〕《中國近三百年學術史》，頁1。

〔註33〕以上引言見〈易圖略自序〉，〈加減乘除釋自序〉，〈與劉端臨教諭書〉，《雕菰集》，卷十六，頁262，277；卷十三，頁215。

方法論合轍的基礎下所建立的經驗義理理論。

二、焦循對明、清諸儒「權」論的繼承

明清之時，由於政治、經濟的快速改變，時代思潮、社會價值產生劇烈的變化，清儒重新省視經、權關係在社會中的作用。人稱焦循是「一代通儒」，可見在學術的理論與人生態度上，他是靈活而通變的力行者。

在相同的時代背景下，其「權」的觀念，深受高拱、戴震的影響。高拱重視「權」的經世作用和價值，這種進步的觀點爲焦循所吸納，焦循從社會、歷史的角度來論「權」，主張「法當其時則良」、「與權治天下，如運諸掌」、「以權運世」、「以權平天下」、「以權富其國」，〔註34〕可說與高拱相互呼應。而戴震的「權」論更是全面影響焦循，王永祥先生言：「里堂文集中有〈說權〉八篇，把東原「權」字之義闡發的淋漓盡致」，〔註35〕都是針對宋儒執理而不知變通的批判，以下即分述之。

（一）高拱主張以「權」經世

明末清初，當江河日下，面對時局的動盪不安，有志之士欲力挽狂瀾，明代高拱在這樣的歷史背景下，肯定「權」在政治、社會中的作用。他強調孔子「權」的思想，其言：「權之說，出諸孔子」，對於孔子「權」的實踐極爲肯定，他說：「無意無必，無可無不可，從心所欲不於踰矩，則無時無處，無非權也。」〔註36〕是以「權」的現實作用成爲高拱論「權」的重要意義。他通過對漢儒「反經爲權」與宋儒「權即是經」的說法，進行針對性的批判，由破而立，同時進行，建立起自己深具現實意義的「權」論──以「權」經世，具有劃時代的意義。

首先，他認爲「經」是「物各有則也」，「權」則是「稱物而使當其則」，故「權」就是根據人事物的變化，使人事物都能表現適當，以掌握條理、規則的應變措施，是以「言權而經在其中也」，經權相依，經該權、權涵經，兩者不離不棄，他進而直指「聖人以權行經，而漢儒以權反經，其謬無足辯也」，〔註37〕其以此來表示不同意漢儒反經之說。

〔註34〕 以上引言見〈說權一〉，〈說權二〉，〈說權五〉，〈說權八〉，《雕菰集》，卷十，頁 143，144，146，149。

〔註35〕 王永祥，〈戴東原的繼承者焦里堂〉，《東北叢刊》，第一卷，十二期，1930·12，頁 23。

〔註36〕 以上引言見《問辨錄》，卷六，頁 54。

〔註37〕 以上引言同前註，頁 53。

其次，他對程、朱「權即是經」說亦有所批判。他說：「經也者，立本者也，猶之衡也；權也者，趨時者也。經以權爲用，權非用於經，無所用之者也。故謂權不離經也則可。」經本爲衡，權用爲錘，在實際操作下相互爲用才能顯效，故兩者不可混爲一談，而程子卻說「權即是經」就如同指「權即是衡」，這就失去各自的價值與意義了。即便如朱熹以「道」貫經權的觀點來附和程說，並從時空效用的不同來分別兩者，認爲權是濟經所不及，是不得已而用之，高拱亦譏其是「經權異用」的錯誤割裂，因爲「若謂常則守經，變則行權，是常則專用衡而不用錘，變則專用錘而不用衡也。」是以在高拱看來，「一時無權必不得其正」、「一物無權必不得其正」，可見無時、無物、無處不用權。故高拱認爲經、權關係是「無常無變，無大無小，常相爲用而不得以相離。」〔註38〕在經由檢視漢、宋之「權」說，高拱建立起自己豐富的「權不離經」論。

他對於經、權的關係、內涵、培養與產生、作用與價值均有深刻的闡述，大大的影響有清一代。首先，他對於經、權的關係下一定義，其言：

> 夫權者何也？稱錘也；稱之爲物，有衡有權。衡也者，爲銖、爲兩、爲斤、爲鈞、爲石，其體無弗具也；然不能自爲用也。權也者，銖則爲之銖，兩則爲之兩，斤則爲之斤，鈞則爲之鈞，石則爲之石，往來取中，至於千億而不窮其用。無弗周也；然必有衡而後可用也。故謂衡即是權，權即是衡不可也。然使衡離於權，權離於衡亦不可也。蓋衡以權爲用，權非用於衡，無所用之；分之則二物，而合之則一事也。〔註39〕

衡無權不能自爲用，權必有衡而後可用，二者相輔相成、相須不離，是以「權自是權，固也，然不離經也；經自是經，固也，然非權不能行也。」可見經權關係相互過渡，互相轉化，以互爲存在、依賴爲前提條件，是以高拱經、權思維模式是「分二合一」，權不離經、經不離權。高拱論經、權關係，可說是比漢、宋儒者較具全面性。

其次，對於「權」的內涵，他更有過人之創見，他說：

> 夫權也者，圓而通者也，是聖人之事而學之儀的也。聖人圓，而學聖人者以方，始而方可也，終而愈方焉，則遂失其圓也。聖人通，

〔註38〕上論及引言同前註，頁50～53。
〔註39〕同前註，頁52～53。

　　而學聖人者以一隅，始而一隅可也，終而止一隅焉，則遂失其通也。
〔註40〕

所謂圓通是指融會貫通，無偏、無缺、無礙，具有合而圓之全面聯繫與會而通之運動發展兩種屬性。高拱認為人們在觀察事物或解決問題時，必須有廣而深、橫而縱的學力與識見，全面考核、具體分析，從運動和聯繫中掌握問題的關鍵點，避免陷入「方」與「一隅」的片面性與孤立性，若不知隨機應變，始終囿於一方與一隅，那就不具有因時而變的行權能力與方法，終將株守坎井之見，窒礙難行，故「非圓非通，不可以與權也。」〔註41〕

　　再其次，高拱對於行權能力的培養與產生，有重大的發現。他說：「求之以問學，練之以事行，會之以深思，涵之以積養，渣滓既盡，自圓自通。」〔註42〕他認為變通的能力並非天生的，而是要從後天的經驗中培養獲得，亦即通過求問學、練事行、會深思、涵積養等的認識和實踐活動中，才能培養行權的能力。由問學→行事→深思→涵養的認識過程中，可見高拱主張「學」「思」並重，也就是「積學成智」，強調智識能引導人做正確的判斷並靈活應用。故他把行權落實在經驗領域中，異於前人大都把行權座落於道德領域中，是高拱「權」說中最獨特的見解。

　　最後，他對行權的作用與價值有最精卓的論述。他肯定日用彝倫中通權達變之必要性，故重視行權的實用性，可見其權變思想具有顯著的經世致用精神。他把「權」比喻成「儀的」（即是箭靶），引申為目的或目標，它在射道上所產生的作用有如法術之能治國、規矩之能正民，法制之能審判一樣，具有經邦濟世的效用，所以他重視通權達變對國家人民的重要性，其曰：「人臣而不知權，則何以酌緩急、稱輕重，事君治民，處天下之事而得其正乎？」故以「權」治國家，才能適應時代變化的要求。所以他進而強調「法以時遷，則更法以趨時」，〔註43〕更體現他以「權」經世的意圖。而高拱本身也根據這種權變思想，在吏治、邊防、兵制、賦稅、漕運等方面進行改革，在現實世界中具體落實實政、實功的外王精神。

　　在高拱看來，由於行權的主體、目的、意圖不同也會產生不同的社會政治作用和價值。首先，他把權分為二種：「聖人之權，既所當求；非聖人之權，

〔註40〕同註36，頁52。
〔註41〕同前註。
〔註42〕同前註，頁55。
〔註43〕同前註，頁51～53。

又所當擇。」在當求與當擇之間，說明行權必須謹愼分辨。他進而把「權」比喻爲弓矢戈矛，再細分「非聖人之權」爲良民之權和奸人之權：

> 雖然弓矢戈矛，天下之利器也。良民以之禦寇，而奸民以之爲寇。
> 苟徒以良民之禦寇也，而遂縱於奸民可乎？苟徒以奸民之爲寇，而
> 遂禁於良民可乎？願視所用何如耳。〔註44〕

利器的作用，應看是誰掌握而定，也就是必須在現實效用中檢驗，爲避免良民禦寇無具、奸民爲寇有資的不良後果，必須取決於全面考量之「所用何如耳」，如良民行權得當，會謀社會國家之福利；而奸民利用行權則「竊變通之似，以濟其揣摩之私」，〔註45〕必然只成爲競逐於功利之間的權術、權謀。故利器之用如行權，必視主體應用而轉化的作用來定其價值與意義。

高拱論「權」暗諷宋儒執理不知權變，猶奸民之爲寇有資，亦如以藥殺人，其言：

> 參耆養人，用之不當，有時殺人；硝黃傷人，用之而當，有時救人；
> 固有醫不在藥也。聖人明之至，權之熟，參耆硝黃，隨手而用，無
> 不濟者，後儒學不通方，不能得聖人之權，開口只說參耆必可用，
> 硝黃必不可用，病且急，立當一瀉，而猶補以參耆以爲必然無害，
> 辛斃其人而猶不悟也，是聖人不止以救人之藥救人，而亦每以傷人
> 之藥救人；後人不止以殺人之藥殺人，而亦每以救人之藥殺人也，
> 焉能治國家？〔註46〕

是以高拱認爲宋儒視「理」爲至高無上，簡直到了無以復加的地步，甚至進而一味主張「存理滅欲」，卻不知靈活運用在現實人生上，這無疑如「以藥殺人」，戴震進而明言「以理殺人」，而焦循繼而言「以權用法猶因病用藥」，可見其思想的脈絡一致。

岳天雷先生說：「高拱的權變思想不僅在理論上表現出他的批判和創新精神，而且在實踐上又直接服務於他的實踐改革活動，具有顯著的經世致用精神。」〔註47〕由以上說明，可知高拱已從社會歷史作用的角度來掌握「權」，這是進步的觀點，也是其「權」論中的精髓。

〔註44〕 上論及引言同前註，頁52，55。
〔註45〕 同前註，頁55。
〔註46〕 高拱，《本語》(《景印文淵閣四庫全書》，第849冊，台北：商務印書館，1985)，卷二，頁823。
〔註47〕 岳天雷，〈高拱的權變方法論及其實踐價值〉，《孔子研究》，第三期，2001‧3，頁103。

（二）「以理殺人」〔註48〕——戴震對宋儒執理無權的批判

「存理滅欲」是宋明理學的核心理論，但隨著時代氛圍的轉變，此說漸顯疲弊，戴震就在「權」的概念下導入「達情遂欲」的主張，批評並揭露宋儒執理而無權，葛榮晉先生指出：

> 戴震對「權」的這一界說，集中地批評了宋儒「執理無權」說。所謂執理無權，就是宋儒只知死抱那個所謂「天理」不放，而不知道隨著情況的改變而改變。……他把對「存理滅欲」的批判同「執理無權」結合起來，指出宋儒「存理滅欲」實際上就是「執理無權」而禍天下。〔註49〕

是以戴震詮「權」，主要係針對宋儒執理而不知變通以致禍天下而言，以此強調在新時代來臨之際「變通」的重要性。

皮錫瑞先生指出戴震與朱熹的根本分歧「只是爭辨一理字。」〔註50〕正因為兩者對於「理」的內涵認知不同，故衍生為一連串理論上的對立。理學家視「理」具有主宰一切、支配一切的超驗性與絕對性，它是萬事萬物的至高標準，而「理在人心」、「心具眾理」、「理得於天而藏於心」，只要「冥心求理」即可，亦即只要內向反省就可悟得天理以應萬事；戴震則認為「理」是指現實社會中的情理與客觀事理，其言「理也者，情之不爽失也」、「無過情、無不及情之謂理」，可見情的纖微無憾、恰如其分的實現便是「理」。其言「事物之理，必就事物剖析至微而後理得」，〔註51〕故主張「理在事情」、「就事求理」，可知戴震認為「理」必須就外部經驗世界具體事物的實求才能獲得，是以他指出宋明儒把「理」視為「如有物焉，得於天而具於心」無疑是一種謬論，所以在戴震看來，宋儒不知權變乃是因為執「理」，而其所執之「理」的內容不正確，不但雜揉老釋異說並且流於主觀意見。

首先，戴震從淵源上揭露宋儒所謂「理欲之辨」是雜襲老釋之言以為言，完全是老、釋所謂「抱一」、「無欲」、「空寂」、「常惺惺」、「真宰」、「真空」的變相，其言：

> 老釋之學，則皆貴于「抱一」，貴于「無欲」；宋以來儒者，蓋以「理」

〔註48〕〈與某書〉，《東原集》，卷九，頁8。
〔註49〕萬榮晉，《中國哲學範疇導論》（台北：萬卷樓圖書有限公司，1995），頁584～585。
〔註50〕皮錫瑞，《經學歷史》（台北：河洛圖書出版社，1974），頁313。
〔註51〕〈理〉，〈權〉，《孟子字義疏證》，卷上，頁1，2；卷下，頁11。

之説。其辨乎理欲，猶之執中無權；舉凡飢寒愁怨、飲食男女、常
情隱曲之感，則名之曰「人欲」，故終其身見欲之難制；其所謂「存
理」，空有理之名，究不過絕情欲之感耳。何以能絕？曰「主一無適」，
此即老氏之「抱一」、「無欲」，故周子以一爲學聖之要，且明之曰「一
者，無欲也」。〔註52〕

戴震認爲老釋主張不以形體之養與有形之生死累其心，重視「長生久視」、「不
生不滅」，而宋儒出入老釋幾十年，易老、莊、釋氏之所私者而貴理，易彼之
外形體者而咎氣質，於是「不出于理則出于欲，不出于欲則出于理」的理欲
之辨顯然是從老釋轉移過來的，他們把人們的饑寒號呼、男女哀怨以至垂死
冀生都貶爲人欲，而「空指一絕情欲之感者爲天理之本然，存之于心」，這樣
的「理」無非是虛幻不切實際的，只是扭曲、壓抑人的眞實情欲罷了。是以
宋儒雜取老釋而易以「理」字以爲聖學，卻不知權變，故「孟子言執中無權，
至后儒又增一執理無權者矣！」〔註53〕

　　其次，戴震批判宋儒捨情求理，實際上已背離儒學，根本不適用人倫百
爲，「舍情求理，其所謂理，無非意見也」，故流於以意見爲理的情況，終究
產生「以理殺人」的禍害。在戴震看來，宋儒所謂的「理宅於心」，「方自信
天理非人欲」，不過是「執其意見」，也就是一己之主觀偏見罷了，其曰：

六經、孔、孟之言，以及傳記群籍，理字不多見。今雖至愚之人，
悖戾恣睢，其處斷一事，責詰一人，莫不輒曰理者，自宋以來，始
相習成俗；則以理爲「如有物焉，得于天而具于心」，因以心之意見
當之也，于是負其氣，挾其勢位，加以口給者，理伸；力弱氣慴，
口不能道辭者，理屈。烏呼！其孰謂以此制事，以此制人之非理哉！
〔註54〕

宋儒以天理自詡，強調反省內求即可得「理」，這其實是個人主觀的臆見，而
以一己之意見來評判是非，裁斷曲直，往往是「憑在己之意見，是其所是而
非其所非」，將導致是非顛倒、黑白混淆，小則禍一人，大則禍天下國家。故
宋儒既憑己之意見而執之曰理，其存理滅欲的論調也不過就是一種偏見。是
以宋儒理欲之辨，「使君子無完行者」、「適成忍而殘殺之具」、「適以窮天下之

〔註52〕〈權〉，《孟子字義疏證》，卷下，頁13。
〔註53〕上論及引言同前註，頁10～11。
〔註54〕〈理〉，《孟子字義疏證》，卷上，頁4，3。

人盡轉移爲欺僞之人」，〔註55〕其害於事、害於政、禍斯民也！

目睹雍正年間許多大冤獄，戴震指出因爲權力者殺人不以法律，只憑程朱理學來羅織人民罪名，這樣舍法而論理的亂象，爲他所痛斥，是以他指出以理殺人其禍甚於以法殺人。「宋儒冥心求理，其繩以理，嚴於商韓之法，故學成而民情不知」，輕忽人民的眞實情欲是法家、宋儒共通的本質，故「酷吏以法殺人，后儒以理殺人」，而意見之理殺人甚于法，因爲以理責民，民莫能辯，理學家卻「自以爲理得」，故上以理責下，「欲加之罪，何患無辭」，人民百口莫辯，平白承受莫大冤曲，是以「人死於法，猶有憐之者；死於理，其誰憐之！」〔註56〕以法殺人，據法而死，尙值同情，然以理殺人，視爲理所當然，而此「理」不過只是主觀的意見，竟用來判是非，訂正誤斷生死，而仍冠冕堂皇，故其禍甚於商韓如是也！

戴震認爲宋儒抱著自信之理不放而治人用事，根本扞格不通，終究造成固執一理而殺人的流弊，故對此提出嚴厲的抨擊，他認爲「理」必須就人我生活與日用百爲中求得，其言：「人倫日用，聖人以通天下之情，遂天下之欲，權之而分理不爽，是謂理」，〔註57〕他進而全面論證，闡發「理在欲中」、「達情遂欲」的觀點，從根本上徹底否定了宋儒「理」的超驗性。

他指出宋儒存理滅欲之說是以意見爲理，故特闢〈權〉章批判宋儒「執理無權」，其言：

> 權，所以別輕重也。凡此重彼輕，千古不易者，常也；常則顯然共見其千古不易之重輕，而重者于是乎輕，輕者于是乎重，變也。變則非智之盡能辨察事情而準，不足以知之。宋儒……執顯然共見之重輕，實不知有時權之而重者于是乎輕，輕者于是乎重。其是非輕重一誤，天下受其禍而不可救。 ……然則孟子言「執中無權」，至後儒又增一「執理無權」者矣！……權，所以別輕重，謂心之明至于辨察事情而準，故曰：「權」，學至是，一以貫之矣，意見之偏除矣！〔註58〕

輕重是非的價値判斷，並非一成不變，所以人們也必須視外在客觀情勢的變化而有所變通，避免因一味主觀固執而招致禍害。是以宋儒以天理爲重，以

〔註55〕同註52，頁14。
〔註56〕〈與某書〉，《東原集》，卷九，頁8；〈理〉，《孟子字義疏證》，卷上，頁7。
〔註57〕同註52，頁11。
〔註58〕同前註，頁10～13。

人欲為輕，故存理滅欲的主張「實不知有時權之而重者于是乎輕，輕者于是乎重」，〔註59〕也就是不知權衡輕重是非，適時而變。

戴震論「權」除了針對宋儒理、欲之辨而發，另外值得一提是他主張「變則非智之盡能辨察事情而準，不足以知之」，把行權的能力建立在智識上，故從心之明到辨察事情的是非輕重而準的作用就是「權」，也就是致其心之明，就能權度事情而無幾微差失，「自無弗貫通」了。〔註60〕這就是戴震之「權」論中「以學養智」、「智足以擇善」的重智特色，也是其「權」論中最精湛的一環，深深影響焦循「能知故善」的變通實踐觀。

戴震發揮「權」的概念來破除宋儒關於理欲之辨的一己之見，以此抨擊宋儒執理無權，是以焦循繼承戴震之「權」的理論而加以發揮，李開先生就說：「焦循對權的闡釋和應用，是戴震《孟子字義疏證》中「權」的有力旁證。」〔註61〕緣此可見戴、焦二人在面對時代的變化下所發出的共同呼聲。

〔註59〕同前註，頁 11。
〔註60〕同前註，頁 12。
〔註61〕李開，《戴震評傳》（江蘇：南京大學出版社，1992），頁 404。

第四章 「權而後經正」[註1]
——焦循之「權」論

一、焦循論「權」

（一）「變而通之」之謂權

「權」的概念，是歷來儒者尤為重視者。而身為「一代通儒」的焦循，對於「權」的論說，不但有其獨特的見解，其〈說權〉八篇亦成為學說的主力部分，王永祥先生說：

> 里堂一生的思想可以變通二字盡之，所以他的哲學直可以叫做變通哲學。[註2]

是以主於變通的行權，可說是焦循為學應世的主要方法，其主張「權而後經正」不但凸顯「權」的優先性與重要性，而且強調經、權緊密難分的實質與功用。

何謂「權」？他從訓詁的角度來詮解「孟子舉『權』，趙歧以『銓衡』明之」的「權」字本義，其舉《漢書・律曆志》：「衡，平也。權，重也。衡所以任權而均物，平輕重也」、《廣雅・釋器》：「錘謂之權」、「稱謂之銓」、《呂氏春秋・仲秋紀》「平權衡」，高誘注：「權，秤衡也」、《說文・金部》：「銓，衡也」、韋昭注《國語》：「銓，稱也。」等加以考證，而總結出「是銓衡即稱，

〔註1〕 焦循，〈說權四〉，《雕菰集》（台北：鼎文書局，1977），卷十，頁145。

〔註2〕 王永祥，〈戴東原的繼承者焦里堂〉，《東北叢刊》，第一卷，十二期，1930・12，頁24。

衡權爲錘衡之輕重，視乎錘之進退，而所以銓衡輕重，全視乎錘」。〔註3〕也就是說凡物皆有輕重，欲求稱具的平衡，稱錘是重要的游移指標，爲因應來物增損而需調整稱錘進退的轉移方向，故焦循說：

> 權之於稱也，隨物之輕重以轉移之，得其平而止。物增損而稱，則長平轉移之力也。不轉移則隨物爲低昂，而不得其平，故變而後不失常，權而後經正。〔註4〕

此稱錘即「權」的本義，而稱具平衡或不平衡的關鍵在於「權」能不能轉移，能視物輕重而轉移，則長平，此才是稱具的功用；不能視物輕重而轉移，則隨物低昂，不得其平，則稱具無用矣。

　　清儒重視經驗世界，是以焦循把物理作用提升到日用百爲的人事作用上，其言「權所以知輕重，吾知其輕重因而平之，裁成輔相，全賴乎此」，故由稱權的轉移之力向引申爲處世的變通之道，其言：「行權者，變而通之也」、「權者以言變也」、「權也者，變而通之之謂也」、「能變通即能行權」、「變而通之之謂權」，是以在現實中，如何因應人、事而通權達變，促使生活品質的升級，這就是焦循論「權」的積極關懷。以「通權達變」釋「權」，這是儒者普遍的解釋，焦循言「權」，不但有繼承更進一步賦予「權」特殊的涵義，如其舉天道之權是「當極寒而濟之以春，當極暑則和之以秋」；同樣的，政道之權則是「以寬濟猛，以猛濟寬，夏尚忠，殷尚質，周尚文，所損所益」，〔註5〕是以「權」不但是指「變通」，更兼涵有必然規律的意義。〔註6〕故其曰「春秋寒暑，迭相爲經，權在其中矣」、「禮義之中又有權焉」，〔註7〕可見其經、權關係已不復若歷來儒者側重對立或統一的角度來分判，而是從全面性的觀點來看。

　　焦循進一步從「變化」、「利用」的觀點將經、權關係緊密聯結。他從文字訓詁的角度考證「經」字，其言：「經者何？常也，常者何？久也」。他認爲「常」有二義，其一、「常本衣裳之裳，其訓久者，通於長，長從兀從匕，

〔註3〕 以上引言見焦循，《孟子正義・梁惠王章句上》（台北：文津出版社，1988），卷三，頁88。

〔註4〕 同註1。

〔註5〕 以上引言分見焦循，〈權〉，《易通釋》（《易學三書（中）》，台北：廣文書局，1977），卷五，頁256，257；焦循，〈釋權〉，《論語通釋》（木犀刊軒本，《無求備齋論語集成》，第214冊，台北：藝文印書館，1966），頁18；〈與朱椒堂兵部書〉，〈説權一〉，《雕菰集》，卷十，頁201，143。

〔註6〕 引自王茂、蔣國保、余秉頤、陶清合著，《清代哲學》（安徽：人民出版社，1992），頁713。

〔註7〕 以上引言見〈説權五〉，《雕菰集》，卷十，頁146。

匕即化」，故《說文》言「久則變化，非變化不可以久，亦未有久而不變化者」。其二、「常亦庸也，《說文》庸，用也，從用從庚，庚，更事也，更猶變也」，故以用字解庸字，「非變通不可以利用也」，〔註8〕可見「經」的實質與功用與「權」是相通的，故「權而後經正」就在說明變通的目的在使根本原則能順利實行，就這點意義而言，經、權既對立又統一，故賴貴三先生認為焦循是主張經、權相用的均衡論，〔註9〕亦即經、權相須而用，不可分離。

　　是以焦循強調「致用之權」，其曰：

> 聖人以權運世，君子以權治身，權然後知輕重。非權則不知所立之
> 是非，鮮不誤於其所行，而害於其所執。〔註10〕

由個人以至於天下，必須「變通」才能發揮修身、運世的作用，而變通之要在於禮與學，若不知變通，則是無禮、無學而不知權，其言「恭慎勇直，經也，無禮則葸，無禮則亂，無禮則絞，不知權也」、「仁知信直勇剛，經也，不好學則其蔽愚，其蔽蕩，其蔽賊，其蔽絞，其蔽亂，其蔽狂，不知權也」，所以不是禮義本身有害，而是不知權而已，端視人如何行權得宜。故「聖人之轉移天下也，以禮」、「君子以轉移氣質也，以學」的主張，〔註11〕就建構出焦循的變通實踐觀（下一章將論及）。故直呼里堂哲學為變通哲學實為允當，正托顯出其思想的特色。

　　「孔、孟皆重權」，可見原始儒家都很重視「權」，其學說中有關「權」的定義、原則及實踐均有重要的闡述。而「權之說始於孔子而詳於孟子」，〔註12〕是以焦循釋「權」，大量依據《論語》、《孟子》做為發揮的憑藉，以深化「權」的論說。

1. 藉《論語》釋「權」

焦循論「權」的動機來自於孔子「未可與權」之說，其言：

> 今年夏五月，鄭柿里舍人以書來，問未可與權，適門人論一貫，不
> 知曾子忠恕之義，因推而說之，凡百餘日，錄而次之，得十有二篇，
> 曰聖、曰大、曰仁、曰一貫忠恕、曰學、曰知、曰能、曰權、曰義、

〔註8〕以上引言同註1。
〔註9〕賴貴三，《焦循雕菰樓易學研究》（台北：里仁書局，1994），頁296。
〔註10〕分見〈離婁章句下〉，《孟子正義》，卷十六，頁559；〈說權六〉，《雕菰集》，卷十，頁146。
〔註11〕以上引言同註7。
〔註12〕以上引言分見〈權〉，《易通釋》，卷五，頁255；〈釋權〉，《論語通釋》，頁18。

曰禮、曰仕、曰君子小人，統而名之曰《論語通釋》。〔註13〕
孔子提出「未可與權」，強調「通權達變」的人生運用是難以到達的高度，此
說可說是原始儒家「權」概念的源頭。焦循據此釋曰：「立者以其常也，權者
以言變也。」可見守常比達變容易，一般儒者自持所學，「是乎己而非乎人，
出者奴而入者主」，僅守一家之學，不能廣納異己，靈活變通，學問便流於拘
泥、僵化，以致出現「其始害於道，其究禍於天下國家」的流弊，故「學未
至於權，未善也」，以能權變、權宜爲人生學問的最高境界，是以焦循對孔子
「權」的概念可說是高度肯定。故他認爲孔子教人是「兼人則退之，退則進
之」，〔註14〕進退之間「因人而異」，視個人條件的不同而做法亦有所調整、
修正，這正是孔子行權的表現。

　　焦循認爲孔子「無可無不可」的人生態度是「聖人之權」，至於虞仲、夷
逸者之「言而當」、「言而無過」，只能算是「逸民之權」，他們雖「隱居放言
非道之常，處亂世而以此全身，故爲中權」，〔註15〕但「放言而外，未必皆權」，
也就是指在仕隱之間仍執泥於隱居以「身中清」，此未若孔子可仕、可去、可
久、可速的變通作爲。故焦循認爲「人不可隱，不能隱，亦無所隱」，因爲如
有周公、孔子之學而不仕，可以隱；然眞有周公、孔子之學，必不隱。故如
許由、巢父、沮溺、荷蓧丈人、直郭、平原、朱桃椎、仲長、子光等人，他
們「自知不能益人家國，托跡於山谿林莽，以匿其拙」，既不能治鴻水、驅猛
獸、成《春秋》以懼亂臣賊子、並立勳業，只能吟詠風月、立異矯世、苦節
獨行，是故「耕而食鑿而飲，分也；出則爲殷浩、房琯，貽笑天下」。焦循暗
諷有些人不知權衡自我條件與時勢，卻以「無可用之具而自托於隱，悖也」，
所以「宜於朝則朝，宜於野則野，聖人之藏，所以待用也」，〔註16〕正是深諳
權宜之用的具體表現。

（1）禮樂之因革損益
　　在禮樂之教上，孔子表現「因革損益」的權變作爲。焦循說：
　　　孔子章甫逢掖，其常也；微服過宋，權也，必儒衣儒冠以嬰桓魋之

〔註13〕〈論語通釋自序〉，《雕菰集》，卷十六，頁268。
〔註14〕以上引言分見〈釋權〉，《論語通釋》，頁18；〈説權五〉，〈説權二〉，《雕菰集》，
　　　　卷十，頁146，144。
〔註15〕上論及引言分見〈説權六〉，《雕菰集》，卷十，頁146；〈釋權〉，《論語通釋》，
　　　　頁19。
〔註16〕以上引言見〈説權六〉，〈非隱〉，《雕菰集》，卷十，頁146；卷七，頁96。

鋒，是輕生也，是傷勇也，一時微服，過此不微服，故爲權。〔註17〕
衣冠禮儀是孔子尤重者，故「章甫逢掖」是守常，但當面臨攸關生死的突發
狀況，必須有所因應調整，故「微服」是反常，亦即「權」也，若仍執著於
禮的外在形式而招怒，那是不知權，故「微服則不死，不微服則死，不敢苟
於死也，皆權也。」是以禮制儀式是可以損益的，並非不可變通的，故「王
者之化俗也，國奢示之以儉，國儉示之以禮，可與權治天下，如運諸掌。」〔註
18〕焦循進而舉孔子於禮樂「因世損益」的態度「示人以權」，其言：

> 先進於禮樂，野人也；後進於禮樂，君子也，孔子用之，乃不從後
> 進之君子，而從先進之野人，……此聖人示人以權也。〔註19〕

他認爲五帝時古風淳素「質勝文」，三王時「文質彬彬」，但「自時厥後，文
益勝文，又勝於質，遽欲其彬彬還爲君子不易得宜」，而到孔子之時，「文勝
質」，既非先進亦非後進，故「欲其仍還後進之君子，必先移易以先進之野人
也」，也就是以先進「質勝文」與孔子時「文勝質」相和，此「和」即「變化」，
亦即「移風易俗」。因爲「因質勝而益之爲君子，因文勝而損之爲君子，損文
勝莫如從先進」，這就是孔子於禮樂之教的變通做法。而這種道理就如同「陰
陽宜和病，陰盛者宜以純陽制之，然後乃得其和」，亦如同「湯至沸，以寒水
和之，乃得其平」的情形。是以焦循所說「不足則增，有餘則減，此變通也」，
〔註20〕就是孔子「因革損益」的具體表現。

（2）對生死之權度

　　焦循認爲孔子「權」論的實踐，不只表現在禮樂上，亦表現在對生死的
權度上。一般人認爲以死諫君的歷史人物，是符合孔子所說「殺身以成仁」，
但焦循則認爲以生死來論斷是否成仁是不知變通的想法，並非孔子所說的行
權，是以他主張「聖賢之死不死，審乎仁不仁，非謂仁必死也，非謂死則仁
也」，其曰：

> 然殺身不必盡刀鋸鼎鑊也，舜勤眾事而野死，冥勤其官而水死，爲
> 民禦大災，捍大患，所謂仁也，以死勤事，即是殺身成仁。苟自愛

〔註17〕〈釋權〉，《論語通釋》，頁19。
〔註18〕以上引言分見〈説權六〉，〈説權二〉，《雕菰集》，卷十，頁147，144。
〔註19〕〈説權二〉，《雕菰集》，卷十，頁144。
〔註20〕以上引言見焦循，《論語補疏》（木犀刊軒本，《無求備齋論語集成》，第 214
　　　　冊，台北：藝文印書館，1966），頁1；〈説權二〉，〈説權四〉，《雕菰集》，卷
　　　　十，頁144，145。

其身，則禹不胼胝，顏色不黧黑，竅氣不寒，足不偏枯，而水不平，民生不遂，田賦不能成，即是不能成仁，則為求生以害仁也。管仲不死，而相桓公，霸諸侯，一匡天下，民到於今受其賜，是成仁不必殺身。〔註21〕

他舉舜、禹、管仲的例子來說明成仁之否不必繫於生死，故「死而成仁，則死為仁死，而不足以成仁，則不必以死為仁，仁不在死亦不在不死」，是以以變通的心態去看待生死的價值，生命的意義更見寬融與透澈，所以「可以死可以無死，死傷勇，權在其中矣！」〔註22〕故忠臣烈士不以必死為勇，焦循認為這才是孔子權度生死的原意。

2. 藉《孟子》釋「權」

「權之義，孟子自申明之」，是以焦循大多採自《孟子》以為立論依據。在人倫上的行權，他舉二個例子來論證，第一，孟子主張「嫂溺援之以手，權也」。焦循亦認為「男女授受，雖非禮，尚不至於豺狼」，〔註23〕但若自拘守於禮而任嫂之死於溺，則為豺狼，反而有害於「禮」的本質，故「援則反乎禮而善」，以權宜的關鍵是「禮輕而援重」，因此「溺時援之，不溺時仍守不授受之禮，故謂之權」。第二，「不告而娶」亦是孟子言「權」最好的舉證。絕先祖祀，是最大不孝，是以焦循認為「不告雖非禮，而不至不孝」，而量度結果是「告輕而娶重」，亦即「量其輕重，無後不可」，所以「舜不以告，權也」，這是達權之義、是可變通者也。故「不告而娶，守正道也」，亦即「權」的運用能修正、調整「禮」的外在表現，同時能貫徹「禮」形式背後的最高精神與內涵——孝道，是以「權之即禮即道明矣」。〔註24〕

在政治上的行權，焦循則撮取《孟子》中，陳代力勸孟子為仕，並以「不親迎而得妻」的例子推之，主張「枉尺而直尋，宜若可為」，孟子則否定陳代之說，認為君子欲仕，若不由其道往，即「為鑽穴踰牆之類，非徒不親迎之類也」。焦循亦批判陳代「枉尺直尋」是不知權變的行為，因為「枉己者未有

〔註21〕〈殺身成仁解〉，《雕菰集》，卷九，頁137。
〔註22〕分見《論語補疏》，頁17；〈釋權〉，《論語通釋》，頁22。
〔註23〕分見〈梁惠王章句下〉，《孟子正義》，卷五，頁167；〈釋權〉，《論語通釋》，頁19。
〔註24〕以上引言分見〈說權六〉，《雕菰集》，卷十，頁146；〈釋權〉，《論語通釋》，頁18～19；〈離婁章句上〉、〈萬章章句上〉，《孟子正義》，卷十五，頁552；卷十八，頁628。

能直人者」、「己先枉，王霸之功尙何得成」，〔註25〕尤其最重要的是「反乎經而不枉乎道，經可反也，道不可枉也」，也就是「權」的應用在於調整經（形式）以完成道（原則、意義），是以在完道的前提下，經、權不可離，相須而用。故經可反、道不可枉，這是行權的最終意義，焦循以「欲正人之不正，先自居於不正」來喻陳代「枉尺直尋」的說法，並批駁其說曰：「何得爲權？」〔註26〕可說是深得孟子之「權」論的要義。

孔子言「義之與比」，孟子言「惟義所在」，焦循則主張「義與權相近而實不同」，因爲「義者，常道也，權者，暫道也」，常道具恒久性，普遍性；暫道具臨時性、特殊性，這是兩者不同之處，但兩者均以盡道、完道、合道爲目標，這又是兩者相同之處。故「義者，常道；權者，反常而合道，事所必當爲者，義也；不必爲而不得不爲者，權也」，兩者適用範圍有所區分，所必當爲者爲就如男女授受不親，不必爲而不得不爲就如嫂溺援之以手，是以「非義不足以盡道之常，非權不足以盡道之變」，〔註27〕正說明在完道的目標下，「權」可說是「道」的調整機制，一個是不變之道，一個是變化之道，不變中有變，變中有不變，兩者無別。故焦循進而舉孟子回應淳于髡之問來說明「權外無道、道外無權，聖賢之道，即聖賢之權也」，其曰：

> 孟子時，儀、衍之流，以順爲正，突梯滑稽，如脂如韋，相習成風，此髡之所謂權也。孟子不枉道以見諸侯，正所以挽回世道，矯正人心，此即孟子援天下之權也。髡以枉道隨俗爲權，孟子以道濟天下爲權。髡譏孟子不枉道是不以權援天下，不知孟子不枉道，正是以權援天下。……髡不知道，亦不知權也。〔註28〕

枉道隨俗是不知權，以道濟天下而挽回世道、矯正人心才是權變作爲，故焦循認爲孟子以權援天下是「義」的表現，正呼應了孔孟論「權」以「義」爲原則的主張。

3. 小結

綜上得知，焦循把「權」釋爲變通，並根據《論語》、《孟子》來闡發「權」的意涵，不但繼承孔孟「權」的論說，有更深闢的闡發，並受時人的濡染而有了獨到的見解。

〔註25〕 分見〈說權六〉，《雕菰集》，卷十，頁147；〈釋權〉，《論語通釋》，頁21。
〔註26〕 〈說權六〉，《雕菰集》，卷十，頁146。
〔註27〕 以上引言見〈釋義〉，《論語通釋》，頁23～24。
〔註28〕 〈離婁章句上〉，《孟子正義》，卷十五，頁522。

他認為「權」的運用和實踐，要看行權者的動機和目的，亦即不同的人行權，其所產生的政治、社會作用與功效便不同，故他把「權」加以分類，簡表示之：〔註29〕

分　類	其　效	其所涵攝	其　用
王者之權	以權平天下	通其變，使民不倦，神而明之，使民宜之	
霸者之權	以權富其國	善用非其有，使非其人，動言搖辭，萬民可得而親	
君子之權	以權修身	孔子、孟子所言是也	不可離
小人之權	以權詐人	董仲舒、劉劭所云是也	宜隱

儒家言「權」，法家亦言「權」。法家言「權」，指權謀、權勢，管子說：「得地利者，權從之，失地利者，權去之。」可見「權」是得天下的關鍵，如「定謀慮」、「利權稱」、「視時而動」等皆是「王者之術也」，故王霸者有權勢必精於權謀，這樣才能「以明威之振，合天下之權」，〔註30〕若欲成霸王之業，唯「權」的運用。故中國哲學中所謂「權」，大致有兩種含義，一為儒家通權達變，二為法家權謀、權術。而焦循認為王者之權與君子之權才是儒家所肯定的權變，至於霸者之權與小人之權則屬法家所說的權謀、權術。

焦循進而引申為四種「權」的效用，其主張儒家論「權」重能發揮修身與平天下的作用，法家言「權」卻用來詐人與富國，這種從社會歷史的角度來掌握「權」，可說是受了高拱的影響，也表現出焦循論「權」的獨特識見。可見焦循釋「權」不但有繼承亦賦予新的內容。

（二）惟其權，所以不執一

1. 以「攻而摩之，以合於權」〔註31〕釋「攻乎異端」

焦循重新詮解孔子所言「攻乎異端」一語，將「權」的觀念注入其中，使變通涵義成為「攻乎異端」的思想基盤，其言：

> 唐宋以後，斥二氏為異端，闢之不遺餘力，然於《論語》「攻乎異端」之文，未之能解也。惟聖人之道至大，其言曰：「一以貫之」，又曰：「焉不學無常師」，又曰：「無可無不可。」又曰：「無意、無必、無

〔註29〕〈說權八〉，《雕菰集》，卷十，頁149。

〔註30〕以上引言見安井衡，《管子纂詁‧霸言》（台北：河洛圖書出版社，1976），卷九，頁9，17，10。

〔註31〕〈攻乎異端解下〉，《雕菰集》，卷九，頁136。

固、無我」，異端反是。〔註32〕

「異端」之說，各家有不同的見解，何晏以「小道」爲異端，皇侃與邢昺則以「諸子百家」爲異端，〔註33〕唐宋以後則以釋、老爲異端，甚而連程朱之學者與陽明之徒也互相大力闢斥對方指爲異端，漸漸的「異端」二字，如「洪水猛獸、亂臣賊子」一般，一旦被冠上異端之名，即成爲被排擠的對象，難登正統之位。焦循認爲這些看法對於《論語》「異端」之說仍不得其解。他們把「凡異己者通稱爲異端」，也就是把凡是和自己不同的觀點統稱爲異端，這是狹隘的說法，因爲觀點、價值不同並不會造成激烈的衝突與矛盾，是可同時並存，互通有無的，端視人如何去會通整合不同的觀點。

所以眞正會成其害的是執持一端，「是己而非人，執一而廢百」，也就是「各持一理，此以爲異己也而擊之，彼亦以爲異己也而擊之」，必造成「執持不能通則悖，悖則害矣」的不良後果，〔註34〕故「執一即爲異端」，可見在他看來，「異端」可理解爲兩種涵義，視攻摩或執一來分判，如果能攻摩異端，這是變通的作法，則此異端釋爲兩端之意，這正是焦循所要強調；但是若執其一端，排斥異己之見，則本身已落入異端了，此時異端則轉換爲不知變通之狹隘學說的意義了。是以焦循〈攻乎異端解〉一文中強調不執一即是「權」，可說是「權」論的精髓。

（1）強調「攻而摩之」

他認爲「解攻字爲距爲鬬，尚未精善」，反對「攻」作「彈擊之義」，故他從變通的角度訓釋，「攻，猶摩也」，如《易經》中云：「我有好爵，吾與爾靡之」，靡即摩，摩即攻，又《詩經》中云：「他山之石，可以攻玉」，「他者，異也；攻者，磋切磨錯之也」，另外〈學記〉云：「相觀而善之謂摩。」〔註35〕他又舉《考工記》「攻木之工」注「攻之訓治」，《小雅》「可以攻玉」，傳云「攻，錯也」，《繫辭傳》「愛惡相攻」，虞翻云：「攻，摩也」，〔註36〕是以「攻」字之意有治、錯、摩、相觀而善、磋切磨錯等同義字，而「已者，止也。」故焦循把整句理解爲「攻治異端雜說，就會使禍害停止」，充分凸顯出「權」的內涵。

〔註32〕〈釋異端〉《論語通釋》，頁4。
〔註33〕《論語補疏》，頁4。
〔註34〕以上引言分見〈攻乎異端解上〉，〈論語通釋自序〉，〈攻乎異端解下〉，《雕菰集》，卷九，頁134～135；卷十六，頁268；卷九，頁136。
〔註35〕分見《論語補疏》，頁6；〈攻乎異端解上〉，《雕菰集》，卷九，頁134。
〔註36〕《論語補疏》，頁6。

他認為《韓詩外傳》云「序異端使不相悖」一語，最能發明《論語》「攻」字之義，其言：

> 有以攻治之，所謂「序異端」也；「斯害也已」謂「使不相悖」也。彼此礒切磨錯，使紊亂害於道者，悉順而和焉，故為序。序者，時也。一人冬夏俱裘，悖矣；一人冬夏俱葛，悖矣，一人冬夏不裘不葛，而俱以裕，亦悖矣，所以悖者，失其序也，互相攻錯，令裘屬之冬，葛屬之夏，裕屬之春秋，則皆不失其序，而害止矣。
> 〔註37〕

序者，時也，亦「權」也，依時代的需要權衡酌採異端，以補充、輔助本身觀念未顧及之不足，這是權變的舉措，且「攻」既是「彼此切磋摩錯，使紊亂而害於道者，悉歸於義」，〔註38〕所以在「攻乎異端，歸之正義」的前提下，以歸之於宜為原則，故「攻而摩之，以合於權」。

（2）以「兩端」釋「異端」

焦循釋異端為兩端，推崇權變之旨，〔註39〕其言：「異端，猶云兩端，攻而摩之以用其中而已」，亦即兩種不同的觀念，必須彼此觀摩參照，施用予時宜。他認為「凡事皆有兩端」，如一旌善也，「行之則詐偽之風起，不行又無以使民知勸」；如一伸枉也，「行之則刁訴之俗甚，不行又無以使民知懲；如一理財也，「行之則頭會箕斂之流出，不行則度支或不足；如一議兵也，「行之則生事無功之說進，不行則國威將不振」，而「凡若是皆兩端也，而皆有所宜，得所宜則為中」，是以「皆自此兩端而宜之也」，也就是從正反兩方面加以審察其間的聯繫，然後權宜而用，才算是對事物有全面性的理解，故有兩端則異，有以摩之則不異，如同「剛柔，兩端之異者也」，剛柔相摩即相觀而善也，仔細分析兩方不同觀點的異同、優劣，權衡出一個最適宜的點以施用於民，因為「人異於己，亦必己異於人，互有是非，則相觀而各歸於善，是以我之善觀彼，以摩彼之不善，亦以彼之善觀我，以摩我之不善也。」則異者「相易而為同」，小者「旁通而為大」，〔註40〕這就是焦循「執兩用中」的

〔註37〕〈攻乎異端解上〉，《雕菰集》，卷九，頁134～135。

〔註38〕同註36，頁4～5。

〔註39〕引自楊晉龍，〈台灣學者研究「清乾嘉揚州學派」述略〉，《漢學研究通訊》，第十九卷，第四期，2000・11，頁605。

〔註40〕上論及引言分見〈攻乎異端解上〉，《雕菰集》，卷九，頁134～135；《論語補疏》，頁5，18。

看法，其意義爲「中即在兩端，執而用之於民。」〔註41〕也就是「權」也。

故「執其一端爲異端，執其兩端爲聖人」，〔註42〕在他心目中眞正能做到「攻乎異端」之聖人，首推賈逵與鄭玄兩人，其言：「賈、鄭之學，可謂能攻乎異端矣！」漢時，今古學者各執一說，爭持不下，此時通五經的賈逵主張：「三代異物，隨益隨時，故先帝博觀異家，各有所採。」他認爲三代典章制度各有不同，都是爲配合時代的需要而作增益或減損的，因此先帝廣博觀察不同的學說，各有擇採。焦循推許賈逵「損益隨時」的觀點如同荀子所說「聖人兼陳萬物而中縣衡焉」，其曰：「中縣衡則有以序之，此損益所以隨時也。」

另外，康成在面對眾多豪俊才說、競設異端、百家互起的情況，總能「依方辯對」。焦循認爲當時「儒者執一不能通，故各爲一端以難之」，而「康成本通儒，不執一，故依方辯對，謂於眾異之中衷之以道」，此「道中於時而已」，〔註43〕是以「依方辯對」可說是「攻乎異端」，亦是「權」論的精義。

（3）思以求通

「異端者，生於執一」，異端之所以成爲異端，不在其說，而在其執，執一而不知變通，故「學術異端則害道，政事異端則害治，意見異端則害天下國家」，〔註44〕是以焦循深惡「據其一說，以廢眾說」之考據者，認爲有據即執一而不通。

里堂之時，考據之風達於鼎盛，學者爭相以考據爲名，把治學的方法當成唯一目的，唯漢是求，自守門戶，並執其一說，奉守許愼、鄭玄之一言一字爲圭璧，不敢少加疑辭，唐宋以後，皆屛棄之，焦循批其只知據守而不知思以求其通，故言：

> 近之學者，以考據名眾，斷以漢學，唐宋以後，屛而棄之，其同一漢儒也，則以許叔重、鄭康成爲斷，據其一說，以廢眾說。……「寧道孔、顏誤，諱言服、鄭非」，然則服、鄭之外，皆屛之矣。服、鄭之外皆屛之，則仍兩漢譊譊之習。〔註45〕

從經學發展的歷史來看，經師傳授派別各據守門戶，不相往來，造成「各經

〔註41〕〈說權一〉，《雕菰集》，卷十，頁143。
〔註42〕同註32，頁6。
〔註43〕分見〈攻乎異端解上〉，《雕菰集》，卷九，頁135～136；《論語補疏》，頁6。
〔註44〕分見〈釋知〉，《論語通釋》，頁17；〈一以貫之解〉，《雕菰集》，卷九，頁133。
〔註45〕〈釋據〉，《論語通釋》，頁28～30。

其經，各師其師」、「嫉而相訾」、「各持所見」，演變到東漢，今古學派之爭更爲激烈，「滯固所稟，異端紛紜，互相詭激」，故「東漢諸儒執一尤甚」。而焦循認爲只有鄭玄能「囊括大典、網羅眾家，刪裁繁誣、刊改漏失」，可謂「通人鄙其固也」，於師則「不專於一師」，於學則「不拘於一，誠能述古而不泥古，博而能貫，得乎聖人之意。」只可惜後人不知變通，甚而變成南北分途、門戶異立的爭難狀況。

故焦循以兩漢以來學術偏執——「知據不知通」來非難「唯漢儒是師，宋元說經，棄之如糞土」的考據之家，他認爲許、鄭的學術態度，均「博采眾家，兼收異說」「未嘗據一說也」。〔註 46〕是以焦循對於學經著書，力主通核，其言：「通核者，主以全經，貫以百氏，協其文辭，揆以道理」，而極斥據守，其言：「據守者，不求於心，固守其說，一字句不敢議，……其弊也跼蹐狹隘，曲爲之原，守古人之言，而失古人之心。」〔註 47〕其惡據而主「權」，主張思以求通正是學術上「攻乎異端」的具體表現。

2. 以「各依時而用之」〔註 48〕釋「一以貫之」

焦循論「權」，除了以「攻乎異端」發明其義，基於變通的學術態度，他同時也以「一以貫之」強調依時用權，其言：

> 執兩端而一貫者，聖人也；執一端而無權者，異端也。〔註 49〕

他把孔子所言「一以貫之」之內涵，轉換成爲其「權」論的重要理念，同「攻乎異端」的意義相同，均強調「不執一」，說明「執一無權」。〔註 50〕這可說是受了戴震的影響，胡適先生說：

> 戴氏用「權」來釋《論語》的「一貫」。《孟子字義疏證》云：「孟子曰：執中無權，猶執一也。權，所以別輕重。謂心之明至于辨察事情而准，故曰：權。學至是，一以貫之矣。意見之偏除矣。」〔註 51〕

孟子言「執中無權」，戴震言「執理無權」、焦循言「執一無權」，都在說明「惟其權，所以不執一」，戴、焦二人更是會通「權」與「一以貫之」的精神面貌，提出異於前人的說法，侯外廬先生指出：焦循以爲執一則不通，趨

〔註 46〕以上引言見焦循，《里堂家訓》（《叢書集成續編》，第 60 冊，台北：新文豐出版公司，1985），卷下，頁 672，671。

〔註 47〕以上引言見〈辨學〉，《雕菰集》，卷八，頁 109。

〔註 48〕同註 31。

〔註 49〕《論語補疏》，頁 12～13。

〔註 50〕同前註，頁 6。

〔註 51〕胡適，《戴東原的哲學》（合肥：安徽教育出版社，1999），頁 56。

時則權的觀念就是發揮戴震「權」的理論。〔註52〕是以焦循言「通之為言貫也」，〔註53〕可見「一以貫之」的關鍵意義是指變通。

（1）「貫則不執，執則不貫」〔註54〕

考據家、漢學、宋學之辨，是乾嘉時期學術上的紛爭，焦循認為那都是因為自據其所學以致相持而不相下，執己之一端而自專自用，不明于一貫之指。何謂聖人一貫之指？焦循進而以《易傳》所云「天下同歸而殊途，一致而百慮」來闡發一貫之指，他說：「慮百則不執一」。但何晏解「一貫」卻倒其文曰：「殊途而同歸，百慮而一致」，並申明「知其元則眾善舉矣。」韓康伯注《易》云：「少則得，多則惑，塗雖殊，其歸則同，慮雖百，其致不二。苟識其要，不在博求，一以貫之，不慮而盡矣。」這兩人所理解的「一貫」之義明顯是出自莊子「通其一而萬事畢」的思路而來，焦循認為這種說法實際上「是執一也，非一以貫之也」，是「以執為貫」的錯誤理解，這種情形如「以烏喙為嘉蔬，認鵂鶹為鸞鷟焉矣已。」造成是非混淆、黑白顛倒，故「凡執一者皆能賊道！」〔註55〕他認為很多人不明一貫之指，「求一於多之外」，或者以為「一以貫之即貫其多」，這是不正確的。要如荀子所言：「并一不二，所以成積」，積者，多也；一者，同也；二者，異也，并一即一貫，一貫則不異端，而積乃成也，是以各種事物都有存在的合理性與價值所在，要以變通的態度去容量他，那才是一以貫之的意義，故何、韓等人「謂明其一即可通於萬」的詮釋，〔註56〕顯然是偏執的。

（2）一貫之效

能貫能通是「保邦之本」、「舉賢之要」、「力學之基」，故焦循尤重一貫之效。他主張「因材而教之，因能而器使之」，其前提是承認個別性的存在，他認為「人性質不同，各有所近，一概施之，鮮能皆當」，故有善記誦者，有善論斷者、有宜於經者、有長於史者、有探賾索隱則有餘者、有雕龍繡虎而適足者，〔註57〕如孟子所言「物之不齊、物之情也」，惟其不齊，所以不得執己

〔註52〕侯外廬，《中國思想通史（五）》（北京：人民出版社，1992），頁567。

〔註53〕〈釋聖〉，《論語通釋》，頁12。

〔註54〕〈一以貫之解〉，《雕菰集》，卷九，頁133。

〔註55〕上論及引言分見〈釋一貫忠恕〉，《論語通釋》，頁2；〈一以貫之解〉、〈攻乎異端解下〉，《雕菰集》，卷九，頁133～134，136。

〔註56〕以上大意及引言見〈釋多〉，《論語通釋》，頁16。

〔註57〕分見〈一以貫之解〉，《雕菰集》，卷九，頁133；《里堂家訓》，卷下，頁669。

之所習、所學、所知、所能「例諸」天下之所習、所學、所知、所能，〔註58〕
強調的正是每種觀點都有其獨特性，不能強人同己，要能觀察個別的長短、
輕重、異同、得失、優劣而加以變通運用，那麼必可發揮整體最大功效，是
以在同存諸異以求其通的基礎下，「各依時而用之」就成為焦循論聖人一貫之
道的最佳詮釋。

《中庸》是儒家哲學的精蘊，其言：「成己，成物，故時措之宜也。」〔註
59〕其成己成物之「時措之宜」可謂為孔子一貫義理的精髓，焦循云：「一以貫
之，成己以及物也。」是以「各依時而用之」來疏解一貫之道可說是承繼儒
家「時措之宜」而來的。他進而形象的解說孟子所謂「權」的含義，其言：

> 楊則冬夏皆葛也，墨則冬夏皆裘也，子莫則冬夏皆袷也。趨時，裘、
> 葛、袷皆藏之於篋，各依時而用之，即聖人一貫之道也。〔註60〕

楊子惟知為我而不復及兼愛，就像冬夏都穿葛；墨子惟知兼愛而不復及為我，
就像冬夏都穿裘；子莫但知執中而不復及有當為我、兼愛之事，就像參乎裘、
葛，冬夏都穿袷，三者皆不明權時而用之道理。裘、葛、袷都是春夏秋冬不
能缺少的衣服，所以皆應放在箱子裡，分別依時節的變化穿上它才能發揮衣
服的效用，亦即「各依時而用之」，這才能合時宜，由以上可知焦循強調現實
經驗中能趨時而用。

（3）強調述志以通

一以貫之雖略有兼容並包之意，〔註61〕但並非照單全收，不知靈活篩選
運用。焦循認為多學、多聞、多見，只能做到「不至守一先生之言」的基本
為學工夫，「然多仍在己，未嘗通於人」，故執其多於己，仍執一也，此專己
執一之學就像「雖兼陳萬物而縣衡無其具」，「無其具」即是「不知權」也，
故為學不知權衡輕重以擇取，僅多學而未一貫，「得其半未得其全」。是以學
而精的關鍵在於「舍己以從人，於是集千萬人之知以成吾一人之知」，也就是
不矜、不忌、不慍的「推而通」態度。〔註62〕故「一以貫之則能通天下之志
矣」，學者述人「通乎天下之志」，是以焦循〈述難〉五篇強調貫通、反對執

〔註58〕同註54。

〔註59〕《中庸纂疏》（趙順孫，《四書纂疏》，台北：學海出版社，1993），頁123。

〔註60〕〈一以貫之解〉，〈攻乎異端解下〉，《雕菰集》，卷九，頁134，136。

〔註61〕同註52，頁569。

〔註62〕上論及引言分見〈一以貫之解〉，《雕菰集》，卷九，頁133；〈釋知〉，《論語通
　　　釋》，頁18。

一，他認為善述者是述人之義、述人之心，故「不以志而持其言有不可通」，而「通」的重點在於「述其人之言，必得其人之心，述其人之心必得其人之道。」〔註63〕這是不易達到的，時人不明貫通之旨，以托、誦、寫爲述也。

焦循進而以善醫、善繪來具體論說如何才是善述，其論：

> 善述人者如善醫，……善醫者存人之身，善述者存人之心，故重乎述也。……繪人者嫌眇而著瞭，惡僂而形直，美則美矣，而非其人矣。……徒著其眇、形其僂，而不肖其人。然則善述者，固不在眇不眇、僂不僂也。〔註64〕

故善述如善醫、善繪者，必須無我存人，究述萬物之性，通天下之志，這樣才能根據實際狀況以變通應用。他指出不善述者則不知貫通，縣一以泛應，如同當時所謂漢學家，「惟漢是求，而不求其是」，往往拘泥於傳注、扞格於經文，其「第持其言而未通其義」。故不知順時應變、乘時以運用其權的貫通之道，以致造成「甲詆乙爲異端、乙斥甲爲楊墨」的學術歧見。是以焦循主張「作述無等差，各當其時而已」，其「當其時」正是「自我而損益之」的一貫之義。〔註65〕

（三）反經所以為權也──兼論焦循與漢儒「反經為權」之比較

由於對「經」的指涉內涵不同，是以對於經、權關係的看法也有所不同，漢儒「反經爲權」是側重對立的立場；宋儒「權即是經」則強調統一的立場，但無置可否，兩者對於通權達變是一致肯定的。焦循不執於任一立場，他完全從變通的角度，認爲兩者既對立又統一，「相反又相對」、「相滅亦相生」，故其「聖人之權不可離」、「典刑之中又有權焉」、「禮義之中有權焉」、「春秋寒暑，迭相爲經，權在其中矣」、「變而後不失常，權而後經正」等的說法，〔註66〕都在強調經、權不離。

1. 焦循對清儒「經、權不離」基調的繼承

清朝，時代起了掀天翻地的改變，「權」的思想益顯迫切需要。顧炎武強調行權的重要，他說：

〔註63〕 以上引言見〈一以貫之解〉，〈述難一〉，《雕菰集》，卷九，頁133～134；卷七，頁102～103。
〔註64〕 〈述難五〉，《雕菰集》，卷七，頁105～106。
〔註65〕 以上引言分見〈述難四〉，〈述難二〉，《雕菰集》，卷七，頁105，103～104。
〔註66〕 以上引言見〈釋據〉，《論語通釋》，頁30；〈說權八〉，〈說權五〉，〈說權四〉，《雕菰集》，卷十，頁149，146，145。

> 時止則止，時行則行，而不膠於一。孟子曰：『大人者，言不必信，
> 行不必果。』於是有受免死之周、食嗟來之謝，而古人不以爲非也。
> 使必斤斤爲避其小嫌，全其小節，他日事變之來，不能盡如吾料，
> 苟執一不移，則爲苟息之忠，尾生之信。不然，或至并其斤斤者而
> 失之，非所望於通人矣。〔註67〕

他主張行止之間必以「時」爲要，根據客觀環境的變化來採取適宜的動靜，才不會膠滯於既定或固有者，可見人倫日用之中，必須因時而變。他認爲孟子「言不必信，行不必果」就是「權」之爲「通」最好的說明，因爲事物的複雜變化，非吾人所能掌握與預期，若斤斤避守於小嫌、全其小節而執一不移，那麼有可能最後會平白犧牲了，所以言、信、行、果是爲經，但必須靈活運用，可見「經」體中本身就涵該「權」的作用，兩者如影隨形，不可須與分離。

王夫之指出：「經者天下之體也，權者吾心之用也。」經與權是本體與作用的關係，經體權用，經不離權，權不離經，故「非權不足以經，而經外亦無權也。」可見王夫之認爲「經外無權」，指得正得從體到用，經、權相互依賴、存在，合而不離。故他主張「權先而經後」，他從出發的時間順序來強調「權」的重要，「權」是「用之常而不用之變」，且正因「用其常而無不定」，乃「自然恰當之用」，故也可說是「一定之權」，乃有「大用時出」的成效。所以「權」以應物，不是不得已時才用，而是日行常使用之，他進而從所處事物上來聯結兩者的關係，他說：「以吾之所以處事物者言之，則在經曰宜，在變曰權，權亦宜也」，〔註68〕堅持原則的行爲在求事物的適當得宜，而通權達變的行爲更是求事物的適當得宜，故無論守經或達權，均是以得宜爲目的。故必須合經、權而處之才見通達，是以經、權不可離。

毛奇齡亦主張經、權相須而不能相離。他認爲漢儒反經合道爲權，其實正是本著孔子偏反喻權之意而開展來的，而孔子偏反喻權的涵意是指「行權似反而實出于正」，正指的就是經，亦即行權在形式上看似反經，但實質精神卻是扣緊於經，不遺離經的。他進而補充和發展經、權的理論，他說：

〔註67〕顧炎武，〈與李中孚書〉，《顧亭林詩文集》（台北：漢京文化事業有限公司，1984），頁82。

〔註68〕上論及引言見王夫之，《讀四書大全說》（台北：河洛圖書出版社，1974），卷五，頁347～350。

以權衡立義，亦正是相反之物。衡者，平也；錘者，垂重之器也；
然不垂重則衡不得平。衡者，正也；錘者，偏掎之物也；然不偏掎
則衡不得正。謂垂重偏掎所以求平正，則可也；謂錘即平正非垂重
偏掎之物，則不可也。〔註69〕

衡（經）體雖可平正，但必須不離於垂重與偏掎之物具——錘（權）的作用，
才能保持平衡的實際效果。故必須深切了解經、權的本質、作用及不雜不離
的關係，才不會曲解其「相應」、「相反而實相成處」的意義。

俞正燮將「反經」之「反」釋爲返歸，以「權」返歸於「經」來說明「權
不離經」的理論，他說：

謂權反歸於經，然後見其善，適變不同道，必反歸於經。……反經
之反，爲十年乃字反常也，堯、舜性之也，湯、武反之也之反，爲
反歸之反，非背反之反。〔註70〕

他把「權」比喻爲稱錘，而且認爲萬類俱反歸——（經）也，故對於反經之
「反」的理解不同於漢儒，漢儒釋爲背反，他則釋爲返歸，其言「爲反歸之
反，非背反之反」，是以在行權的過程中「權反歸於經」，以返歸於常經爲最
終目的，故「權」必須合於「經」才能不失其原始價值，「經」也必須不離「權」
才能靈活展現。

清人面對時代腳步的快速前進，對於「權」的重視也日趨益深，尤其「權」
對於國家的實用性，學者每每論及。孔廣森說：

權之所設，良以事有歧趨，道或兩窒，利害資於審處，輕重貴其稱量。

是故身與義權，則義重。義與君權，則君重。君與國權，則國重。〔註71〕

「權」的建立，可化解當境遇事歧道窒之窘況，獲得一個更彈性的空間。而
在稱量審處輕重得失時，以國家爲重爲得，也就是說以國家利益爲優先考量，
身、義、君可緩可捨。

清儒論「權」重國家，這顯然是知識份子面對時代變動所特別強調的以
權治世。清人陳立也持類似的看法，他認爲事、理有其緩急重輕，而權衡量

〔註69〕上論及引言見毛奇齡，《論語稽求篇》（《皇清經解四書類彙編（一）》，台北：
藝文印書館，1986），卷一八〇，頁16。

〔註70〕俞正燮，〈論語權〉，《癸巳存稿四》（《續經解諸經總義類彙編》，台北：藝文
印書館，1986），卷八四三，頁1046。

〔註71〕孔廣森，《春秋公羊通義》（《皇清經解春秋類彙編（二）》，台北：藝文印書館，
1986），卷六八〇，頁1500。

度後，須「去緩就急、舍輕全重」，才是「權」。而「權」正是「君臣之義，人之大紀，國之存亡，宗社所繫」不可或缺者，〔註72〕也就是國家的命脈繫乎「權」的，若此，則經邦濟民的效用才會實現，這也暗喻著國之經必須通過「權」的作用才能落實、存現，故經、權不離，是以經、權不離是清代學者的共同基調。

2. 焦循「反經而經正」之「權」論

孟子曾說：「君子反經而已矣。」〔註73〕此「反經」二字成為歷來爭議的課題，究竟是背反于經或返歸于經呢？〔註74〕焦循對孟子反經之說有新的詮釋，其「反經所以為權」是他獨特的新見，其言：

> 夫經者，法也。制而用之謂之法。法久不變則弊生，故反其法以通之。不變則不善，故反而後有善。不變則道不順，故反而後至於大順。如反寒為暑，反暑為寒，日月運行，一寒一暑，四時乃為順行；恒寒恒燠，則為咎徵。禮減而不進則消，樂盈而不反則放。禮有報而樂有反，此反經所以為權也。〔註75〕

他的「反經」之論，已非如漢儒單純的直指「反經為權」的焦點上，焦循論「權」有很深奧的底蘊，他用陰陽之道來詮釋經、權交相運用的關係，以易學為其論「權」的根據。此時「道」不再是靜態的道德標準或天理，而是動態的時權之道。他認為經、權關係有如反寒為暑，反暑為寒一般，這樣的寒暑輾轉與日月運行，是四時之順，這是符合大自然的規律，如果恒寒恒暑，這是凶兆，所以知反知變才能善能順，故他主張「變而不失常，權而後經正」，常變不失、權先經後，這也是明清以來「經權不離」的延伸與概括。

焦循說：「學者重視經，駭於反經之言，是不知權之為權，亦不知經之為經」，〔註76〕其言看似和漢儒「反經為權」一樣，主張經、權有別，經、權對立，但如何澤恆先生所言：「焦循雖似又回歸到漢儒的意見上，細按其實，又

〔註72〕 以上引言見陳立，《公羊義疏・桓公十一年》（《續經解春秋類彙編（四）》，台北：藝文印書館，1986），卷一二〇三，頁3984。

〔註73〕 〈盡心下〉，《孟子纂疏》（《四書纂疏》），頁552。

〔註74〕 大陸學者楊澤波說：「在孟子思想中，堅持原則的「反經」（返歸于經）和對原則進行變更的「行權」（背反于經），二者兼而有之，何時「反經」，何時「行權」，要依具體情況而定。」（詳見楊澤波，〈孟子經權思想探微〉，《學術論壇》，1997・6，頁52。）筆者認為此種詮釋頗能反映孟子「反經」之說。

〔註75〕 〈離婁章句上〉，《孟子正義》，卷十五，頁522。

〔註76〕 〈說權三〉，《雕菰集》，卷十，頁145。

有大不然處。」〔註77〕故可說焦循雖同意漢儒「反經爲權」的說法，但實質上已有所轉化，他對於《公羊傳》之「反經」內涵，提出「反經而經乃正」的精湛觀點，其論：

> 一鄉皆稱原人，眾皆悅之，自以爲是，是共相習爲同流合汙，於忠信廉潔，似是而非矣。孔子反之以爲德之賊，眾悅以爲善而不知變。孔子以爲賊而思狂士，狂士與鄉原相反者也，故爲反經。反經而經乃正。經正而眾乃知似是而非者之非堯舜之道也，眾以同流合汙爲經，則經不正，反之而以堯舜之道爲經，則經正矣。眾與於堯舜之道，而同流合汙之邪慝乃退，此反經，即《公羊傳》之反經。〔註78〕

他不再拘執於「反經」之「反」究竟是背反或返歸的爭論點上，而把焦點擴充並移轉到爲什麼要「反經」？是因爲「經不正」，「經」的意義已產生偏執的前提下，故欲求「經正」，所以要「反經」，是以「反經所以爲權也」，因爲和所以之間有了更完整的說明。他認爲鄉原之忠信廉潔，事實上是共相習爲同流合汙、似是而非，但眾人卻悅而習之這種變質的「經」，以爲善而不知變，爲了對治此種不良的積習，是以反此經而經乃正，如孔子反對鄉原，認爲那是德之賊，故寧取狂士，其曰：「不得中行而與之，必也狂狷乎！狂者進取，狷者有所不爲。」〔註79〕孔子認爲徒有謹厚品行的人不一定能自振拔有所作爲，而狂者志氣高、行不掩，猶可因其志節而自我激勵裁抑以進於中道，這種作爲是可取的，故鄉原之經不正，而反之以狂士之道，兩相對照之下，眾人就能明白何者爲經不正、何者爲經正，是以正經進而邪慝退，這就是「反經而經乃正」的能權效果。

焦循「反經而經乃正」比起漢儒僅針對「反經爲權」的格局已顯現出較爲通融的內涵，也因爲其間的差距，是以焦循並不完全同意公羊家董仲舒之論「權」，尤其董子言「陽爲德，陰爲刑，刑反德而順於德，亦權之類也」，以陽爲經而用於盛，以陰爲權而用於末，故顯經隱權、前德後刑的論調，焦循批其淺言權矣！他提出三點反駁，首先，「陰不可爲權也」。因爲「權反經以合道，……權在陰陽迭用之中。」其次，「刑不可爲權也」。因爲「德以施惠，刑以正邪，可以與可以無與，非權則傷惠」，而且古時稱刑爲常刑，「刑，

〔註77〕何澤恆，〈論語孟子中所說的「權」〉，《孔孟月刊》，第二十四卷，第三期，1985・11，頁18。

〔註78〕〈說權四〉，《雕菰集》，卷十，頁144～145。

〔註79〕〈子罕〉，《論語纂疏》（《四書纂疏》），頁289。

法也，亦經也」，再者「天討有罪，五刑五用，用者，庸也，或流、或贖、或赦或賊，平其輕重以爲之」，故「典刑之中有權焉」。可見徒用德而弛於刑，反而害人害道，是以刑德不可濫用，必須深諳經、權之道，「當其時」才能做到立之達之的功效，故董子「以刑爲權，擬未必當然，非知經、權之道，未可與言刑也。」〔註 80〕焦循並指摘董子之權是術家之權，其創制垂則是「經用於本」；遭變用權則是「權用於末」，這樣的區分顯得「權智有餘，公正不足」，故爲「權謀」，是孟子所云「機變之巧也」。因爲「聖人之權，正無損於公正」，故其「權術之權，非聖人所謂權也。」〔註 81〕焦循指董氏之「權」是權術之權，早已脫離了變通的原意。

除了對董子「權」的內涵有所批判外，對於歷史人物「權」的運用與功過也提出異於公羊家學的看法。董子認爲祭仲出忽立突的舉措是「知權」，逢丑父爲救被俘的齊頃公，僞裝成頃公，騙過晉軍，使頃公脫圍，自己卻因此犧牲性命，其殺身以生其君的行爲是「不知權」，並舉出逢丑父不知權的原因有二：一是使君王獲虜逃遁，這是君子所甚賤，丑父卻措其君於人所甚賤。二是欺三軍爲大罪於晉，「其免頃公，爲辱宗廟於齊，由法論之，則丑父欺而不中權，忠而不中義」。〔註 82〕故祭仲許宋、丑父欺晉的行爲表面雖「俱枉正以存其君」，但實質卻是「知權」與「不知權」的兩種表現，以下茲根據董子《竹林》所辨，列表比較以呈現其論說：

知權	祭仲許宋	1. 夫去位而避兄弟者，君子之所甚貴以生其君，故《春秋》以爲知權而賢之。 2. 前枉而後義者，謂之中權。雖不能成，《春秋》善之。 3. 如魯隱公、鄭祭仲。
不知權	丑父欺晉	1. 丑父措其君於人所甚，賤以生其君，《春秋》以爲不知權而簡之。 2. 前正而後有枉者，謂之邪道。雖能成之，《春秋》不愛。 3. 如齊頃公、逢丑父。

對於這樣的分判，焦循不以爲然，其言「以余衡之，其說正相反，逢丑父可爲知權，祭仲之權非權也。」他提出了四點理由以反駁之，第一：按照《公羊傳》的說法，欺三軍之言是出自晉，晉之言當斬固宜，但卻沒有看到

〔註 80〕 以上引言分見〈說權八〉，《雕菰集》，卷十，頁 149；〈釋權〉，《論語通釋》，頁 21～22。

〔註 81〕 以上引言分見〈說權八〉，《雕菰集》，卷十，頁 149；〈釋權〉，《論語通釋》，頁 22。

〔註 82〕 〈說權七〉，《雕菰集》，卷十，頁 148。

有譏斥丑父爲邪道、爲不知權的記載，故「董氏據晉人之言，以爲丑父欺三軍，則是以司寇，據讎敵之片言，以入被誣者之罪」。第二：頃公歸來而與他國成盟，晉師見此即退兵，頃公發憤有爲，振作士氣，晉侯「高其義、畏其德」，就把侵地復歸於齊。而假使當初頃公與丑父「同死靡笄之下」，晉、魯、衛之軍直驅而入徐關，那時國早已無主，「其屏更不可測」，故「董氏謂丑父是時宜與頃公同死社稷，尤爲迂論。」〔註83〕第三：祭仲爲宋執，不遵從則將殺死他，「仲爲身計耳，何足以爲權耶！」〔註84〕而「齊頃公之遁，無異孔子之微服過宋，孔子微服不爲辱，頃公何辱之有！」第四：丑父可說是千古之大忠，「非身死於國亡事敗之後，無補於君父者可較也」，他的犧牲成就君主復國大業，故「君子知權莫過於是」。緣此可知，焦循認爲董氏以爲丑父不如祭仲，是「失之甚矣」。

綜合以上四點，焦循下了一個結論：「公羊氏以祭仲爲知權，姑置勿論；董子斥丑父不知權，董子固未知權也夫。」〔註85〕焦循經由破立雙行的方法建立起「反經所以爲權」的理論，跳脫出漢儒「反經爲權」的傳統格局，並也預見了近代的端倪，其以《公羊傳》作爲「權」說的立論根據，也顯露出他的變法之說，如其所言：「法之不變則弊生，故反其法以通之，不變則不善，故反而後有善」，此一論點，侯外廬先生指出：「這是在理論上關于變法運動的預見。比他小二十九歲的龔自珍更在變制方面產生了他的有名的政論。」〔註86〕龔自珍盱衡世局，托經議政，以《公羊》改制之義來論改革之必要，首倡維新變法，強調「不拘一祖之法」，其曰：

> 無八百年不夷之天下，天下有萬億年不夷之道。然而十年而夷，五十年而夷，則以拘一祖之法，憚千夫之議，聽其自陊，以俟踵興者之改圖爾。一祖之法無不敝，千夫之議無不靡，與其贈來者以勍改革，孰若自改革，抑思我祖所以興，豈非革前代之敗。〔註87〕

他主張政府必須自我改革，以求通變之興，其「一祖之法無不敝」與焦循「法不能無弊、有權則法無弊」的觀念相互呼應，焦循依據《公羊》而論「權」，強

〔註83〕上論及引言分見〈釋權〉，《論語通釋》，頁20；〈說權七〉，《雕菰集》，卷十，頁148。

〔註84〕〈釋權〉，《論語通釋》，頁21。

〔註85〕上論及引言同註82。

〔註86〕《中國思想史（五）》，頁568。

〔註87〕龔自珍，〈乙丙之際著議第七〉，《定盦文集》（《龔定盦全集》，台北：新文豐出版公司，1975），卷上，頁12。

調「法無良，當其時則良」的變通觀，而龔自珍亦以《公羊》微言大義而論時
政的改革，可見焦循「以權用法」的主張，〔註88〕影響著後來的公羊學者。

二、論知命以行權

焦循論「命」，強調變通。故言「命」，誠如錢穆所說：「里堂言命，主創
造革新，而不主有一成不變之命。」命既變化不定，是以在現實人事中，「行
權以應命」，行權可說是對應「命」的最好方法。何澤恆先生說：「以變通義
說命」，賴貴三先生亦言：「以時行說性命」、「命之趨時」，〔註89〕可見「知命
行權」是焦循論「權」的重要理解。

「知命」是儒家思想中重要的一個內容，孔子說：「不知命，無以為君子
也」、「五十而知天命」；孟子承孔子「知命」之旨進而提出「立命」、「俟命」
之說，其言：「殀壽不貳，脩身以俟之，所以立命也」。〔註90〕孔、孟言「命」，
可概括為命運義與道德義命，這兩種都是道德修養與實踐所必須面對的，前
者指非人力所能控制的，如生死壽殀、吉凶禍福、貧賤富貴；後者指人力可
控制與自主的，如道德行為，是以如何正確對待這兩種「命」的態度，亦即
權宜而用命，才是孔、孟「知命」之說的要義。

焦循發揮孔、孟「知命」之說，他說：「知即知此命也」，〔註91〕強調能
知曉「命」的實質內涵，才能權宜以應對，突破命的不定困限，是以「能用
命，不為命所用」才是孔、孟「知命」之說，其言：

> 知命之說，詳於孔、孟，而皆本於《易》。命有宜順者，口目耳鼻四
> 體是也；命有宜改者，仁、義、禮、智天道是也。順則不任力，改
> 則任力，豈至無可奈何，而推之於命乎？委命而任力，聖人之權也；
> 順命而不任力，亦聖人之權；或順或改，惟聖人之心主宰而斡旋之。
> 能用命，不為命所用，是為知命。〔註92〕

〔註88〕〈說權一〉，《雕菰集》，卷十，頁143。
〔註89〕分見錢穆，《中國近三百年學術史》（台北：商務印書館，1996），頁526；何
　　　　澤恆，《焦循研究》（台北：大安出版社，1990），頁203；賴貴三，〈易學與孟
　　　　學的融攝與會通——以清儒焦循《孟子正義》為中心的討論〉，收在《慶祝莆
　　　　田黃錦鋐教授八秩嵩壽論文集》（台北：文史哲出版社，2001），頁220。
〔註90〕以上引言分見〈堯曰〉，〈為政〉，《論語纂疏》，頁347，161；〈盡心上〉，《孟
　　　　子纂疏》，頁521。
〔註91〕〈知命解下〉，《雕菰集》，卷九，頁130。
〔註92〕焦循，《易餘籥錄》（《叢書集成續編》，第29冊，台北：新文豐出版公司，1985），
　　　　卷十二，頁353。

「命」可順可改，具有活動義，不論是「委命而任力」或「順命而不任力」，這就是行權，也就是「斡旋」，當心主宰、判斷而知來命爲口目耳鼻或仁、義、禮、智天道之別時，斡旋而爲，以順或改應用之，這即是焦循「知命行權」的主張。

（一）知命以變

清儒重視形下的氣化世界，是以焦循認爲無論是客體意義上的命還是主體意義上的命，其應用都是側重人事而爲，故錢穆先生言「里堂言命，全本人事，與向來以天意言者不同」，〔註93〕其言「知命」就是從氣化流行之道來立論，故曰：

> 道變化而不已，命分於道，則有所限。有當安於所限者，不舍命是也；有不當安於所限者，申命、改命、致命是也。命而能改、能申、能致，則命不已，即道之不已，如是乃爲知命。〔註94〕

焦循論「命」可說是受王夫之「命日降、性日成」、「命日受、性日生」觀點的影響，王夫之云：「天以其理授氣於人，謂之命。」他認爲天之氣化流行，運動不已，而天所流行的理氣分授於人而成爲「命」，他又云：「故天日命於人，而人日受命於天。故曰性者，生也，日生而日成之也。……惟命之不窮也而靡常，故性屢移而異。」〔註95〕是以天以氣授理於人爲命；人以其氣受理天爲性，而氣化不已，故命日降日受，性亦日成日生，可見「命」非固定不變的，而是具有革新的意義，是以焦循言「命」與王夫之論「命」具「日新而日受」的觀點頗爲相似，〔註96〕其言：

> 〈大戴記〉所謂「分於道之謂命也。」……有命斯有性，故云「各正」，「各」之云者分於道之謂也。〔註97〕

道變化不已，分於道爲命，此命則因分而有所限，非人力可改變者，則安於固有之命限，不捨不棄，是積極的不舍命；人力可改變者，則突破既有之命限，積極的申命、改命、致命，履行變化不已的天道，此命則因變通而無所限，故「命不已即道之不已」，是以變通是命之申、改、致的呈顯；而命之申、

〔註93〕《中國近三百年學術史》，頁528。

〔註94〕〈命〉，《易通釋》，頁233。

〔註95〕分見王夫之，《讀四書大全說》（台北：河洛圖書出版社，1974），卷十，頁749；王夫之，《尚書引義·太甲二》（《船山遺書（一）》，北京：北京出版社，1999），卷三，頁518。

〔註96〕錢穆先生云：「昔船山論學，主性乃日生而日成，命亦日新而日受，里堂所見，頗與相似。」（詳見錢穆，《中國近三百年學術史》，頁527。）

〔註97〕同註94，頁229。

改、致實是由變通而來，故侯外廬先生說：「焦循在一定程度上擺脫了定命論。」
〔註98〕是指焦循言「命」，異於傳統儒家天命說肯定天具人格性、主宰性，而
強調人能行權應命的理性自覺潛能與生存意義。

其〈知命解〉中談到如何才能權宜用命？他說：

> 凡死生窮達，屬於天者爲命，不屬於天者則非命。……不可轉移趨
> 辟者，命也。是故命宜死而營謀以得生，命宜窮而營謀以得達，非
> 知命也。命可以不死，而自致於死，命可以不窮，而自致於窮，亦
> 非知命也。舉一概而皆委之於命，是爲不知命。〔註99〕

死生窮達皆本於天，這是人不能「轉移趨辟」的命運，這是非人力所可改變
的，是以「順受其正，乃爲知命」，〔註100〕亦即順從接受命運的安排，才是正
命，亦是知命，但並不能就這樣把人的一切皆委諸於命運，藉口於凡事皆由
命運決定，這同樣是不知「命」的實質內涵。

因此焦循更重視與肯定「己可轉移趨辟」的道德行爲，亦即人爲可改的
道德義命與使命，也就是孟子所言「盡其道而死者，正命也」，所以他說命可
以不死、不窮，卻自致於死、於窮，那是不知命，也是非命，亦即不能知命
以行權。故他認爲孔子所言「死生有命」，是指「無使非命而死也」、「不可死
於非命」；也是孟子所言「知命者，不立乎嚴牆之下」，〔註101〕這就是在現實
中能知命以變通的具體表現。

（二）義以安命

孔孟論「權」均以「義」爲行權的最高準則，「義」可說是正確對待「命」
的合宜態度，但君子、小人對於義、命關係的態度卻有所不同，君子「以義
知命」，其表現爲「凡義所不可，即以爲命所不有也。故進而不得於命者，退
而猶不失吾義也。」而小人「以智力知命」，其表現爲「力不能爭，則智邀之，
知力無可施，而後謂之命也。」是以君子「以義安命」，「其心常泰」；小人「以
智力爭命」，「其心多怨」。可見「義之與比」、「惟義所在」才是知命、安命的
最終依歸，而「安命」又可分「一於義」的積極義與「不一於義」的限制義
兩種內涵，焦循說：

> 眾人之於命，亦有安之矣，大約皆知其無可奈何而後安之者也。聖

〔註98〕《中國思想通史（五）》，頁574。
〔註99〕〈知命解上〉，《雕菰集》，卷九，頁129～130。
〔註100〕〈盡心章句上〉，《孟子正義》，卷二十六，頁881。
〔註101〕以上引言同註99。

　　人之於命安之矣，實不以命爲準也，而以義爲準。故雖力有可爭，

　　勢有可圖，而退然處之，曰義之所不可也。義所不可，斯曰命矣。

〔註 102〕

是以聖賢「安義斯安命」；眾人卻「命皆有以制之」，所以以「義」爲準才能知命行權。故「義所不在，斯命所不有矣。」〔註 103〕

　　義命是焦循的重要主張，其曰：

　　孟子言不立巖牆之下，不桎梏而死，示人知命之學，不可死於非命。

〔註 104〕

他認爲人力可控改的道德義命，若正命，則順受，就是知命行權；若非命又可分爲受與不受，如受非命，亦即死於非命，則不能知命行權；如不受非命，也就是不死於非命，則是知命行權，故「厭於巖牆而死，與桎梏而死，皆爲非命」，也就是當可以愼擇保全其身以實踐道德，卻不知權宜變通而平白犧牲性命，那就是接受非命、不知變通以致死於非命，亦就是不能知命行權，因爲「若爲牆所厭，則是不自愼，而自折其軀體，非命也。」焦循進而舉顏、曾不敢死於畏之例來說明聖人、賢人「知命，不死於非命」的意義，其曰：

　　子畏於匡，顏淵後，子曰：「吾以汝爲死矣。」顏淵曰：「子在，回

　　何敢死。」曾點使曾參，過期而不至，人皆見曾點曰：「無乃畏邪？」

　　曾點曰：「彼雖畏，我存，夫安敢畏！」〔註 105〕

孔子是儒家「聖之時者」的代表，故在面對「畏」——非罪攻己，無法設辭以解圍的客觀困限之境遇時，能理性自覺，「以畏而死，則子必不死，故知子在；以畏而死，則不可死，故顏子不敢死，即曾子安敢畏」，所以「立巖牆之下恐其壓，壓而死猶畏而死，俱爲非命」，〔註 106〕也就是說知命者是不立巖牆之下；而不知命者則如立巖牆之下、死於畏、死於桎梏。

　　故義以安命是行權的首要條件，焦循肯定孔子「各有所當」、「解難之妙用」的變通作爲，其曰：

　　柔魋之魋惡其習禮，故微服自廢於禮，以怒；匡人憾虎暴，故彈琴

　　以明其非虎。各有所當，可想見聖人解難之妙用。若鬥必死於畏矣。

〔註 102〕上論及引言見〈萬章章句上〉，《孟子正義》，卷十九，頁 658。

〔註 103〕同前註。

〔註 104〕〈盡心章句上〉，《孟子正義》，卷二十六，頁 881。

〔註 105〕同前註。

〔註 106〕以上引言同前註，頁 880〜881。

> 故琴操戒子路之欲鬥，而禮疏稱其不敢與匡人鬥，不鬥所以不死，
>
> 不死所以為知命。〔註107〕

「若鬥必死於畏」，則是死於非命，而人可不受非命，亦即不死於非命，所以人可變通而為，權宜用命，故「不鬥所以不死，不死所以知命」，化非命為正命，從不知命而知命，故「微服所以脫桓難，彈琴所以解匡人」，〔註108〕可說是孔子知命行權的境遇表現。

（三）行權造命

孔子言「知命」，孟子言「立命」、「俟命」，明、清儒者「造命」之說，可見是一脈相傳。清儒主張「天民聽命，大人造命」，一般人聽天由命，將人事成敗關鍵全訴諸於命運，任其擺佈；但德慧高超的聖人、賢人則能看透「命」的本質，對於人力不可解的死生窮達，順受不營求，努力把握人在現實生活中可改造與完成的道德使命。

王夫之在〈君相可以造命論〉中言「聖人贊天地之化，則可以造萬物之命」，〔註109〕焦循亦云「天下之命造於君子」，而「君子為得位者之稱」，是以「君一邑則宜造一邑之命，君一國則宜造一國之命」，〔註110〕故焦循「造命」之說不但強調「命」是可造可變，而且必須座落在有益國計民生的經世舉措上。

是以聖人該如何行權以造命？其曰：

> 百姓之飢寒圍於命，君子造命使之不飢不寒，皆有以遂其生，百姓
> 之愚不肖圍於命，君子造命，使之不愚不肖，皆有以育其德，於是
> 天下之命，自聖人而造。……聖人以己之命聽諸天，以天下之命任
> 諸己。〔註111〕

得位之聖人，深諳「命」的內涵，其「口體耳目之命，己溺己飢者操之也。仁義禮智之命，勞來匡直者主之也。」故對於顓愚之民圍於飢寒與愚不肖之命，聖人行權造天下之命使遂其生、育其德；不得位之聖人，亦通透「命」的實質，處此則「其口鼻耳目之欲，則任之於命而不事外求；其仁義禮智之德，則率乎吾性之所有而自脩之」，因己之生待人而後遂，故聽之於命，但己

〔註107〕《論語補疏》，頁1。

〔註108〕同前註。

〔註109〕王夫之，〈君相可以造命論〉，《薑齋文集》（收在《王船山詩文集》，台北：漢京文化事業有限公司，1984），卷一，頁8。

〔註110〕以上引言同註107，頁20～21。

〔註111〕〈知命解下〉，《雕菰集》，卷九，頁130。

之德則不必待人而後育，故不聽之於命，這就是聖人行權造己之命。是以「於己則俟命，於天下則立命」，也就是說得位的聖人「立命」；不得位的聖人則「俟命」，故「己之命聽諸天，所謂『脩身以俟之』。而天下之命任諸己，所謂『盡心』，所謂『立命』也。」〔註112〕焦循「造命」之說，實側重在人為可努力、可實踐、可改造的道德義命上，在現實生活中，於己則俟命；於天下則立命，不盲目歸諸於命運的流轉。

　　是以他反對「守窮任運」的自然無為態度，他認為「視百姓之飢寒，不能拯之衽席，視百姓之愚不肖，不能開其習俗，付之無可如何」，〔註113〕是不知命的盲目作為，因為既對「命」的內涵不能通曉，那麼必會惑於「命」的限制，現實作為必然空虛僵化，唯有真正知此「命」的意義，是命運亦是使命、具限制義也具積極義、可當安限也有不當安限、非人力可改亦人力可改，故「命」並非一成不變，只有洞悉「命」，人在現實層面的經驗行為，才能行權以應命、權宜以用命，以求突破與超越，亦才能真正落實道德的踐履與完成。許倬雲先生說：「中國人不是坐待命運降臨的宿命論者，卻隨時準備面對變化的命運，調整自己的反應。」〔註114〕其所凸顯的正是中國人理性自覺之變通應對的態度與行為，這和焦循知命行權、行權造命可說旨意相通。

三、反乎經而不枉乎道──論「變」與「定」的關係

　　乾嘉時代的社會狀況極其複雜。在政治與文化方面，清廷實行高壓政策；在經濟方面，人民則處於穩定的生活，這兩方面則決定了學者鞏固與維繫傳統的儒家道德觀念。而此時也正是清代由鼎盛走向衰敗的開始，社會的矛盾與衝突紛擾而尖銳，這一點又促使學者主張變通，改革時弊。在面臨既要保守又要變通的思想涵架中，難免會出現「權」的思想困局。

　　閻韜先生認為焦循的哲學思想可說是具有濃厚的折衷、調和色彩，其進步與保守的對立原則相安無事的擺在一起，〔註115〕是以在「變」與「定」的關係中也就顯現了焦循論「權」的保守性。焦循繼承儒家「權」的思想，強

〔註112〕以上引言分見〈盡心章句上〉，〈盡心章句下〉，《孟子正義》，卷二十六，頁881～882；卷二十八，頁993，882。

〔註113〕同註111。

〔註114〕許倬雲，〈中國人的生活與精神狀態〉，《中華心理衛生學刊》，第九卷，第一期，1997，頁5。

〔註115〕閻韜，〈焦循〉，《中國古代著名哲學家評傳續編四》（濟南：齊魯書社，1982），頁704。

調變通，但卻又說「仁義禮智信，萬古行之而不易」，這和他主張「反乎經而不枉乎道」，〔註116〕「經」可反也，道不可枉的思想有密切關係，而這思想也正是受到時代的制約與促進兩種拉力所產生的雙重內涵，而焦循「權」與「定」思想則顯示出制約效用大於促進作用，故他主張通變之中有萬古行之而不可易的原則，其曰：

> 井田封建，聖人所制也，而後世遂不可行，則聖人之言且不定也。故有定於一時，而不能定於萬世者，有定於此地，而不能定於彼地者，有定於一人，而不能定於人人者，此聖人所以重通變之學也。然而有定於一時，即定於萬世者，有定於此地，即定於彼此者，有定於一人即定於人人者，何也？人倫也，孝弟也，仁義也，忠恕也。〔註117〕

在他看來，政教施為必須因時而變，隨著時間、地點、對象的不同而有所調整，故不定，此即通變之學；但政治社會立基的倫理綱常則是恒定不變的，因為「凡為治，必先定分」，此「定」的內容即是君臣、父子、夫婦六者，如此「下不踰節」、「上不苟為」、「少不悍辟」、「長不簡慢」，才能使政治社會穩定和諧，若不明「定」的恒久性而「棄人倫，滅人性」，又不從「定」的原則性以「窮微察偽」，〔註118〕其惑深害大矣！

是以焦循肯定變通中的不變，而不變者是指君臣、父子、夫婦關係的人倫綱常，他在〈貞女辨〉〈誣親辨〉〈翼錢〉三篇中，就夫婦、父子、君臣三方面論述傳統綱常名教的恒定性，充分凸顯其「權」論的保守性。

（一）關於貞女之德與夫婦之道

貞女辨

夫婦是婚姻成立的主體，而婚姻觀念所涉及的則有「貞女」的議題。中國傳統禮制，早就有對婦女「貞」的要求，經由政治、社會因素的變化，婦女貞節觀逐漸形成、發展乃至成為一種體系，方苞說：「婦人守節死義者，秦、周前可指計，自漢及唐亦寥寥焉，北宋以降，則悉數之不可更僕矣！」〔註119〕

〔註116〕以上引言分見〈說權五〉，〈說權六〉《雕菰集》，卷十，頁145，147。
〔註117〕〈說定下〉，《雕菰集》，卷十，頁150。
〔註118〕以上引言見焦循，〈說當位〉，《易話》（《續修四庫全書》，第27冊，上海古籍出版社，1995），卷下，頁570；〈說定下〉，《雕菰集》，卷十，頁150～151。
〔註119〕方苞，〈嚴鎮曹氏女婦貞烈傳序〉，《方望溪全集》（台北：河洛圖書出版社，1986），卷四，頁52。

這是歷史事實的客觀說明，[註 120] 尤其到了明清，貞節觀念更趨嚴格，儼然升騰為一種狂熱的宗教信條，成為天經地義、至高無上的絕對道德價值，貞女、殉婦的人數急劇增加。

明清貞節觀的氾濫，除了朝廷旌表貞女的鼓吹外，和理學觀念的普遍化有關，中國的學術思想、風俗制度、婚姻道德深受濡染。理學家「窮理滅欲」作為性命的最高道德原則，貞節觀念也相對的走向極端，此時三從四德、一女不事二夫等也躍升到天理的高度，程頤在回答無所依託的窮孀婦可否改嫁的問題時，毅然回答「餓死事極小，失節事極大」，這段話經由理學家的大力宣揚，許多婦女不但奉為圭臬，更不惜以生命體踐之，亦成為強固貞節觀的重要里程碑。但值得注意的是任何一種觀念必有贊同和反對的聲浪，是以明、清之際貞節觀雖特別喧囂，但同時也出現了一股強烈質疑、指斥的思潮，因此展開一場綿延三百年有關「貞女」問題的爭辯。[註 121]

首開論辯者是歸有光，他撰《貞女論》抨擊室女守貞、殉死，並認為那

〔註 120〕近人董家遵據《古今圖書集成》統計，從東周至清前期的節婦、烈女數量的變化，正反映方苞陳述的歷史趨勢：

朝　　代	周	秦漢	兩晉南北朝	隋唐五代	宋	元	明	清（限於清前期《古今圖書集成》完成之時）
節婦（守志）人數	6	23	29	34	152	359	27141	9482
烈女（殉身）人數	7	19	35	29	122	383	3688	2841

【※本表轉引自顧鑒塘、顧鳴塘，《中國歷代婚姻與家庭》（台北：商務印書館，1995），頁 133。】

又據統計，清代受旌表之貞女共 5566 人，其中順治朝 10 人，康熙朝 62 人，雍正朝 221 人，乾隆朝 1625 人，嘉慶朝 676 人，道光朝 1805 人，咸豐朝 880 人，同治朝 287 人，顯然，這股高峰在清代中葉。（轉引自張壽安，《十八世紀禮學考證的思想活力——禮教論爭與禮秩重省》），頁 448。

〔註 121〕可參考董家遵，〈明清學者關于貞女問題的論戰〉，《中國古代婚姻史研究》（廣東：人民出版社，1995），頁 345～351；周婉窈，〈清代桐城學者與婦女的極端道德行為〉，《大陸雜誌》第八十七卷，第四期，1993·10，頁 13～38；胡發貴，〈清代貞節觀念述論〉，《清史研究集》（北京：人民大學，1990），第七輯，頁 153～170；張壽安，〈「成婦？成妻？」：清儒論婚姻之成立〉，《十八世紀禮學考證的思想活力——禮教論爭與禮秩重省》（台北：中央研究院近代史研究所，2001），第五章。

是非禮的不當行為，其論點為：（一）於禮不備則不成夫婦，若女子自往（守志、殉夫），就是「奔」、「非禮」。古時婚姻程序是「六禮既備，壻親御授綏，母送之門，共牢合卺而後為夫婦」，所謂六禮即納采、問名、納吉、納徵、請期、親迎，必須完成這些程序，婚姻才告確立，缺一不可，「苟一禮不備，壻不親迎；無父母之命，女不自往也。猶為奔而已」，故「女未嫁而為其夫死，且不改適，是六禮不具」，若無父母之命而奔者，是非禮的行為。（二）從哲理上來說，陰陽配偶是天地的大義，是以「天下未有生而無偶者」，故「終身不適，是乖陰陽之氣而傷天地之和也」。（三）他引《禮記‧曾子問》來證明未嫁而不改適或為其夫死是悖禮的作法，故言「弗敢嫁而許諾，固其可以嫁也」、「未成婦，則不繫於夫也」，〔註122〕主張壻有喪，室女可改嫁。是以歸有光批評貞女的行為是不重廉恥、不明大義、不循禮節、違背女德。

歸氏此論，無疑會引起對立者猛烈的詰難與辯駁。贊成歸氏者包括馬之德、毛奇齡、汪中、俞正燮等，反對歸氏者包括朱珔、胡承珙、方宗域、俞樾、何秋濤、焦循、陳祖范、羅有高、王廷愼、王效成等，〔註123〕兩派爭論的源頭與重點在於前者主張已婚之婦人，夫死可以守貞，而未婚卻上門守志或殉死的女子，不僅不能稱為「貞女」，甚至是悖反禮制的淫奔女子；後者則主張女子一旦訂婚，即使未婚夫死，就必須守貞節，因為上門守貞和未嫁殉夫是實踐貞順女德的行為。由以上可知，兩派論辯的焦點在於未婚守貞是對抑錯？事實上，前者是從禮制的觀點來論未婚守節是悖禮，故錯；後者是從女德的觀點來論未婚守節是合乎道德價值，故對。兩方觸點不同，故其結論必然相異。

焦循從「反乎經而不枉乎道」的角度認為未婚守節的道德意義是值得肯定的，故他指摘歸氏「將夫死即嫁者，轉得為禮也」的持論點是有問題的，也就是從禮制上贊成改嫁的論調是不對的，而且歸氏認為已婚守節才配稱為「貞女」，未婚守節則不配稱為「貞女」，焦循對此亦提出批駁，他根據大清律例的記載，「子婚而故能孀守」和「已聘未娶婦能以女身守志」，俱應為立後，肯定兩者道德價值相同，是以「朝廷立法，明明以未婚守志與已婚孀守者同一揆矣。」〔註124〕

〔註122〕以上大意及引言見歸有光，〈貞女論〉，《歸有光全集》（台北：自力出版社，1959），卷三，頁32。

〔註123〕引自董家遵，〈明清學者關于貞女問題的論戰〉，《中國古代婚姻史研究》，頁346～347。

〔註124〕上論及引言見〈自書貞女辨後〉，《雕菰集》，卷十八，頁304。

他並進一步為「貞女」正名，此係為反駁反對貞女者「古無貞女之名」與「古之貞女，非今之貞女」之論調而發，首先，他根據《漢書·百官志》記載，凡「孝子順孫」、「貞女義婦」，皆扁志其門，以興善行，故「今之旌表貞女，自漢已然」。其次，反對貞女者引《魏書·列女傳》中貞女兒先氏因未及成禮而不肯從，以致被殺來證明古時「貞女」的內涵當指「行合古跡」者，並非指今日所說的「未昏夫死，守貞不嫁者」，焦循認為引而未當，故嘆其「引是說者，蓋讀書不廣矣！」因為在他看來，「貞女」的意義可概括「合古跡」與「未昏夫死不嫁者」，前者根據劉向《列女傳》記載，申女因夫家禮不備而不肯往以致入獄，當時稱其合古跡，以貞女號之，而申女與兒先氏之行為，猶有黯合，故行合古跡是古時「貞女」的內涵。但古時「貞女」內涵尚包括「未昏夫死不嫁者」，如據劉向《列女傳》記載，衛宣夫人是齊侯之女，嫁於衛，至城門而衛君死，仍入持三年之喪，服喪完畢，衛君之弟請願同庖，衛宣夫人拒絕他並作詩明志，此即「未昏夫死不嫁」的貞女道德典範，〔註125〕是以古時即主張未嫁守志，故貞女之義古今皆同。

至於為何「古之貞女少，今之貞女多」？焦循認為那是因為古今婚禮儀制的不同所造成的，第一：議婚時間早晚的不同。古人「男女議昏晚，聘與娶一時事」，發生變故機率小，故古之貞女少。今人議婚早，「或遲五年，或遲十年，甚至二三十年，聘與娶，縣隔甚遠，其中死亡疾病，自不能免」，由於聘與娶時間拉長，發生變故機率大，故今之貞女多。第二：「古定以親迎，而夫死嫁之可也」，「今定以納采，則一納采，而夫死嫁之不可也」。古代婚禮以親迎為定，親迎以前遭父母之喪可以再嫁再娶，故古之貞女少。今日以納采為定，「不必親迎而夫婦之分定」，而且根據法律規定「許嫁女已報婚書，及有私約而輒悔者，笞五十，雖無昏書，但曾受聘財者亦是」，也就是說當報婚書或受聘財的任一條件成立，即確定法律上的婚姻效力，故「上以之聽民訟，下以之定姻好」。〔註126〕因為法律的嚴格規定，所以今之貞女多。由以上種種辯護可以看出，基本上焦循是從女德的價值來肯定貞女的。

夫婦定

既主婦道不可枉，故「夫婦定」亦是焦循所關懷的重點。他主張「夫婦之分定」、「夫婦之道定」，故可去之法不可行，此係針對錢大昕論夫婦之間，

〔註125〕上論及引言見〈貞女辨上〉，《雕菰集》，卷八，頁111～112。
〔註126〕上論及引言見〈貞女辨下〉，《雕菰集》，卷八，頁112。

先王制禮設爲「可去之義，義合則留，不合則去」的說法而辯。

　　錢大昕認爲父子兄弟是以天合者，無所逃於天地之間；而夫婦是以人合者，其關係始固路人也，因爲室家之恩聯之，在「以情易親」的外在條件限制下，「同居而志不相得，往往有之，其真能安於義命者，十不得一也」，故錢氏主張「人合者，可制以去就之義」。況且去婦之義，對於雙方都有好處，「非徒以全丈夫，亦所以保匹婦」，因爲若是婦人失愛於舅姑、讒間於叔妹，或其夫淫酗凶悍、寵溺嬖媵，以至於婦人走上抑鬱而死、凌逼而死的絕路，那是不人道的，故準之古禮可去之義，「何必束縛之、禁錮之、置之必死之地，以爲決乎」。

　　錢氏反對先儒嚴守「餓死事小，失節事大」的信仰並戒寡婦再嫁的論調，他主張「去而更嫁，不謂之失節」，其理由是（一）、「全一女子之名其事小，得罪於父母兄弟其事大」，在天合重於人合觀念下，「惟割伉儷之愛，勿傷骨肉之恩」，故父母兄弟不可乖，而妻則可去。況且假使過在去婦，再嫁仍窮，「自作之孽，不可逭也」；若過不在去婦，出而再婦，「猶不失爲善婦」，故兩種情形若強而留之，必招致「夫婦之道苦」的痛苦婚姻。（二）、如果對於悍婦逆夫者，夫仍隱忍不行七出之法，以致破家絕嗣、司之斷獄的下場，那真是不明白先王制禮的深意，因爲雖言「女之不可事二夫，臣之不可事二君」，但是若失婦道者，雖事一夫，未可言烈也；同樣的，失臣節者，雖事一君，未可言忠也。〔註127〕錢氏認爲可去之法是婚姻制度的補救方法，亦可說是先王制禮的變通意義。

　　焦循不贊同錢氏的主張，他把禮制推溯到源頭，主張「其本則端自夫婦之道定」，其言：

> 吾聞之《序卦傳》云：「有天地然後有萬物，有萬物然後有男女，有男女然後有夫婦，有夫婦然後有父子，有父子然後君臣，有君臣然後有上下，有上下然後禮義有所措。」〔註128〕

正因爲夫婦定，禮制始可設置，亦即「以定人道，民始開悟」，故在夫婦定道優先於禮制措施的觀念下，焦循強調可去之法不可行，因爲「苟夫可以去妻，妻可以去夫，則夫婦之道仍不定」，源頭無法把持而不定，開展下來的禮制必失序紛亂，就如「天下之爲夫婦者，稍一不合，紛紛如置弈棋，非其道也。」

〔註127〕上論及引言見〈翼錢上〉，《雕菰集》，卷七，頁96～97。
〔註128〕同前註，頁97。

在經可反、道不可枉的觀念下，焦循論「經」的內涵傾向於禮法政制，故他認為法可變而道不可變，是以七出之法必須應時而變，古時人道不定，一旦定之，必產生不便的情形，故立法為可去；今日人道久定，則可去之法不能行，政制也一樣，如古時一聚一都，各為君長，則不得不行封建制度，今日已統而定於一，則封建不可行，這是就「經可反」的意義而言，但「古今之道，不可一端視也」，故他對錢氏批判「女不可事二夫，臣不可事二君」的倫理道德更是加以駁斥，其言：

> 失婦道，雖事一夫，不可言烈，然則不妨事二夫矣。失臣節，雖事一君，未可言忠，然則不妨事二君乎，先生之言激矣！其出也，仍返之母家乎？抑嫁之鄉里乎？其嫁也，夫家嫁之乎？聽婦自適人乎？或有司主之乎？抑私出之乎？嫁之鄉里，而夫又不良，乃一嫁再嫁之不已乎？〔註129〕

焦循一連串咄咄逼人的詰難，「事二夫」、「事二君」、「聽婦自適人乎」、「一嫁再嫁」，充分凸顯他反對夫婦離異，主張夫婦定的人道不可枉。

（二）關於顯親之孝

　　焦循力主顯親之必要，認為那樣才能盡孝道，這與錢大昕主張刻意顯親是矯作的行為顯然不同。故焦循力駁錢氏之說以強調「不枉乎道」─定孝道的主張。

　　錢大昕指出古今對於孝道的認知不同，「古之孝者，立身行道，揚名於後世，以顯父母」，而後世子孫不僅「不務立己之身」，反而「務飾親之美」，這是矯做不實的行為，稱不上盡孝，故他主張「顯親之道在乎立身」才是真正盡乎孝道，其曰：

> 親果有善，何待子孫言之，子孫言之，徒使後人疑之，惡在其能顯親也。親之名，聽諸公論，而己之名，可以自勉，君子疾沒世而名不稱，其斯以為孝乎？〔註130〕

他認為刻意的顯親反而引來「浮而不實」的猜疑，故「親之名，聽諸公論」，不必藉由刻意顯親來宣稱自己的孝名，他針對時弊指出，子孫為先祖作「家傳行述」，必傳述其「學必程朱，文必韓柳，詩必李杜，書必鍾王」，細究之，全是妄說、溢美之辭，這樣反而呈現負面效果，因為過情之聲聞，人人恥之，

〔註129〕上論及引言同前註，頁97～98。
〔註130〕以上引言見〈翼錢中〉，《雕菰集》，卷七，頁98～99。

而子孫卻以無實之名加諸先人，是恥其親也、誣其親也，「欺人而人不信，欺親而親不安」，反而有失孝道，故他反對以虛辭顯親。

　　焦循針對錢氏的說法有所反駁，他認為「顯親」是必要的，至於時人以程朱、韓柳、李杜顯之，雖屬妄說，但「妄」不在於以程朱、韓柳、李杜顯親，而在於「人子不能實述其親之善」，也就是說人子不能知其親之善而縷述之，卻以程朱、韓柳、李杜泛論其親，故「徒以虛名，而遺其實事，乃為欺其親」。但是就顯親行為的意義──「孝」而言，是值的肯定的，他指出自古即有「稱美不稱惡」的傳統，據《祭統》中記載：「鼎有銘，銘者，自名也。自名以稱揚其先祖之美，而明著之後者之美」，是以「銘之義，稱美不稱惡」。這正是聖人教人為孝為賢的遺訓。故無美而稱之，是「誣」；有善而弗知，是「不明」；知而弗傳，是「不仁」，都是不對的，但相較之下，不仁之罪（道德之誤）大於誣之罪（言辭之誤），故寧誣而不不仁，錢氏「親有善，聽之公論，不待子孫傳之」的主張無疑是犯了「知而弗傳」──違背仁道的最大錯誤。〔註131〕

　　人之存在，必有獨特的價值所在，焦循以寬融的態度來看待人，其論：

> 人雖為不善，其生平亦必有數端之善，……善雖一，不善雖九，一固非誣矣，稱其一，且足以調其九，並一而沒之。不善遂逾乎十，居下流而不能力以障之，任其決，使惡歸焉，誣不更甚矣乎？是故親雖不善，猶將索其善而述之。〔註132〕

以小善掩飾不善正是「稱美不稱惡」，非誣也，是以親之小善──「隱微之節」，外人不能知，必俟人子述之；即使外人分別道之，也不能詳盡，必人子細言之。是以在焦循看來，在索善而述的前提下，即使「粉飾諛辭」以顯親也是合情合理的，何況「孔子德為聖人，足以顯其親為大孝；己則無德以為親顯，又吝於言，生是子者，何不幸之甚也！」故錢氏認為溢辭顯親，並非盡孝道，反而是誣親，非所以愛其親也，焦循則對錢氏的指摘與詬罵加以反駁，他直指錢氏禁人之賢其祖父，自己卻「賢其妻，即縷述妻之事；賢其先大父先考，即縷述其先大父先考之事」，難道「不畏人疑」？又為何「不聽諸公論」呢？〔註133〕經由以上論述，可知焦循肯定顯親以揚父母之名，其終極意義在於孝道的成全。

〔註131〕上論及引言同前註，頁99。

〔註132〕〈誣親辨〉，《雕菰集》，卷八，頁113。

〔註133〕上論及引言分見〈翼錢中〉，〈誣親辨〉，《雕菰集》，卷七，頁99；卷八，頁113，100。

（三）關於君臣大義

「君禮臣忠」是孔子所主張的君臣相處之道，其言：「君使臣以禮，臣事君以忠」。孟子亦強調君臣應當「懷仁義以相接」，但是在特殊情況下，如遇到不仁不義、荒淫無度的暴君，此時君臣關係就必須有所改變。如齊宣王就「湯放桀，武王伐紂」的歷史事件提出了「臣弒其君，可乎」的疑問，孟子曰答說：「賊仁者，謂之賊，賊義者謂之殘。殘賊之人謂之一夫。聞誅一夫紂矣，未聞弒君也！」〔註134〕可見孟子認為桀、紂暴虐百姓，殘賊仁義，只堪稱為獨夫，湯武誅討桀、紂是弔民伐罪而不是「弒」，這正是孟子政治上行權的具體說明。是以君臣關係也成為後人所討論的議題。

清初萬斯大對於《左傳》中「凡弒君，稱君，君無道；稱臣，臣之罪也」之「君無道」一語頗為詬病，並認為「《春秋》弒君有稱名、稱人、稱國之異」和《左氏》定例相似，〔註135〕他在《學春秋隨筆》中強調「君無道」之說法根本就是「邪說暴行」的誣蔑之辭，其言：

> 暴行，即弒父弒君是也。所謂邪說，即亂臣賊子與其儕類將不利於君，必飾君之惡，張己之功，造作語言，誣惑眾庶是也。有邪說以濟其暴，遂若其君真可弒而己可告無罪然者。相習既久，政柄下移，群臣知有私門而不知公室。且鄰封執政，相倚為姦，凡有逆節，多蔽過於君，鮮有罪及其臣者，如魯衛出君，師曠、史墨之言可證也。
> 〔註136〕

萬氏認為「弒君而謂君無道」，其實是亂臣賊子為自己的暴行合理化，這種惡習的猖獗，連史書也出現了偏差，以致君臣大義蕩然無存，是以他主張臣不得弒君。正因他不贊成《左傳》「君無道」一語，故他認為《春秋》一書為討亂賊之書，使臣子有所戒懼，亦就是孟子所說的「孔子成《春秋》，而亂臣賊子懼」。

對於萬氏之論，顧棟高在《春秋大事表》中提出反駁，他認為「謂亂臣賊子懼者，第書其弒逆之名於策而懼乎？」那麼像元凶劭、安慶緒、史朝義之徒，「雖曰揭其策，以示於前」，而仍不知懼也，況且「已成其篡弒，懼之亦復何益？」可見《春秋》當是為為人君父者言之，其中有防微杜漸

〔註134〕以上引言分見〈八佾〉，《論語纂疏》，頁 178；〈告子下〉，〈梁惠王下〉，《孟子纂疏》，頁 512，375。

〔註135〕〈翼錢下〉，《雕菰集》，卷七，頁 101。

〔註136〕〈滕文公章句下〉，《孟子正義》，卷十三，頁 452～453。

之道，亦即「制治於未亂，保邦於未危」，如聖人自發其旨於《易》曰：「臣弒其君，子弒其父，非一朝一夕之故，其所由來者漸矣，由辨之不早辨也。」〔註137〕故臣弒君固然不對，但是君主也有一定的責任與檢討之處，這與萬氏將臣弒君的過錯完全指向臣的說法是不同的。錢大昕同意顧氏的說法並進而指出：

> 君誠有道，何至於弒？遇弒者，皆無道之君也。……聖人修《春秋》，述王道以戒後世，俾其君為有道之君，正心修身，齊家治國，各得其所，又何亂臣賊子之有？……秦漢以後，亂臣不絕於史，由上之人無以《春秋》之意，見諸行事故爾，故惟孟子能知《春秋》。〔註138〕

他強調「孟子固言『春秋者，天子之事也』」，可見《春秋》一書，「述王道以為後王法」，是為讓有國家者能自我戒惕，見讒知賊，使亂臣賊子無所容身，故其作用是「防其未然」，非「刺其已然」，「所以為有國家者戒，至深切矣！」如歷史中宋公與夷、齊侯光、楚子虔因為好戰而弒，晉侯州蒲因為誅戮大臣而弒，〔註139〕是以錢氏認為君可能無道，臣才要弒，此說對於嚴守君臣大義的儒者而言，無異是一項巨大的挑戰。

　　焦循則附和萬氏之說，力斥「君無道」之說，主張不論君之有道或無道，臣子絕對不得弒其君上，這才是君臣大義所在，他指摘顧氏所論未盡善，並針對錢氏的主張而駁辯。他認為如果《春秋》是為為人君父者言之，那麼孔子成《春秋》，「非使亂臣賊子懼，是使君父懼矣」，其曰：

> 自孔子作《春秋》，直書其弒，邪說者曰：「君無道，可弒也。」《春秋》則無論君有道無道，弒之罪皆在臣。邪說者曰：「君無道，可逐也。」《春秋》則無論君有道無道，逐之罪皆在臣。以為可弒可逐，則有所借口而無懼，無懼則漸視為固然，而世莫以為怪。以為不可弒不可逐，則無所借口而懼，《春秋》全為邪說暴行而作。〔註140〕

是以《春秋》直書其弒，「不論其君父之無道，而臣子之惡，無可飾免」，如歷史上有許多篡逆之亂臣，有人被誅討，有人駭於篡奪之言，遂怒而磔身夷族，這就是「懼」也，同樣的，即便如顧氏所言元凶劭、安慶緒、史朝義之徒，「豈能晏然於心不一動乎？」故「《春秋》既成，不能使亂臣賊子絕跡於

〔註137〕以上大意及引言同前註，頁460。
〔註138〕〈翼錢下〉，《雕菰集》，卷七，頁100～101。
〔註139〕上論及引言同前註，頁100。
〔註140〕〈滕文公章句下〉，《孟子正義》，卷十三，頁460。

天下，而能使天下知其爲亂臣賊子」，〔註141〕那麼天下人人皆知，亂臣賊子之惡則無所容，這就證明《春秋》的內涵，是闡明君臣大義在於無論君有道無道，弒之罪、逐之罪皆在於臣，也就是說「君雖不道，詎可與爲仇」，這也指出「君無道」是邪說，不可成立，那是亂臣賊子弒君逐君而無懼的借口，亦是扭曲君臣大義的枉道行爲，是以焦循認爲無論在任何情況下，臣不能弒君，其背後的意義就在於強調君臣大義不可變。

（四）小結

由以上可知，焦循重視倫理綱常的不變性，這就是他「權」論中的一個深層底蘊──「反乎經而不枉乎道」，而此種思維，其實也是儒家的固有傳統，《禮記·大傳》記載：

> 立權度量，考文章，改正朔，易服色，殊徽號，異器械，別衣服，
> 此其所得與民變革者也。其不可得變革者則有矣，親親也，尊尊也，
> 長長也，男女有別，此不可得與民變革者也。〔註142〕

是以「立權度量」，可變通的有文章、正朔、服色、徽號、器械、衣服等典制器物，不可變的則是親親、尊尊、長長、男女的倫理綱常，這和焦循論「權」與「定」關係──經可反，道不可枉的要旨，其內涵、精神幾近相似。

而焦循「變」與「定」思想不但上有所繼承，亦啓迪了近代「中學爲體，西學爲用」的思維，王茂先生說：

> 從焦循之「變」與「定」中，已經可以看到近代改良派、洋務派「中
> 學爲體，西學爲用」思想的萌芽。張之洞所謂「中學」，最根本的就
> 是要保持封建主義的三綱五常，而其他均可以變通，不能說張之洞
> 的中體西用思想不是淵源於此。即使只是所見暗同，也表明他們已
> 面對同樣的時代課題，因而得出相似或相同的答案。〔註143〕

晚清，隨著形勢的推移，中國遭受西方資本主義狂潮的猛烈衝擊，尤其西方的船堅砲利更使得中國無力招架，於是政治、經濟、文化出現了巨大的撼動，有識之士深切的感受到傳統文化面臨的威脅與危機，張之洞「中體西用」的理論系統就在此歷史條件與客觀環境下形成的，他認爲「舊者不知通，新者不知本。不知通，則無應敵制變之術，不知本，則有非薄名教之心」，故必須

〔註141〕上論及引言同註135，頁101～102。
〔註142〕王夢鷗，《禮記今註今譯（下）·大傳》（台北：商務印書館，1987），頁559。
〔註143〕《清代哲學》，頁713。

「舊學爲體，新學爲用」，其觀點體現了變與不變兩方面，變者指法制、機器、工藝等，不變指的正是倫常名教，是以他堅持「五倫之要，百行之原，相傳數千年更無異議。聖人所以爲聖人，中國所以爲中國，實在于此。」〔註144〕可見張之洞「中體西用」的主張傾向於固守傳統文化的防線，避免異質文化漫天蓋地的席捲本國文化，這其中也看出身受中學薰染的知識分子，捍衛儒家文化的使命感。

焦循和張之洞同樣面臨時代的急遽轉變，故其思想、精神與動機也相近似，在變通與保守間呈現內在的張力，是以兩者之間在觀念上有其必然連繫，有二點線索可觀察出其中的聯繫：首先，在明清之際，西方傳教士到中國以學術傳播進行傳教，中國便開始認識到西方的學術，並稱爲「西學」。乾隆時，紀曉嵐主持編纂的《四庫全書總目提要》就直接對西學的性質下了斷語與評估，「器數」是西學內容，但是指摘爲是「支離神怪而不可詰」之異學，是以在「節取其技能，而禁傳其學術」的西方文化政策下，〔註145〕保衛中國聖學的深意不言而喻，這頗有「中體西用」論式的雛型，故丁偉志先生亦指出：「清代早已形成的這種對待西學的評估，看作是「中體西用」文化觀誕生的思想淵源」。〔註146〕焦循身處乾嘉時代，必受當時學風的影響，故其「變」與「定」思想與「中體西用」的思想有其相通處。

其次，張之洞「中體西用」的基本主張可說是以西學爲用來保護中學爲體，也就是在保護中國倫理綱常的前提下而輔之以「用」，因此「中體西用」的文化模式實際上是強調通過結合、會通西學來恢復儒學「經世致用」的傳統，這與焦循「以權運世」、「與權治天下」的經世企圖可說不謀而合。〔註147〕是以可以看出焦循「反乎經而不枉乎道」有著張之洞「中體西用」的論式大樣，強調的是權變只是一種方法和手段而非目的，行權的目的，正是爲了守護儒家外王之道。

綜上可知，焦循論「權」言「定」，雖表現了「權」的限度，但是卻也是從中國傳統中開發出的融通中西、聯結古今的過渡橋樑，也就是在某種意義

〔註144〕以上引言分見張之洞〈序〉，〈設學第三〉，〈明綱第三〉，《勸學篇》(《張之洞全集（十二）》，河家莊：河北人民出版社，1998），頁9704，9740，9715。
〔註145〕以上引言見紀昀、永瑢等撰，〈子部‧雜家類存目二〉，《武英殿本四庫全書總目提要（三）》（台北：商務印書館，2001），卷一二五，頁708～709。
〔註146〕丁偉志，〈「中體西用」論在洋務運動時期的形成與發展〉，《中國近代史》，1994‧4，頁7。
〔註147〕以上引言見〈說權二〉，〈說權三〉，《雕菰集》，卷十，頁144。

上折射了歷史正在邁向近代的特點，就這點而言，是具有一定程度的理論價
值與現實意義。

第五章 焦循「趨時行權」的變通實踐觀

一、焦循之「權」論與《易》之會通

　　焦循「權」的概念可說是會通於《易傳》的通變思想。他的著作中，《論語通釋》、《孟子正義》、《雕菰集》中，均有論及「權」，而且《易學三書》(《易通釋》、《易圖略》、《易章句》) 中也有對於「權」的思想闡述，故他認為孔孟論「權」與《易傳》變通之義是相互發明的。

　　他指出《論語》、《孟子》、《易傳》三書皆在明天道人倫之要義，而三書都參伍錯綜，必須能引申觸類，以經釋經，才能互相發明、互相會通，其曰：

> 自學《易》以來，於聖人之道，稍有所窺，乃知《論語》一書，所
> 以發明伏羲、文王、周公之恉。蓋《易》隱言之，《論語》顯言之。
> 其文簡奧，惟《孟子》闡發最詳最盡。〔註1〕

可見《易》中隱涵伏羲、文王、周公之深旨，而《論語》正所以發明其旨意，惟《論語》言雖顯但文簡奧，只有《孟子》能把《論語》的真旨闡發的最詳盡。故三書傳承是如此密切，其中的思想更是縮合不分的。

　　焦循從「性」、「命」、「權」三方面舉例來說明三者的關係：在「性」的方面指出：「《論語》第云性相近，《孟子》則明言性善，謂人無有不善。」在「命」的方面指出：「《論語》第云知命，《孟子》則明言立命，謂知命者不立巖牆之下。」在「權」的方面指出：「《論語》第云未可與權，《孟子》則明言

〔註1〕 焦循，〈論語何氏集解〉，《雕菰集》(台北：鼎文書局，1977)，卷十六，頁275。

權然後知輕重，執中無權，猶執一，謂嫂溺不援是豺狼。又推及鉤金與羽，示人以揣本齊末，取譬於閉門被髮，示人以易地皆然。」〔註2〕孔孟思想如此縮合，而與《易傳》中思想也多所融貫。深邃於《易傳》的焦循，引楊誠齋先生的話說：「《易》之為言變也，《易》者，聖人通變之書。」可見他從精治《易傳》中悟出了心得，那就是「通變」的思想，而這與孔孟所強調因時而變的權宜思想，可說是旨意相通。所以他說：「能通其變，為權。」〔註3〕焦循將《易》的通變思想會通於「權」的觀念，可說是發前人之所未見，獨樹一幟。阮元服其理論為「石破天驚」，王引之亦推其發現為「鑿破混沌」，是以焦循以獨到的《易》學變通體系來會通「權」的觀點，可說是卓然獨闢。

　　焦循《易》學，通過卦爻間的運動轉換，加以推衍之，而悟出了卦爻之間「旁通」和「時行」的內在意義——「通變」之道，他在自述研究《易傳》的主要發明說：

> 余學《易》所悟得者有三：一曰旁通，二曰相錯，三曰時行，此三者皆孔子之言也。……余初不知其何為旁通，實測其經文傳文，而後知升降之妙，出於旁通，不知旁通，則升降之妙不著。余初不知其何為時行，實測其經文傳文，而後知變化之道，出於時行，不知時行，則變化之道不神。……而此三者，乃從全《易》中自然契合。

〔註4〕

可見知旁通，才能顯著升降之妙；知時行，才能神化變化之道，所以「旁通」和「時行」可說是焦循《易》學體系的兩大支柱，也是焦循通變思想的主要體現者，而其言「通變為權」，是以「旁通」、「時行」、「權」三種思想是相互統攝與貫通的，以下茲就主於推己及人的「旁通」之情與主於變通趨時的「時行」之道，說明焦循論「權」基本上與《易》的變通思想會通。

（一）主於推己及人的「旁通」之情

　　關於「旁通」的含義指爻位上相應者之陰陽卦爻的交換，而其具體的步驟和原則，焦循指出：

〔註2〕以上引言同前註。

〔註3〕以上引言分見焦循，《易廣記》（《續修四庫全書》，第27冊，上海古籍出版社，1995），卷一，頁586；焦循，〈通變神化論〉，《易話》（《續修四庫全書》，第27冊，上海古籍出版社，1995），卷下，頁566。

〔註4〕〈易圖略自序〉，《雕菰集》，卷十六，頁263。

凡爻之已定者不動，其未定者在本卦，初與四易，二與五易，三與
上易，本卦無可易，則旁通於他卦，亦初通於四，二通於五，三通
於上，成己所以成物，故此爻動而之正，則彼爻亦動而之正，未有
無所之，自正不正人者，枉己未能正人，故彼此易而各正，未有變
己正之爻爲不正，以受彼爻之不正者也。〔註5〕

由以上可知，「旁通」的主要涵意指：一是旁通卦爻的陰陽轉換，必須「陰陽
相孚」的依次序進行。二是在自此及彼的互易關係中，以爻之當其位爲目的。
然而「旁通」法則的提出，意味著焦循並非把卦爻僅僅視爲孤立、靜態之物
來看，而是以一種更通闊的視點，把它視爲一個動態平衡的有機整體來看，
由一索、再索、三索的剛柔相摩中，從正反兩方面加以考察與掌握，把對立
物轉化成互依互存的關係，不但成全既有格局並且擴大「動」的聯繫。

　　由於這種「旁通」義的觸發，焦循從卦爻運動的法則中，聯繫陰陽相感，
推演與發現了《易傳》中涵藏著「情」的意蘊。其曰：

《傳》云：「六爻發揮，旁通情也。」成己在性之各正，成物在情之
旁通，非通乎情，無以正乎正。情屬利，性屬貞，故利貞兼言性情，
而旁通則專言情。〔註6〕

是以「旁通情」是成己成物的條件，情能旁通，不拘泥、不僵化，生命才見
柔軟有彈性，當情與情能相感而通，那麼人我交相接時，才能寬容以待。而
凡通必皆各正，故能「成己成物」「各正性命」，乃至於到達「保合太和」之
境。是故「旁通情」亦如「權」的概念一樣，能通能變，才能成全人我，不
致人我兩損。

1.「權」是格物之要

　　焦循將「旁通情」與《大學》中「格物」聯繫起來，借「格物」來發揮
「旁通情」的思想，他說：「格物者，旁通情也。」〔註7〕把「格物」解爲「旁
通情」，並且認爲「旁通情」才能達到無訟之理想社會，而無訟就表示沒有刑
罰與紛爭，如孔子所言：「聽訟吾猶人也。必也，使無訟乎！」〔註8〕「猶」

〔註5〕　焦循，〈旁通圖第一〉，《易圖略》（《易學三書（上）》，台北：廣文書局，1977），
　　　　卷一，頁11。
〔註6〕　〈性情才〉，《易通釋》（《易學三書（中）》），卷五，頁235。
〔註7〕　〈使無訟解〉，《雕菰集》，卷九，頁138。
〔註8〕　〈顏淵〉，《論語纂疏》（趙順孫，《四書纂疏》，台北：學海出版社，1993），
　　　　頁277。

介於「吾」與「人」之間，其意如以己度人之「旁通情」，焦循說：

> 情與情相通，則自不爭，所以無訟者，在此而已。……旁通以情，
> 此格物之要也。〔註9〕

「格物」一詞，是《大學》中提出實現內聖外王的八個步驟之一，其中「格物」是八條目之本。焦循指出必須「知本」，此「本」指「忿懥恐懼，好樂憂患」之情也，故要知其情之爲要，才能了解「能格物則能近取譬矣」的道理，亦才能了解「仁之方」就是要能「旁通情」。

而相與以情之「旁通」，其意義在於「好而知其惡，惡而知其美」，若能發揮「己所不欲，勿施於人」的精神，人己通情，那麼在家、在邦皆無怨，無怨而不爭，不爭則無訟，如此才能期於「情通於家則家齊，情通於國則國治，情通於天下則天下歸仁，而天下平」的理想社會。故欲求天下平，必須「上格物化其下，天下之人，亦皆格也」，人人相與以情，「各以情通而無訟」。是以「君子無所爭」「矜而不爭」這種追求秩序與協調的和諧社會，正是人類共通的性格，也正是焦循所強調的「天下皆情」，其曰：

> 保合太和則無訟，而歸其本於性情。夫人皆相見以情，而己獨無情，
> 志乃畏矣；民自畏其無情，則天下皆情矣；天下皆情，自不得獨以
> 無情之辭盡，不得也，非不敢也。〔註10〕

把「格物」疏通爲「旁通情」，並認爲可以通過人與人情感的交流而無訟，由無訟來體現大諧和社會，並且視「格物」爲基點，民畏其無情，那麼人人相與以情，則情旁通皆可善，則修齊治平的理想必可達到，「天下歸仁」亦不遠矣。

2.「權」是絜矩之道

「以情絜情」是戴東原的重要主張，焦循深受其影響，並認爲是聖聖相傳的大經大法，其論：

> 《易》道但教人旁通，彼此相與以情，己所不欲，則勿施於人；己
> 欲立達，則立人達人。此以情求，彼亦以情與。……孔子謂之仁謂
> 之恕，《大學》以爲絜矩。〔註11〕

可見絜矩、旁通是「以情絜情」的進一步發揮。他進而把「格物」等同「絜矩」，來體現儒家仁恕之道，其言：

〔註9〕 同註7。

〔註10〕 上論及引言同前註。

〔註11〕 〈寄朱休承學士書〉，《雕菰集》，卷十三，頁203。

> 格物者何？絜矩也。格之言來也；物者，對乎己之稱也。《易傳》云：
> 「遂知來物。物何以來？以知來也；來何以知？神也。何爲神？寂
> 然不動，感而遂通也。」何爲通？反乎己以求之也。……故格物者，
> 絜矩也；絜矩者，恕也。〔註12〕

絜矩之道就是「格物則知所好惡」。若其惡，則「己所不欲，勿施於人，則足以格人之所惡」；若其好，「則己欲立而立人，己欲達而達人，則足以格人之所好」，爲民父母者，就是在好好色、惡惡臭的情欲上，能推己及人、以己度人，「民之所好好之，民之所惡惡之」，才能家齊、國治、天下平。焦循反對程朱理學「存理滅欲」之說，認爲「絕己之欲，不能通天下之志，物不可格矣。」〔註13〕不知格物，不知旁通，就是不知行仁恕之道，那麼必天理滅、人欲窮，故以情達人的絜矩之道，正和儒家仁恕之精神相互闡發。

情欲的覺醒，可說是是焦循主張「旁通情」的驅動力，其言：

> 飲食男女，人之大欲存焉。聖人於己之有夫婦也，因而知人亦欲有
> 夫婦；於己有飲食也，因而知人亦欲有飲食。……人人親其親，長
> 其長，而天下平矣。以我之所欲所惡，推之於彼，彼亦必以彼之所
> 欲所惡，推之於我。各行其恕，自相讓而不相爭，相愛而不相害，
> 平天下所以在絜矩之道也。〔註14〕

把絜矩之道應用到理欲關係上，主要說明絕情滅欲只會使人相互攻擊傾軋，所以必須滿足天下人的欲望——「達情遂欲」，才能臻於眞情相與的和諧社會。他借「孟子稱公劉好貨、太王好色」來論證，說明因爲公劉太王深諳絜矩之道，與百姓同欲，他們盡量滿足百姓的欲望，在「修己安天下」的前提，使天下人都「有積倉而無怨曠」，對於民生隱曲能感同身受；相反的，如果蒙蔽情欲，不知旁通人情，對於「百姓之飢寒仳離漠不關心」而「屛妃妾，減服食」，這種不近人情的做法，如孔子所說「難而非仁者也。」〔註15〕故無欲不能算仁，唯有肯定人欲的合理性，才能「本乎欲而欲乃可窒」。

故從「人欲」的角度去考量人的一切行爲，那麼「人欲」將可獲得滿足，「人欲」一旦滿足，就可以順利節制，所以不可勉強遏其欲，必須以格物、絜矩之道推之，其曰：

〔註12〕〈格物解一〉，《雕菰集》，卷九，頁131。
〔註13〕以上引言分見〈格物解一〉、〈格物解二〉，《雕菰集》，卷九，頁131，132。
〔註14〕〈格物解二〉，《雕菰集》，卷九，頁131。
〔註15〕以上引言同前註，頁131～132。

> 感於物而動，性之欲也。故格物不外乎欲己與人同此性，即同此欲。
> 舍欲則不可以感通乎人。惟本乎欲，以爲感通之具，而欲乃可窒。
> 人有玉而吾愛之，欲也，若推夫人之愛玉，亦如己之愛玉，則攘奪
> 之心息矣。能推，則欲由欲寡，不能推，斯欲由欲多。〔註16〕

「人欲」就如同感通之具，以欲通情，惟有本乎欲，才能感動知人我同欲。如由己之愛玉推而知人亦愛玉，這樣攘奪他人之玉的欲望便平息了。所以「推」就如同格物、如同絜矩、如同旁通情，能推，則「欲由欲寡」；不能推，則「欲由欲多」，故「人欲即人情，與世相通，全是此情」。〔註17〕

焦循進一步總結「格物」、「絜矩」之重要性：

> 不知格物之學，不能相推，而徒日過其欲，且以教人日過其欲。天
> 下之欲可過乎哉？孔子七十而從心所欲不踰矩，矩，即絜矩之矩，
> 以心所欲爲矩法，而從之不踰者，……從心所欲不踰矩，格物之學
> 也。〔註18〕

不能相與以情之旁通與不能推知人我之同欲，則情不通、欲不窒，屆時悖逆詐僞之心、淫佚作亂之事必蜂擁而出，如強脅弱，眾暴寡、知詐愚、勇祛苦、疾病不養、老幼孤獨不得其所，此時理滅欲窮，性命不能各正，不能保合太和也。若徒日過欲、強日過欲，反而會落得欲由欲多的紛擾狀況。焦循借孔子人生境界達七十從心所欲不踰矩來論述自己的格物之學、絜矩之道，而究其原，那就是「旁通情」。

3. 「權」是性靈的表現

焦循進而認爲「旁通情」就是「性靈」的體現，他以獨到的《易》學「旁通」體系，來連結「性靈」的觀點。「性靈」一詞，焦循賦予新說，對「性靈」有異於前人的理解，其曰：

> 循按靈之訓爲神，亦爲善，則善之義爲靈爲神。……不執於一，隨
> 時爲變通爲靈，乃爲善。《書》於善多稱靈，靈則能變化，故惟人性
> 能轉移，則爲性善，性善即性靈。〔註19〕

把靈訓爲神、善、變化之意，強調「靈」是不執於一，隨時爲變通之意，而

〔註16〕〈格物解三〉，《雕菰集》，卷九，頁132。
〔註17〕焦循，《孟子正義・告子章句上》（台北：文津出版社，1988），卷二十二，頁738。
〔註18〕同註16。
〔註19〕焦循，《尚書補疏》（《續修四庫全書》，第48冊，上海古籍出版社，1995），卷下，頁17～18。

性靈與性善同義，可知「性靈」一詞在焦循的理解爲人性能通轉、性情能變化之意，故己之性靈能合諸人之性靈、己之性靈能貫通人之性靈，這無疑是「旁通情」的展現。大陸學者程鋼指出：焦循的性靈概念之中，有兩種涵義，其中之一是指無拘無束、毫無限制的心靈自由和創造，保證創造性和變通，而且是適時變通，以保證儒家精神在不同情境中的發揚和發展。〔註20〕這樣的說法，可說是點出了「性靈」、「旁通情」、「權」的密切關係。

　　而性靈既與性善同義，故可從性靈直接通向性善，並以「推」——「旁通情」，將兩者聯繫起來，其言：

　　　《繫辭傳》云：「以通神明之德，以類萬物之情。」神明之德，即所
　　　謂性善，善即靈也，靈即神明也。……何以知人性之善也？以己之
　　　性推之也。〔註21〕

人性何以爲善，那是因爲能「推」，以己度人，知人我同情欲，才能通萬物之情。是以焦循認爲孟子性善之說，全是本於孔子之贊《易》，故孔孟皆本之「神明之德」來發揮性善之說，此性善有如神明之德，所以孔子贊云：「六爻發揮，旁通情也。」是指禽獸之情不能旁通，故情、性皆不善；而人之情能旁通，故情、性皆善，焦循更以有無「神明之德」來分辨人與禽獸，其言曰：「神明之德在性，則情可以旁通。」禽獸無神明之德，故情不可以爲善；人則有神明之德，則情可旁通，情可善，所以「性之神明，性之善也。」是以把「性靈」疏解爲「性善」可說是融會了《易傳》、《論語》、《孟子》之要，全是發明變通之義。故焦循所謂格物之要、絜矩之道與性靈，都是旁通情的基本主張。

　　4.「權」是以「才」達情

　　焦循主張「性之神明」所以能運旋情欲使之爲善，是「才」的作用，也就是說「才」是「旁通情」的重要關鍵。他說：「《傳》云：『立天之道曰陰與陽，立地之道曰柔與剛，立人之道曰仁與義』，是爲三才。」故有此「才」乃能「迭用柔剛」、「旁通情」而立一陰一陽之道，可見「才」對「旁通情」起著重要作用，兩者關係密切，其曰：

　　　性發而爲情，故爲性之欲。有以通人之情，則有以窒己之欲，而剛

〔註20〕詳見程鋼，〈著作考據之爭與焦循易學〉，《華學》（北京：紫禁城出版社，1998），
　　　　第三輯，頁152。
〔註21〕〈滕文公章句上〉，《孟子正義》，卷十，頁317。

孚於柔者，柔又進乎剛，情合於善，欲行於仁，才爲之也。〔註22〕
「才」以作用來說，一則能旁通情，能旁通而窮理盡性以至於命，一則通其情可以爲善，故焦循認爲不通情而不爲善者，是「無才」，猶非才之罪。「才」與「不才」端視是否能運旋乎情，使之可以爲善，也就是說能通情而善即是「有才」，不能通情而不善即是「無才」，故「有才」、「無才」者可說是能盡與否，「有才」指能盡其才，「無才」、「非才」則指不能盡其才。

牟宗三先生詮釋「性、情、才」是特體的「內具品德」，「性」是內具之潛蓄者；「情」是發於外之實現者；「才」是使其所以如此發的能力。〔註23〕這樣的說法，對於焦循論「才」，可說是頗爲切合。因爲焦循認爲「才」之發揮正是通情率性，通乎人之情而不拂乎人之性，性通情，情得乎善，故他肯定「才」是旁通情的重要機制，其言：

> 欲本乎性，則欲立立人，欲達達人，己所不欲，勿施於人，有以通神明之德，類萬物之情，類猶似也，以己之情度人之情，人己之情通而人欲不窮，天理不滅，所爲善矣。如是，則盡其才而爲才子，否則所爲不善而人欲窮、天理滅，不能盡其才而爲不才子。故才者能達其情於天下者也。才能達其情，而情乃可旁通，性命乃各可正。
> 〔註24〕

情欲本乎性，而「才」起著轉移與鼓動的作用，能盡其才則能達情而盡性。若捨「才」，情不能旁通，不能以己之欲不欲，通乎人之欲不欲，是無情、是不近人情，此時人欲窮、天理滅矣，故焦循主張情欲之絜矩、諧和、恰當，唯視「才」的發揮與能盡。牟宗三先生爲此段下一結論：「即盡才而旁通情。通情即是欲之諧和，保合太和，各正性命。盡才即是知有己還知有人，即是達情於天下，以式表之當是：盡才十通情→各正性命保合太和。」〔註25〕此說道盡性、情、才的密切關係，可說是得乎其意的詮釋。

「性、情、才」是如此重要，焦循認爲若「舍情而言善」的人，根本是無法深刻體會孔、孟之道的，其曰：

> 《傳》云：「凡《易》之情，近而不相得則凶。」近乎情則相得，不

〔註22〕〈性情才〉，《易通釋》，頁238。
〔註23〕牟宗三，〈清焦循的道德哲學之易學〉，《周易的自然哲學與道德函義》（台北：文津出版社，1988），頁331。
〔註24〕同註22，頁238～239。
〔註25〕同註23，頁335。

相得則不近乎情，雖有善性，而無才以盡之，則情不能通，欲不能
窒矣！終身之行，惟在乎恕，平天下之道，不過絜矩。知有己之性，
不知有人之欲，情不通而欲窮矣！伏羲作八卦，以類萬物之情，所
以窮則變，變則通，通則久者，唯此旁通情而已矣！孔子嘆才難，
孟子道性善，皆本乎是。舍情而言善，舍欲而求仁，舍才以明道，
所以昧乎義、文、孔、孟之傳者也。〔註26〕

孔子嘆才難，孟子道性善，皆本乎「旁通情」，是以若要「言善」、「求仁」、「明
道」，必須旁通情，也就是類萬物之情。而人欲不窮盡其才，這才是孔孟之恕
道，亦是焦循強調的絜矩之道，故能否窮變、變通、通久，「唯此旁通情而已
矣」！

5. 「權」是遷善改過

儒家重視自律的「遷善改過」之修為，劉宗周著〈改過說〉、〈改過格〉，
即是闡發時遷時改的工夫，並強調「當境過當境改」、「隨事過隨事改」。〔註
27〕而焦循認為「旁通情」的方法是遷善改過，其言：

余學《易》稍知聖人之教，一曰改過，一曰絜矩，兩者而已。絜矩
則能通，改過則能變；惟能絜矩，乃知己過；惟知改過，乃能絜矩。
〔註28〕

他引崑山吳修齡在〈辨儒〉中所說：「離卻文王處憂患，孔子無大過，便非儒
者之，……此二語深乎《易》矣。」「處憂患」、「無大過」均為儒者所自許，
焦循深受儒風薰染，重視能知己過並改過的通變之道。孔子言：「加我數年，
五十以學《易》，可以無大過矣。」是以焦循總結其意為「《易》者，聖人教
人改過之書。」〔註29〕並把《易》比於《論語》，認為《論語》二十篇乃全《易》
的註腳，可以用一語話來概括《易》之全，那就是「可以無大過」，以此示人
趨吉之心化為遷善改過之心。

焦循視《易》為教人改過之書，強調《易》是借著占卜形式來發揮教化
人的作用，也就是假卜筮而行教。故強調《易》的主旨是建立倫理道德規範
的內容，而占卜不過是聖人借以傳世的形式，所以「假卜筮之事而《易》之

〔註26〕 同註22，頁239～240。
〔註27〕 以上引言見劉宗周，《人譜》（台北：商務印書館，1971），頁6～14。
〔註28〕 〈學易叢言〉，《易話》，卷上，頁561。
〔註29〕 以上引言分見《易廣記》，卷三，頁611；〈述而〉，《論語纂疏》，頁220；〈原
筮第八〉，《易圖略》，卷六，頁157。

教行乎百姓矣。」是以孔子所以韋編三絕，是明示《易》非徒卜筮之書，而是寡過之書，也就是「古之卜筮所以教人寡過也」。他進而指出，由於悟得通變之旨，所以明白聖人作《易》之義與九筮占《易》之法，均是闡明改過之要義，其曰：

> 夫《易》者，聖人教人改過之書也。聖人神道設教，即以所作之《易》，用為卜筮，因其疑而開之，即其欲而導之，緣其忌以震驚之，以趨吉避凶之心，化而為遷善改過之心，此聖人卜筮之用，所以為神而化也。〔註30〕

是以儒家尤重「不貳過」，其意勉人「遷善改過」，蓋立教以寡過之意甚顯，遷善能趨吉、改過能避凶，這即是焦循所主張旁通之方。。

故《周易》六十四卦，可一言以蔽之曰：見善則遷，有過則改。而《易》為教人改過之書，亦即教人變通之書，故每卦必推其有過無過，又推其能改能變，此「推」就是格物、絜矩、旁通情。是以唐君毅稱焦循重「情之旁通」，適而可矯宋、明儒與佛家絀情、賤情之弊，其弊是「將無以導天下之正常之生命情感，使之咸得抒發而暢流，是固當更補之以重情之論」，所以如王夫之大力提倡「尊情」之論，而顏習齋則「重身體力行而忽情」，戴震雖倡言「同人之情，遂人之欲」，但強調為學重知，似未能備足，唯焦循「乃於旁通人情以自求光大而成德之旨。」〔註31〕可見焦循主於推己及人的旁通之情為後人所肯定，其以《易》旁通義會通相與以情之「旁通」，而旁通即變通，變通即改過，能變通即能「行權」，皆可通乎其意。

（二）主於變通趨時的「時行」之道

關於「時行」的含意本指《易》之變通之道在於卦爻之可旁通，而此旁通有一路線依次前進，其規則次序為先二五爻位、後初四爻位和三上爻位進行置換，符合此序進行爻位轉換，為當位，反之則為失道，其重點可知不管當位或失道，若能變通，最終都能「大中而上下應」，〔註32〕這就是「時行」。

焦循對「時行」的原理與目的，有更具體的闡釋，其言：

> 《傳》云：「變通者，趨時者也。」能變通即為時行。時行者，元亨利貞也。更為此圖以明之，而行健之不已，教思之無窮，孔門貴仁

〔註30〕〈原筮第八〉，《易圖略》，卷六，頁 160～163，159。
〔註31〕詳見唐君毅，《中國哲學原論──原性篇》（台北：學生書局，1979），頁 505。
〔註32〕阮元，〈通儒揚州焦君傳〉（收在焦循，《雕菰集》），頁 2。

之旨，孟子性善之說，悉可會於此。……云大中而上下應之，大中
謂二之五爲元，上下應則亨也，……《既濟》傳云：「利貞，剛柔正
而位當也。」「剛柔正」則六爻皆定，貞也，貞而不利，則剛柔正而
位不當，利而後貞，乃能剛柔正而位當。由元亨而利貞，由利貞而
復爲元亨，則時行矣。〔註33〕

其所創的「時行」法則，是以「旁通」爲基礎，通過當位與失道的爻位置換
分析，剛柔相推，使卦爻按照元、亨、利、貞的路線周而復始的不斷轉換運
動。他藉當位與失道來判斷卦爻象吉凶禍福之依據，而其中以每卦的二五爻
位爲準據，若陽爻居五位，陰爻居二位，謂之「中正」，其他如「中心」、「中
道」、「中節」、「中行」、「中直」、「大中」等，都是強調居中爲貴、得中爲吉。
是以焦循稱此「大中」具有重要的指標作用，故「大中上下應」指得是二五
先行，初四隨之爲「下應」，二五先行，三上隨之爲「上應」，而二五先行，
上下應之，即是元亨利貞，亦即是「時行」。由以上可知，焦循以「時行」來
揭示卦爻間的聯繫，並進而體現他「變通趨時」之時行義。

1.「趨時行權」的《易》學之道

「時」或「時行」作爲《易傳》中解釋卦象和闡發卦爻辭的一個重要概
念。程頤明確指出：「看《易》且要知時，凡六爻，人人有用。」惠棟認爲：
「《易》道深矣，一言以蔽之曰：時中。」可見「時」是《易傳》中涵具的精
妙智慧。《尚書》記載堯以「敬授人時」爲施政首務，〔註34〕探索天象運行的
時間規律制定曆法，使人的行動有所遵循，而「時」的涵義甚廣，包括天時、
四時、農時、時宜、時機、時勢、時候、時序等意義，而《易傳》中言「時」
部分可謂多矣，其言「時」之字義和中國古籍中言「時」之字義並無多大不
同，但是《易傳》點出了「變通」作爲「時」的性質，是比其它經典更具豐
富內涵的，「變通」與「時」的連結，使「時」的意義不再只是「靜態」的停
留在某個時空點上，而是呈現出一種「動態」的躍動，一種富含生機的持續
變化一往來不窮、終則又始的循環。

〔註33〕〈時行圖第三〉，《易圖略》，卷三，頁73。
〔註34〕以上引言分見程頤、程顥，〈楊遵道錄〉，《二程遺書》（《景印文淵閣四庫全書》，
第698冊，台北：商務印書館，1985），卷十九，頁202；惠棟，〈易尚時中說〉，
《易漢學》（《惠氏易學（下）》，台北：廣文書局，1981），卷七，頁1215；孔
安國傳、孔穎達正義，〈堯典〉，《尚書正義》（《十三經注疏》，台北：新文豐
出版公司，2001），卷二，頁48。

　　「時」有天時、人時之分，「天時」指四時變化的循環往復，故「變通者莫大乎四時」。「人時」則指「時止則止，時行則行，動靜不失其時。」〔註35〕也就是說「時」相對於人就具有了「遇」的意義，時遇是人不可自主與選擇的，但人卻可在不同的條件、環境下成為時遇的駕馭者與回應者，直面並適切回應之，挺立人在時遇中的主體自由與能力，「止或行」正是通權達變的人生智慧。

　　所以《易傳》中所言之「時」，最主要是指明天時、應人時，明四時之變化，再由四時之變化推出宇宙和社會人生如欲像四時般運行不息，則必須識時、適時、待時、順時，求變通之時用，以崇德廣業為人自身理想的開拓。黃慶萱先生探討《周易》中「時間」的特殊觀點時發現：在時間的知解方面，由觀天→察時→明時；在時間的運用方面，並不把時間當作孤立的存在，有意把「天時」與「人事」相提並論，合而為一。認為既要奉天、承天、應天，也要乘時御天。時機未到，要待時，以反身修德為主；時機到了，要與時偕行，包括時發、時升、時育、時舍等，而以時中為原則；時機轉變，更要趣時，以不失時為底限。〔註36〕這樣的發現，可說是點明《周易》中「存時示變」的「時」義觀念與特徵。

2.「通變神化」之治世大法

　　《易傳》中涵藏「時」的概念，焦循進而發展並強調「時行」所體現的變通趨時意義，並與「權」的概念會通，他認為：「《易》之道，在於趨時，趨時則可與權矣！」故變通為「權」亦為「時」。在他看來，孔孟均深於《易》，所以焦循對孔孟之「權」論作了《易》學的會通，他說「巽以行權，即承天而時行，為行權。」〔註37〕變通即時行，時行即「行權」，是以「變通」、「時行」、「行權」均是發明通變神化之道。

　　焦循強調「不知時行，則變化之道不神。」可見變化之道出於「時行」，而通變神化之道既是《易》的一貫思想，亦是焦循「權」論的基本立場。其言：「聖人治天下之道，至堯舜而一變」，而此一變正是「以通變神化治天下」之道，故「孔子贊《易》特以通神變化，詳著於堯舜。」而「孟子稱堯舜，

〔註35〕以上引言分見〈繫辭上傳章句第七〉，〈象下傳章句第四〉，《易章句》（《易學三書（上）》），卷七，頁203；卷四，頁123。

〔註36〕黃慶萱，〈周易時觀初探〉，《周易縱橫談》（台北：東大圖書公司，1995），頁124～125。

〔註37〕以上引言分見〈說權〉，《易話》，卷上，頁565；〈權〉，《易通釋》，卷五，頁256。

正稱其通變神化也。」是以焦循如何深刻理解通變神化之道呢？他開宗明義
點出其旨說：「能通其變，為權；亦能通其變，為時。」然而，豪傑之士無不
知乘時以運權，離聖人神化之道遠矣！那麼該如何掌握與運用，才能獲致「通
其變，使民不倦；神而化之，使民宜之」之神化實功呢？〔註38〕

> 大而化之之謂聖，聖而不可知之謂神。神化者，通其變而人不知之
> 也。惟人性靈，故可教而使之善，重乎此則輕乎彼。民趨所重，則
> 害生，聖人有以平之，而權生焉。權而見其權，通變而見其通變，
> 惟人性靈，且有以窺之，而害生焉！權而不見其權，通變而不見其
> 通變，百姓日用而不知，神而化之也。孔子曰：「民可使由之，不可
> 使知之。」孟子曰：「殺之而不怨，利之而不庸，民日遷善而不知。」
> 所以為之者，通變神化之謂也。〔註39〕

所以通變神化之道，其運作是民可使由知，不可使知之，其目的則是「民日
遷善而不知。」是以堯舜以通變神化治天下而至平天下乃是因為「不可知，
故無能名，無為而治，故不可知。」〔註40〕也就是深諳「惟民善變，故必通
其變」的道理，故在「時時知其變而通之化之」的基礎上，掌握「民乃為上
變，而上不資民以變」的原則，也就是上知民之變，而民乃不知上之通其變，
上通之化之，而民不知，如此才能「覺上之無為而治，欲窺之而無從窺，故
名之而無可名。」既然無從窺、無可名，那麼詐之跡、爭之形必無由起；詐
爭既無由起，那麼詐自消、爭自息之和諧社會必可期！

　　焦循認為通變神化可說是治世之大法，「在天為行健，在聖人為恭己」，
焦循認為恭者，敬也；敬者，無倦也，故「無倦則時時知其變，即時時通其
變」，如此不但能收「修己以敬，即修己以安百姓」之神化實功，亦能達其《易》
通其變而能久的神化之效。他進而把「通神變化」視為《周易》所蘊藏之「道」
的精義所在，其言：

> 孟子深於《易》，悉於聖人通變神化之道。故此篇首言行先王之道，
> 而要之以道揆，蓋不獨平天下宜如是也。人倫日用，均宜如是。既
> 明援天下以道，道何在？通變神化也。〔註41〕

〔註38〕 以上引言分見〈易圖略自序〉，《雕菰集》，卷十六，頁263；〈滕文公章句上〉，
　　　　《孟子正義》，卷十，頁318；〈通變神化〉，《易話》，卷上，頁566。
〔註39〕 〈通變神化〉，《易話》，卷上，頁566。
〔註40〕 〈滕文公章句上〉，《孟子正義》，卷十，頁392。
〔註41〕 〈滕文公章句上〉，〈離婁章句上〉，《孟子正義》，卷十，頁392；卷十五，頁
　　　　532。

《易》可以「彌綸天地之道」，所以可推衍出平天下之政治社會制度與人倫日用之生活倫常的相關原則。故焦循特別強調立人之道，其言：「道者，行也。凡路之可通行者爲道，則凡事之可通行者爲道也。」〔註42〕這顯示焦循所主張的通變神化之道是運用在治世趨宜而不亂的。焦循進而引孟子之言來說明得此通神變化之道的功效，其曰：

> 孟子云：「得道者多助，失道者寡助；寡助之至，親戚畔之；多助之至，天下順之。」〔註43〕

天下得以順之，可見通變神化是治道的最高境界。

3.「致用之權」──趨時應事

焦循主張人必須則天趨時，知天時而應人事，才能長治而不亂，故言：

> 陰陽非治亂也。有陰無陽則消，有陽無陰則亢，亢與消皆亂也。一陰一陽，迭用柔剛，則治矣。故曰一陰一陽之謂道，道以治言，不以亂言也，失道乃亂也。……聖人則天趨時，故陰陽迭用，仁義互通，以成長治不亂之天下。〔註44〕

他認爲孟子所說的一治一亂，是總古今之事跡而說，非指有陰必有陽、有治必有亂。所謂一陰一陽者，如日月、寒暑、晝夜之時的交替流轉，這是長久不已的天道，而得道是以治平爲終極目標，所以「聖人處亂則撥亂以反乎治，處治則繼善以防乎亂」，這樣反治防亂，失道之亂從何而來呢？他挺立人的自主性，認爲「大抵氣化皆亂，賴人而治」，治而長治，人續之；治而致亂，人失之，所以「否泰皆視乎人，不得委之氣化之必然也」。〔註45〕故「否泰皆視乎人」，所以焦循肯定人因時制宜的權變行爲，他認爲在窮達、死生、亂治、絕續之間，「達則本以治身，不得諉於時運之無可爲，窮則本以治身，不得謝以氣質之不能化。」〔註46〕以這種「時」的智慧和視野來觀照、理解乃至回應大宇宙和現實社會人生，可說是趨時與權的高度智慧。

「能變通即爲時行。時行者，元亨利貞也。」可見元亨利貞是「時行」的核心所在，亦爲道德理想，焦循統括爲「十二言之教」，包括：元、亨、利、貞、吉、凶、悔、吝、厲、孚、無咎。他經由形式的推演，轉化元、亨、利、

〔註42〕〈道德理義釋〉，《易話》，卷上，頁568。
〔註43〕〈寡孤〉，《易通釋》，卷八，頁394。
〔註44〕〈陰陽治亂辨〉，《易話》，卷上，頁568。
〔註45〕以上引言同前註。
〔註46〕同註33，頁76。

貞爲道德意義，亦即將天道周而復始的運行規律推衍到人事上來，以元亨利貞爲生生條理，抉發出四者具有倫理教化的思想，「元、亨、利、貞爲四德」，〔註47〕也就是儒家教義「仁、義、禮、智」，依此而融通了他的《易》教規模。

　　他強調人類要獲得理想的道德生活，而這必在變通中求得，故進而推「元、亨、利、貞」之旨爲實現道德理想的四種生活層次，最高層是能時行者，則元亨利貞之「生而知之，安而行之」者；次層是「學而知之，利而行之」者；第三層是「困而知之，勉而行之」者；均是在動的變通過程中顯現；至於最低層則是惟不能時行者，是「困而不學」者，〔註48〕也就是不知動通者。焦循認爲元亨利貞既是「時行」的準據，亦是吉凶之先兆，「當位則吉，失道則凶」，但是「無論當位失道，一經變通，則元亨者」，〔註49〕所以其中蘊涵勉人「終日乾乾」、「因時而惕」的積極道理，其言：

　　　　惟凶可變吉，則示人以失道變通之法；惟吉可以變凶，則示人以當
　　　　位變通之法。〔註50〕

如牟宗三先生所說：「其中還有『天行健君子以自強不息』之義。……凶可以變吉，示人以希望之道；吉可以變凶，示人以自警之道。」〔註51〕可見不論是處在當位或失道的情況，只要能知變通，採取因時制宜的因應措施與調整行爲，將可化解生命中既有格局的困限，成就個人之德業，這就是焦循所說「失道變通之法」與「當位變通之道」的彈性應用，亦就是趨時應事的「時行」之道。

　　那麼該如何來撮取這個「時行」之道呢？焦循認爲必須「精且變，乃能自得」，自得其道後，亦才可以爲「致用之權」，他說：

　　　　博學而不深造，則不能精；深造而不以道，則不能變；精且變，乃
　　　　能自得。自得，乃能不疾而速，不行而至，爲至神也。……非以道，
　　　　無以爲自得之要；非自得，無以爲致用之權。〔註52〕

焦循引孟子的話來說明君子「精於道」所體現的行止必適時而動，左右逢源。其言：「孟子曰：『君子深造之以道，欲其自得之也。自得之則居之安，居之

〔註47〕〈當位失道圖第二〉，《易圖略》，卷二，頁48〜49；〈盡心章句下〉，《孟子正義》，卷二十九，頁1011。
〔註48〕〈清焦循的道德哲學之易學〉，《周易的自然哲學與道德函義》，頁294。
〔註49〕以上引言同註47，頁44，48。
〔註50〕同前註，頁45。
〔註51〕同註48，頁270。
〔註52〕〈離婁章句下〉，《孟子正義》，卷十六，頁559。

安則資之深，資之深則取之左右逢其原。』」〔註53〕在他看來，古聖之道，
與性相融，若能自得其道猶如性自有之，性若自有之，故「居之安」；如果
不能自得其道，道、性隔睽，是不能通其變而協其宜，故居之不安。是以既
能自得居安，那麼便能深取乎古聖之道與吾之性，非淺襲於口耳之間與強擬
於形似之跡，故「資之深」，資之深進而才能左取左宜、右取右宜，無不逢
其原。

　　可見當自得其精且變的「時行」之道，才能居安資深，這和「行權」的
效用是一致的。是以焦循說：「聖人以道運器，則時行焉」，〔註54〕就是強調
「時行」之道在現實生活中的實際運用，也就是趨時以應事的「致用之權」。

　　4. 知「幾」以變通

　　而一個人要真正能適時而動，必須充分發揮其主觀能動性，對「時」就
必須加以認識、把握、運用與創造，那麼對於「時」的認識，其來源是對事
物細致入微的觀察、體悟，如「仰則觀象於天，俯則觀法於地，觀鳥獸之文，
與地之宜，近取諸身，遠取諸物」、「明於天之道，而察於民之故」，〔註55〕這
樣理性的思考和主觀的探索，才能「知幾以時行」，亦即知幾、知時。

　　何謂「幾」？「幾者，動之微，吉之先見也。」也就是事之將動而未顯
之時，「知幾」是對事物做微觀的思考，「知化」是曉知事物的變化，兩者涵
義相同，也就是總括對時間恰如其份的把握。所謂「君子見幾而作，不俟終
日」，〔註56〕也就是指君子對「時間」的觀念有一個自覺的反省，體認到一切
事物的變化與時偕行，必須對時間有一個決定性的把握與運用才能充分發展
與創造出自己存在的意義和價值，避免隨著時間的變化而遭淘汰，而其前提
是「研幾」。其曰：

> 按《易·繫辭傳》云：「夫《易》，所以極深而研幾也。唯深也，故
> 能通天下之志；唯幾也，故能成天下之務。」深造即極深也。以道
> 即研幾也。〔註57〕

〔註53〕同前註。
〔註54〕焦循，《論語補疏》（木犀刊軒本，《無備求齋論語集成》，第 214 冊，台北：
　　　　藝文印書館，1966），頁 6。
〔註55〕以上引言分見〈繫辭下傳章句第八〉，〈繫辭上傳章句第七〉，《易章句》，卷八，
　　　　頁 209～221；卷七，頁 201～203。
〔註56〕〈繫辭下傳章句第八〉，《易章句》，卷八，頁 219。
〔註57〕同註52。

所謂「研，摩也，知幾因而摩之爲研幾」，所以當預知事物變化的幾微時，必須研幾以道。焦循進一步強調「不變通則不善」，所以「自知不善即是知幾」，也就是說知幾即知變通，故不論「由當位而變通」或「由失道而變通」，都是「知幾」，至於君子如能「知幾」，他必能知事物的始終，並且能夠投注於這個變化的實踐歷程中，才能「見微知著」。

是以「見微知著」是「行權」的重要前提，而「知幾見幾，不外變通而已。」〔註58〕焦循說：

> 屯之既濟曰：即鹿無虞，惟入于林中，君子幾不如舍，虞者度也，
> 度然後知長短，權與度一也。惟度乃知幾，幾者，吉之先見者也。
> 中孚初九，虞吉，虞乃吉，權乃無害也。〔註59〕

他舉《周易》中卦爻辭來解釋何謂知幾行權？一則是說虞人是負責驅出野獸以供獵人射補的能手，如果想獵取野鹿而無虞人帶路，只能在林中任意追逐卻一無所獲。君子如果能識得幾微之理，見此情景就該捨棄而不追捕田獵對象，因爲任意追逐下去，必然招致悔恨與窮困。另一則是，君子與人開始結交時，要信守中道，當進行交往時，要臆度權衡以便擇善而從，所以得吉。兩則皆在說明知幾行權的重要，在焦循看來，「虞」、「吉」、「權」、「度」、「知幾」、「吉之先見」等是同義，是以能變通趨時，才是眞正體悟《易》之「時行」哲學者。

5. 小結

焦循認爲孟子推許孔子爲「聖之時者」，是深有所契於「時行」的人生哲理，故「可仕可止，可久可速」可謂聖人君子的變通行爲。故君子把握「時行」之道，積極與小人溝通與聯繫，期望達於理想的社會狀態，其言：

> 惟君子孚於小人，則仁覆天下；惟小人化於君子，則天下歸仁。君
> 子自爲君子，乃成亢龍之災；小人長爲小人，乃積滅身之罪。兩相
> 交則治，兩相離則亂，此《易》之道也。〔註60〕

「君子」與「小人」是社會上客觀存在兩個社會階層，「貴而在上，自王公以令長」，是「君子」階層；而「賤而在下，農工商賈」，是「小人」階層，這兩個階層關係及地位的變化消長就如同陰陽寒暑的變化，他說：「君子小人，猶陰陽寒暑」，其關係如「寒往暑來，亦暑往寒來；……小往大來，亦

〔註58〕以上引言見〈幾〉，《易通釋》，卷三，頁175～176。
〔註59〕〈說權六〉，《雕菰集》，卷十，頁146。
〔註60〕〈君子　小人〉，《易通釋》，卷五，頁270。

大往小來。」但必須掌握一個認識，那就是「大來固吉，小來亦非凶也」，對立是可消解的，他舉泰、否兩卦可說明兩者間屬性的轉換。泰卦之所以稱爲「泰」者，因它雖「下天上地，尊卑倒置」，但它能變通，未來可期。否卦之所以稱爲「否」者，因它雖「上天下地」，但不能變通，故「原是君子，以不能孚於小人，一己獨正，故不利也」。故君子要知變通，才能得到小人的支持和崇敬，小人則要乾乾於進德修業，才能進化於君子之層，可見兩者的消解與轉化，關鍵在於「變通」。所以不論「寒極承以春夏」或「暑極承以秋冬」，均是「泰」，也是「時行」、「天道」、「太和」，故「否極而泰」或「泰極而否」，〔註61〕其眞正樞紐在於君子能否「變通趨時」。

所以明乎「變通趨時」之「時行」規律，就如焦循所說：「分陰分陽，迭用柔剛，通其變使民不倦，神而化之使民宜之，此可仕可止，可久可速之學也。」〔註62〕可見焦循將《易》之「時行」與儒家「權」論融會貫通。

二、焦循「損益隨時」的變通觀：「禮以時爲大」

清儒「從理到禮」，一方面是學術內在發展理路的必然趨向，一方面是對於歷史深刻反思後所採取的抉擇。於是通經致用的呼聲相應而起，清儒認同「道在六經」、「道在典章制度」的實學主張，於是回歸經典，藉由考訂禮制找尋濟世之方。

在「崇實黜虛」精神的推衍下，清儒「以禮代理」，不但可復興儒家傳統禮學，又可發揮整頓社會秩序、約束人行爲的功能，具備移風易俗的實用與實效。所謂「禮者，履此者也」，孔子認爲禮是「舉而錯之而已」，荀子亦言禮者是「人之所履」，〔註63〕從踐履面來行禮，使禮學切合人倫、社會化，是儒學「外王」一脈的落實，復禮思潮就這樣因應而起。從戴震首發「以理殺人」之批判，經程瑤田、凌廷堪、阮元的相互呼應下，玄虛之「理」被揚棄，務實的「禮」被強調。焦循承戴義理最深刻，和程、凌、阮亦有往來，其義理思想與他們不謀而合，「捨理言禮」成爲共同的思想走向。

焦循雖未對禮學做深入的理論探討，但對崇禮思潮之促進，亦扮演關鍵性的推導角色，其重要性不言而喻。尤其論「權」，主張變而從時之「禮」，

〔註61〕以上引言見〈寄朱休承學士書〉，《雕菰集》，卷十三，頁202～203。

〔註62〕〈公孫丑章句上〉，《孟子正義》，卷六，頁219。

〔註63〕以上引言見王夢鷗，《禮記今註今譯（上）‧祭義》，《禮記今註今譯（上）‧仲尼燕居》（台北：商務印書館，1987），頁763，813；王先謙，《荀子集解‧大略》（台北：藝文印書館，2000），卷十九，頁783。

強調「禮以時爲大」是千萬世制禮所要遵循的原則，也就是「禮樂因世損益」。〔註64〕他主張禮制必須因時制宜，才能發揮「禮」的眞正實效，而這儀節、典制最大的實踐效應便是「禮學治世」。焦循論「權」中就主張「以禮轉移天下」，正是「禮以時爲大」的精神發用。這種隨時損益的禮學特質，焦循從歷史的眼光中刻意凸顯之，可見其獨到的識見。以下即論述焦循「權」論中復禮思想的承繼與發揚。

（一）對乾嘉之際「變而從時」的復禮思潮繼承

1. 對荀子「隆禮至法」精神的強調

　　孟、荀猶如儒學思想之雙輪，馳騁於歷史的長河中。兩人都重禮，但各從不同的角度來詮釋「禮」，孟子把「禮」視爲性之善端，其言：「仁、義、禮、智根於心」，〔註65〕視「禮」是存於內心的善性，側重內在的禮意爲標準；荀子則把「禮」視爲客觀檢驗之準具，其言：「禮者，人主之所以爲群臣寸尺尋丈檢式也」、「禮者，節之準也」，〔註66〕學說重心落在外在的儀則。而孟子內在的心性之說，得到宋儒進一步的闡發，以「證體」爲主要學術內容，相對的，荀子之學說在宋明之際隱而未彰；到了清代，其學術的內容、趨向與精神轉向注重實證、經驗與績效，這與荀子注重外在的、客觀的具體規範與儀節可說相近似，故清代荀學的隆禮精神因而被強調與重視。盧文弨是清代較早整校《荀子》一書的學者，他認爲荀子性惡之說，其本意是「欲人之矯不善而之乎善，其教在禮，其功在學」，重視禮儀的教化與學習的功效，方苞亦言「周末諸子言禮者，莫篤於荀卿。」〔註67〕而焦循崇禮，其「權」論中亦舉荀子與班固之學說，稱其「兩家之說，禮可謂要矣！」〔註68〕可見焦循對於荀子隆禮精神的推崇。

　　「尊經崇漢」是清儒治學的學術取向，而荀子對於六經的傳述起過很大的作用，在尊經的同時，也肯定荀子傳經之功。如汪中論曰：「荀卿之學，出

〔註64〕〈禮記鄭氏注〉，《雕菰集》，卷十六，頁274；《論語補疏》，頁1。

〔註65〕〈盡心上〉，《孟子纂疏》（《四書纂疏》），頁529。

〔註66〕以上引言分見〈儒效〉，〈致士〉，《荀子集解》，卷四，頁229；卷九，頁466。

〔註67〕分見盧文弨，〈書荀子後〉，《抱經堂文集》（《四部叢刊初編縮本》，第97冊，上海商務印書館，1975），卷十，頁97；方苞，〈讀尚書記〉，《方望溪全集》（台北：河洛圖書出版社，1976），卷一，頁2。

〔註68〕焦循，〈釋禮〉，《論語通釋》（木犀軒刊本，《無求備齋論語集成》，第214冊，台北：藝文印書館，1966），頁26。

於孔氏，而尤有功於諸經。」淩廷堪更爲文贊揚荀子長於《禮經》，其言「若夫荀卿氏之書也，所述者皆禮之逸文，所推者皆禮之精意」，〔註69〕進而主張「以禮代理」，這是荀學在清代最明顯的標誌。由以上得知，荀子重禮精神與傳經之功，正應和清儒復禮思潮與尊經的趨向上，其重外在具體的規範與準則的約束、節導與重客觀、經驗、實證的精神，使得荀子「隆禮」精神爲清儒所肯定。

清儒重形下的氣化流行世界，道、理、性、器、欲全是經驗世界的呈顯，形下的現象界得到重視，舉凡人倫日用、喜怒哀樂等，才是能眞正掌握的具體經驗事實，使他們跳脫傳統「存理滅欲」的桎梏，走向「理在欲中」的新價值觀。而這與荀子的觀點是有類似之處，荀子論「禮」，亦重「以禮治氣」，其言：「凡治氣、養心之術，莫徑由禮。」〔註70〕經由外在秩序、矩範來調和人之形氣、情欲，可見其禮論的出發點是立足在人性上，具有調和己身諸情欲間的衝突。

荀子言「性惡」，強調禮自外作的客觀性、制度性，其言「性」的內容是「飢而欲飽、寒而欲煖、勞而欲休，此人之情性也。」既然色、聲、味、利、愉佚是人之所生而有者，那麼便無所謂善惡可言。但如果「順是」而不知加以節導，便會流於「惡」，也就是說如果放縱、順從人的欲望，必導致爭奪、犯亂的行爲，而最終只能訴諸凶暴，此時就必須待「師法之化、禮義之道」來「矯飾」——矯正整飾、「擾化」——馴服感化而「正」、「導」之，亦即以禮義對治，才能趨於善。故「稱情以立文」是荀子論「禮」的初衷，也是荀子論「禮」的起源，其曰：

> 禮起於何也？曰：人生而有欲，欲而不得，則不能無求。求而無度量分界，則不能不爭；爭則亂，亂則窮。先王惡其亂也，故制禮義以分之，以養人之欲，給人之求。使欲必不窮乎物，物必不屈於欲。
> 兩者相持而長，是禮之所起也。〔註71〕

荀子認爲：「欲雖不可盡，可以近盡也。欲雖不可去，求可節也。」故在養欲、

〔註69〕分見汪中，〈荀卿子通論〉，《述學內外篇》（台北：中華書局，1981），頁6；淩廷堪，〈荀卿頌并序〉，《校禮堂文集》（北京：中華書局，1998），卷十，頁77。

〔註70〕〈修身〉，《荀子集解》，卷一，頁138。

〔註71〕以上引言見〈性惡〉，《荀子集解》，卷十七，頁704～705；〈禮論〉，《荀子集解》，卷十三，頁583。

給求的基礎上，禮儀法度便是聖王所以制定以界清人欲給求之度量分際的重要關鍵，是以「情文俱盡」才是至備之禮，〔註72〕這和清儒「達情遂欲」的基調可說是相同的。

　　關於「禮」的具體功能，從主體而言，此禮顯為個人修身之要節；從客體而言，是為協調社會的秩序，以求平治之效，可稱「縣天下之權稱也。」荀子尤重「以禮治國」，其言「國之命在禮」、「禮者，政之輓也」、「修禮者王」等，〔註73〕均是肯定禮制的規範力量，在他看來，「禮」在治國安邦的作用就猶如「衡之於輕重」、「繩墨之於曲直」、「規矩之於方圓」，是一切行為的準繩與矩範，唯有透過禮教的實踐，才能維持社會秩序，是以「人無禮則不生，事無禮則不成，國家無禮則不寧。」在期待「禮治」的理想社會中，荀子論「禮」實涵有雙重意義，其表層為禮儀條文；其深層則是以禮攝法，這也是荀子相較於孔孟賦予「禮」更多客觀性、強制性的緣由，而其「隆禮至法」的精神，〔註74〕亦為清儒的經世精神所肯定。

　　「禮」、「法」的關係如其言「禮者，法之大分，類之綱紀」，亦即以「禮」為綱，具體的法律條文與抽象的法理都必須以「禮」為綱領、為準繩，「禮」的層位高、「法」的層位低，「法」做為「禮」的輔助手段，兩者實際功能近乎相同，荀子言：「治之經，禮與刑」、「故非禮，是無法也」、「禮節脩乎朝，法則度量正乎官」，〔註75〕正是說明禮涵攝法以發揮實際的社會統制力，「禮，法之樞要也」，能明禮自然知法，若不知「知通統類」、「舉措應變而不窮」，必使禮法的措施流於機械、呆板甚而失當，其言「循法則度量刑辟圖籍，不知其義，謹守其數，慎不敢損益也。」〔註76〕正說明不知因事制宜，不敢有所變通的作為，必使禮法僵化。荀子進而指出：

　　　禮者，斷長續短，損有餘，達愛敬之文，而滋成行義之美者也。〔註77〕

〔註72〕以上引言分見〈正名〉，〈禮論〉，《荀子集解》，卷十六，頁695；卷十三，頁595。

〔註73〕以上引言分見〈正論〉，〈彊國〉，〈大略〉，〈王制〉，《荀子集解》，卷十二，頁553；卷十一，頁506；卷十九，頁780；卷五，頁311。

〔註74〕以上引言分見〈王霸〉，〈修身〉，〈君道〉，《荀子集解》，卷七，頁390；卷一，頁134；卷八，頁431。

〔註75〕以上引言分見〈勸學〉，〈成相〉，〈修身〉，〈儒效〉，《荀子集解》，卷一，頁119；卷十八，頁740；卷一，頁147；卷四，頁265。

〔註76〕以上引言分見〈王霸〉，〈儒效〉，〈王制〉，〈榮祿〉，《荀子集解》，卷七，頁406；卷四，頁229；卷五，頁317；卷二，頁183。

〔註77〕同註71，頁605。

唯有適當合宜的儀式，才能配合場合，形成應有的氣氛，是以荀子雖隆禮重法，猶重禮法之彈性應用，這和清儒欲以禮學經世的意圖可說立場相同。

荀子「隆禮至法」的內涵與精神，與清儒強調重情欲、社會化、客觀實踐、具體經驗的取向相同。焦循論「權」就標舉荀學「禮之為要」，正是和其「隆禮至法」之主張適應人情、時代的需要——「損益隨時」相近似的，由此可知，焦循禮秩重省觀對荀子隆禮精神有所承繼。

2. 對淩廷堪「以禮代理」主張的呼應

清儒著眼於社會實效作用，主張情欲可存、唯禮可據，深惡理學末流儒、釋互援，基於此，從理向禮的轉移成為清儒的不二抉擇。理虛、禮實成為淩廷堪禮學思想首要揭發的，其言：

> 聖人之道本身乎禮而言者，實有所見也；異端之道外乎禮而言者也，
> 空無所依也。〔註78〕

「禮」之「實有所見」，指「冠昏飲射，有事可尋也；揖讓升降，有儀可案也；豆籩鼎俎，有物可稽也」，淩廷堪認為儀節、典制都是具體可據的，與外乎禮導致空洞無所依傍的異端之道是截然不同的。具體可行者，只要「淺求之，其義顯然」，空無所依者，「深求之，流入於幽深微眇」，這樣顯著的差別，後儒卻不察，不但「舍禮而論立」，更縱逐於極幽深微眇，廷堪直指這是釋氏的異端之學，非聖學也。

他以扭轉學風為己任，近禪之「理」幽深微眇，無益於國家社會、民生大計，只有切切實實、具體可行的禮儀度數才能發揮儒家禮學治世之效。其言：「聖學禮也，不云理也」，〔註79〕宋儒著重道德狀態與道德境界之探討，清儒則著重道德規範與道德實踐，前者的學術內容則為理、道、性、命，後者的學術內容則為情、欲、器、禮，從形上落實到形下，從理到禮，淩廷堪主張以實禮代虛理，以禮節儀文作為身心規範、行為準則，凸顯儒家禮教的應用性，其「以禮代理」的主張，徹底揚棄玄理，貫徹「禮」在現實面的實用與實效，樹立清代的新義理典範，從主觀思辨下落到客觀實證，重視情欲、禮教的落實，是以理、禮辨析成為漢宋之爭的焦點，清儒重禮學，至淩廷堪可說是達到高峰。張壽安先生說：

> 廷堪的禮學思想，在阮元、焦循的推導下，流佈遍及徽州、江浙；

〔註78〕〈復禮下〉，《校禮堂文集》，卷四，頁 31。
〔註79〕以上引言同前註，頁 32～33。

　　在嘉道間造成天下披靡之勢，和當時的理學界形成對峙之局，並展

　　開禮、理爭辯。〔註80〕

說明了焦循贊成凌廷堪的主張，並在「以禮代理」的基礎下，呼應其說，捨理言禮，進而以禮讓代理爭，強調「禮」具有移風易俗的實效，故言「以禮轉移天下」。

　　而凌廷堪治經最精於禮，著《禮經釋例》，這是濡染故里重樸實之一脈學風所致。徽歙是朱子故里，朱熹禮學著重躬行踐履的特點，對清儒復禮思潮的興發是有影響的。錢穆先生從徽學一脈的風氣論及「流風未歇，學者固多守朱子圭臬也。」而朱子格物遺訓便是「禮數名物」，主張「從事物實地下工夫」，〔註81〕以考徵名物數度爲依歸，從江永精深於三禮，其弟子戴震、程瑤田、凌廷堪皆承徽學重禮、重實用的傳統學風。因此如張師麗珠所言：朱子之禮學對於清代的復禮思潮，尤其是徽州故里的禮學家，即便沒有直接的傳承線索，濡染之功應該也是有的。〔註82〕

　　「禮」以落實道德實踐與維持國家秩序，是儒家由內聖到外王的一條具體途徑，而孔子「禮以損益」的觀點，亦深深影響後儒，如朱熹治經爲現實服務思想的體現——「禮教經世」就是「禮，時爲大」的精神發用，其言：

　　禮，時爲大。有聖人者作，必將因今之禮而裁酌其中，取其簡易易

　　曉而可行，必不至復取古人繁縟之禮而施之於今也。古禮如此零碎

　　繁冗，今豈可行！亦且得隨時裁損爾。〔註83〕

他根據時代和社會的變化，對「皆已不宜於世」的古代節文制數進行修改，他主張「酌以古今之變，更爲一時之法」、「因其大體之不可變者，而少加損益於其間」，〔註84〕隨時而變通、變革，以適應社會發展的需要，這正是一種通權達變的精神，亦與清儒「與世推移以應時變」的經世思想相通。高明先生認爲朱子在禮學上最大的成就，是「使義理與儀文、理論與實際融合而爲

〔註80〕張壽安，《以禮代理——凌廷堪與清中葉儒學思想之轉變》（台北：中央研究院近代史研究所，1994），頁176。

〔註81〕錢穆，《中國近三百年學術史》（台北：商務印書館，1996），頁340～341。

〔註82〕張師麗珠，〈凌廷堪「以禮代理」的禮治理想暨乾嘉復禮思潮〉，《清代義理學新貌》（台北：里仁書局，1999），頁256。

〔註83〕朱熹，〈論考禮綱領〉，《朱子語類（六）》（台北：文津出版社，1986），卷八十四，頁2178。

〔註84〕朱熹，〈家禮序〉，《家禮》（《景印文淵閣四庫全書》，第142冊，台北：商務印書館，1983），頁530。

一」，〔註85〕這和清儒「訓詁明而後義理明」、「由器明道」的學術趨向並落實在禮教的實踐上可說立場一致。

凌廷堪復禮論，就是撮取朱子「習禮」精神，主張經由具體的習禮途經，發揮指導現實生活的作用，其言「禮之器數、儀節，皆各有精義存乎其間，既習於禮，則當知之。」欲以儀文器數明禮意，完成禮教內化，達到禮治社會的經世意圖。「禮以時為大」就是重視禮教治世的廷堪所肯定，他說：

> 聖人制之而執其中，君子行之而協于中，庶幾無過不及之差焉。〔註86〕

制禮而時中，視適當的時間、空間表現出合宜的禮節，正是「禮」最高表現，他認為「禮」有大有小，有顯有微，大不可損，小不可益，顯不可揜，微不可大，均須視「時」而發動，不可任意而為；在制禮的過程中，有以多為貴、以少為貴、以大為貴、以小為貴、以高為貴、以下為貴、以文為貴、以素為貴等，均須配合常情，不可拂性；在行禮的過程中，有直而行、有曲而殺、有經而等、有順而討、有撕而播、有推而進、有放而文、有放而不致、有順而摭等，均須因時制宜、因地制宜、因人制宜，是以禮以隨時正是凌廷堪復禮思潮的主要特徵，而焦循強調「禮以時為大」的精神正與之呼應！

（二）「禮主時變」之變通論

1.「理足以啟爭，禮足以止爭」──焦循辨禮、理之別

（1）理足以啟爭，禮足以止爭

焦循重「禮」，是繼承戴震、程瑤田、凌廷堪、阮元等乾嘉學者「變而從時」的復禮基調，錢穆先生說：

> 東原之深斥宋儒以言理者，次仲乃易之以言禮。同時學者里堂、芸
> 臺以下，皆承其說，若以理、禮之別，為漢宋之鴻溝焉。〔註87〕

從天理到情理、從虛理到實禮，都是針對宋儒「天理人欲截然對立」的論調，是以焦循高呼「禮時為大」，可說是清儒「以禮代理」共識的反映。

當面對國家、社會的急劇變化，玄虛的天理根本無法應用、落實於現實層面，不但成為是非紛擾的禍亂根源，更導致社會走向無法挽救的淪亡地步，焦循指出：

> 自理道之說起，人各挾其是非，以逞其血氣。激濁揚清，本非謬戾，

〔註85〕高明，〈朱子的禮學〉，《輔仁學誌》，十一期，1982・6，頁3。
〔註86〕〈慎獨格物說〉、〈復禮中〉，《校禮堂文集》，卷十六，頁145；卷四，頁30。
〔註87〕同註81。

而言不本於性情，則聽者厭倦。至於傾軋之不已，而忿毒之相尋，以同爲黨，即以比爲爭。甚而假宮闈、廟祀、儲貳之名，動輒千百人哭於朝門，自鳴忠孝，以激其君之怒，害及其身，禍於其國，全戾乎所以事君父之道。〔註88〕

明末東林清議，結合在朝同黨，以理道自鳴，時常和天子相抗爭於朝廷，尤以挺擊、紅丸、移宮諸案，表現得尤爲激烈，由是非紛爭轉爲政治鬥爭，焦循根據史實，認爲黨爭對於明代的滅亡有著必然的歷史聯繫，是以他引明代政治亂象點出理爭之害。

他進而斥明儒呂坤論「理」之謬，視之爲「亂臣賊子之萌也」，其曰：

明人呂坤有《語錄》書，論理云：「天地間惟理與勢最尊。理又尊之尊也。廟堂之上言理，則天子不得以勢相奪。即相奪，而理則常伸於天下萬世」，此眞邪說也。孔子自言事君盡禮，未聞持理以要君者，呂氏此言，亂臣賊子之萌也。〔註89〕

呂坤認爲「理」是天地萬物的最高指標，即使握有權勢的天子也必須受其制約，是以「公卿爭議于朝，曰『天子有命。』則屏然不敢屈直矣。」這是天子權勢之尊；而「師儒相辯于學，曰：『孔子有言。』則寂然不敢異同矣。」這是天理之尊，兩者同是天地間最受尊崇的，但若加以比較，呂坤則主張「理又尊之尊也。」因爲「勢」是帝王之權，「理」是聖人之權，而帝王若無聖人之理，「則其權有時而屈」，故「理」是「勢之所恃以爲存亡者也。」可見「理」爲莫大之權，是以「此儒者之所不辭而敢于任斯道之南面也。」〔註90〕呂坤把「理」推崇到無以復加的地位，焦循除斥其理爭致使君臣大防蕩然無存外，他更指出孔子之道是「事君盡禮」，不是如呂坤所說的「持理要君」，其言無異亂臣賊子越防之萌蘖。他主張唯有以禮進退，才能平息政治之鬥奪，他並舉孟子所提「爲政不難，不得罪於巨室」之言，引趙佑的話爲其疏解爲：「不得罪奈何？曰：禮而已矣。」〔註91〕可見是非理爭是亂源，唯有行禮如儀才能平息紛爭，故焦循「捨理言禮」。

他認爲玄虛之理必須捨棄、而具體可行的規範、禮制必須實落實踐的緣

〔註88〕〈毛詩鄭氏箋〉，《雕菰集》，卷十六，頁271。
〔註89〕〈理說〉，《雕菰集》，卷十，頁151。
〔註90〕以上引言見呂坤，〈談道〉，《呻吟語》（台北：河洛圖書出版社，1975），卷二，頁43～44。
〔註91〕〈離婁章句上〉，《孟子正義》，卷十四，頁494。

由是「理足以啓爭，而禮足以止爭」，其言：

> 知有禮者，雖仇隙之地，不難以揖讓處之。若曰：雖伸於理，不可
> 屈於禮也。知有理者，雖父兄之前，不難以口舌爭之。若曰：雖失
> 於禮，而有以伸於理也。今之訟者，彼告之，此訴之，各持一理，
> 譊譊不已。爲之解者，若直論其是非，彼此必皆不服，說以名分，
> 勸以孫順，置酒相揖，往往和解。可知理足以啓爭，而禮足以止爭
> 也。〔註92〕

是以「後世不言禮而言理」的原因在於不明「理」的實質意義何在，焦循認
爲禮與刑在實行上的作用、功效有所差異，「齊之以刑，則民無恥，齊之以禮，
則民且格」，所以先王恐其「恐罰不中」或者誤判，故「理」之訂定在於「務
於罪辟之中，求其輕重，析及豪芒，無有差謬」，也就是說在獄訟定罪時，「理」
作爲一種辨析罪刑輕重之具，輔助法官在實際判決時能明察秋毫，無所差謬，
務求公平公正。但在析理斷獄時，彼告此訴，又「各持一理，譊譊不已」，不
服是非之論斷，是以法密爭起，理明訟煩，兩者皆不足恃。相較之下，「禮」
的獨立性就顯得特別重要，其實踐效用被充分凸顯出來，在禮教的規範、約
束下，「說以名分，勸以孫順」，並且「置酒相揖」，即使有意見上的紛爭，「往
往和解」，是以「禮」能化解、調和衝突與矛盾，所以「治天下則以禮不以理
也」。〔註93〕

（2）復禮之效——「禮讓」

焦循認爲「禮」之所以有止爭的作用，在於禮的實質作用是「讓」。因爲
「讓，禮之主也。」禮主於敬，表現爲行爲合宜；讓主於和，調和而上下無
爭，〈樂記〉中亦云：「揖讓而治天下者，禮樂之謂也。」〔註94〕正是焦循強
調「禮論辭讓」所發揮的實際效用。

「讓」的價值本是儒家所重視，孔子主張以「禮讓爲國」，而孔子本身
更是讓教的躬行者，其弟子子貢稱其「夫子溫、良、恭、儉、讓以得之」，
而「讓」在孔子看來更是行仁的重要依據，其言「當仁不讓於師」，強調主
讓以行仁，可見孔子對於「讓」的重視。孟子承繼孔子之後，把「讓」發展

〔註92〕同註89。

〔註93〕以上引言同前註。

〔註94〕分見杜預注、孔穎達等正義，〈襄公十三年〉，《春秋左傳正義（三）》（《十三
經注疏》，台北：新文豐出版公司，2001），卷三十一，頁1445；〈樂記〉，《禮
記今註今譯（下）》，頁615。

為「辭讓」，並主張「辭讓之心，禮之端也」，注重辭讓對於行禮的提昇作用，朱熹為其注曰：「讓，推以與人也。」是以辭謝退讓才能彰顯禮的價值與效用，朱熹並進一步指出「讓者，禮之實也」，此論為清儒所推闡，黃宗羲亦指出進退揖讓，為禮之實行與實治，其言「當時舉一禮必有一儀，……大而類禋巡狩，皆為實治，小而進退揖讓，皆為實行也。」到了程瑤田之「非退讓無以明禮」，〔註95〕讓教思想得到了充分的發揮。

從戴震「以理殺人」、淩廷堪「以禮代理」、程瑤田「以讓代理」，直到焦循「禮讓理爭」之說，〔註96〕均可見其一脈相傳。錢穆先生認為「里堂與易疇友善」，「此其立說之頗似者」，〔註97〕指的正是以禮讓代理爭的看法。焦循指出「禮論辭讓，理辨是非」，不但說明了禮、理之辨，更進一步點出禮的實質為「讓」，可見辭讓才能發揮行禮、復禮的實際功效，其言：

> 既能行之，貴其能讓也；能讓，復禮之效也。〔註98〕

焦循重視「置酒相揖」，指得正是儒家「揖讓」的具體踐禮作為。孔子說：「揖讓而升，下而飲，其爭也君子。」經由較射的禮節儀式，揖讓行禮，可化解競爭中的成敗、是非，表現出和睦的君子之風，是以程瑤田云：「聖人以為射而後有爭，然而升也、下也、飲也，揖讓焉而已矣。」而焦循亦重視揖讓之禮教，他在〈習禮格〉中也主張按譜行禮，而「一揖一讓，不容遺也」，明顯繼承程瑤田「讓者，爭之反也」的「以讓代理」思想，其言：「不讓者，爭之謂也。」所以他認為「不爭，則復禮矣」，〔註99〕這正是焦循主張止爭之方必訴諸具體客觀的禮節儀制原因。

是以焦循主張君長之設禮，「所以平天下之爭也」，故先王立政之要，「因

〔註95〕 以上引言分見〈里仁〉，〈學而〉，〈衛靈公〉，《論語纂疏》，頁 186，155，315；〈公孫丑上〉，《孟子纂疏》，頁 395；〈公孫丑章句上〉，《孟子集注》（朱熹，《四書章句集注》，台北：大安出版社，1999），卷三，頁 329；〈里仁〉，《論語集注》（《四書章句集注》），卷二，頁 96；黃宗羲，〈學禮質疑序〉，《南雷文定》（台北：世界書局，1964），卷一，頁 10；程瑤田，〈新成讓堂記〉，《修辭餘鈔》（安徽叢書第六函，《原刻景印叢書集成三編》，台北：藝文印書館，1967）。

〔註96〕 〈答汪孝嬰問師道書〉，《雕菰集》，卷十四，頁 226。

〔註97〕 以上引言同註81，頁 417，418。

〔註98〕 〈釋禮〉，《論語通釋》，頁 26。

〔註99〕 以上引言分見〈八佾〉，《論語纂疏》，頁 173；程瑤田，〈主讓〉，《論學小記》（安徽叢書第三函，《原刻景印叢書集成三編》，台北：藝文印書館，1967）；〈習禮格序〉，〈代阮侍郎撰萬氏經學五書序〉，《雕菰集》，卷十七，頁 289；卷十五，頁 239；〈釋禮〉，《論語通釋》，頁 26。

人情以制禮」，而天下人之常情皆「知禮而恥於無禮」，是以經由射禮、軍禮、訟獄禮等各種禮儀典制，來消息、化解「人心之忿」與「萬物之戾」，由知禮而行禮，最後「君子以禮自安，小人以禮自勝」，〔註100〕豈不止爭而得治乎！禮理之辨至此，焦循關注復禮的社會作用已顯大概了。

2. 「以權運世」的社會實踐

（1）「行禮用法」——治國方略的運作

宋儒重「道德理性」，清儒則重「道德實踐」，而道德社會化的過程則表明道德自律性與道德他律性必須并用，亦即經由禮教的精神力量與刑事的現實力量而結合，使其在現實中具體的操作實踐，發揮其規範的力量。

清儒復禮，欲求一套具有客觀性、制度性的治國方略，而「法」正是強化「禮」具備實用、實效的必要條件，是以清儒論「禮」往往是禮法相涵互攝、以法治來充實禮制的。

荀子「隆禮重法」觀，首先承認刑法在維持社會秩序上的特殊功能，點出禮與法是治道的一體兩面，其言「治之經、禮與刑」，正是說明禮、法不可偏廢，「以禮攝法」的治國大略爲清儒所肯定。而朱熹亦闡明法律是禮治的必要條件與實踐保證，其言：

> 號令既明，刑罰亦不可馳。苟不用刑罰，則號令徒掛牆壁爾。與其不遵以梗吾治，曷若懲其一以戒百？與其戮實檢察於其終，曷若嚴其始而使之無犯。〔註101〕

刑法具備核實檢察之績效，必須強制執行，才不會使號令成爲空言，這種強調治國需要法律的客觀事實，和清儒重實證、重典制，欲以禮學經世的信念基本上是一致的，是以荀子、朱熹的禮、法觀對清儒復禮思潮的影響、濡染顯而易見。

「德主刑輔」本爲儒家治國理政之術，孔子說：「道之以政，齊之以刑，民免而無恥；道之以德，齊之以禮，有恥且格。」有恥無恥，正是禮與法在效力與效果境界的不同，故孔子主張禮治爲主、法治爲輔，孟子亦曰：「徒善不足以爲政，徒法不能以自行。」〔註102〕正說明禮、法并用、協調的重要。而禮與法都是行爲的規範，但兩者的實際的適用狀況不同，「禮者，禁於將然

〔註100〕以上引言同註89。

〔註101〕〈論治道〉，《朱子語類（七）》，卷一○八，頁2688。

〔註102〕以上引言分見〈爲政〉，《論語纂疏》，頁160；〈離婁上〉，《孟子纂疏》，頁439。

之前；而法者，禁於已然之後。」〔註103〕是以以禮入法的禮教法律化、制度化才能對個人的道德踐履發揮全面與全程的規範、裁制效果，並且具體展現其積極的運作效力，以維繫社會秩序，所以儒家治平之道可說是以禮主導法、以法補充禮的「德主刑輔」觀。

　　焦循在損益隨時的復禮思潮中，禮與法的地位是同等重要的，其在「權」論中強調法是治國不可缺少的運作之具，而法律與禮制同時具備因時而宜的特點，才能以權用法，其言：

　　　　以權用法，猶因病用藥。以將來之有弊，而致廢見在宜行之法，不知
　　　　權者也；以前此之有弊，而致廢見在宜行之法，亦不知權者也。〔註104〕

以權用法是指法律的應用必須當其時宜，猶因病用藥必須對症下藥。「將來」與「前此」，時、空條件、狀況必有所不同，必須隨著社會的變化而制定相關的制裁法令，並根據當時而實際靈活的加以運用，是以「法不能無弊，有權則法無弊」，這和禮儀度數必須因革損益才能適用的性質相近似，說的正是法貴因時而變以制宜。

　　故焦循秉儒家禮法相涵的精神，其曰：

　　　　經者，法也。法久不變則弊生，故反其法以通之。〔註105〕

前文已論及「反經爲權」之「經」亦可概括爲禮，焦循曾言：「禮減而不進則消，樂盈而不反則放，禮有報而樂有反，此反經所以爲權也。」是指禮制要隨時損益，富有靈活性、變通性，才不致流於僵化，這和「法無良，當其時則良」的精神實質是相貫通的，故「反經爲權」與「反其法以通之」，其意義指禮法隨時損益的變通觀。

　　是以焦循時稱「經者，法也」，「刑法也，亦經也」，有時又稱爲「禮之經也」，〔註106〕禮法相涵，互爲表裏，同樣視爲政教之大經，故「德禮爲政教之本，刑罰爲政教之用」，兩者相輔爲用，才能明禮導民，定律繩頑。他從社會實用性的角度，強調的就是法賦予禮教更多外在性特徵，如客觀性、制度性與強制性，使禮具有現實的整合作用，是以禮法相涵在原則上是合乎時代要求的，亦正是以禮經世精神的強調。

〔註103〕高明，《大戴禮記今註今譯・禮察》（台北：商務印書館，1984），頁54。
〔註104〕〈說權一〉，《雕菰集》，卷十，頁143～144。
〔註105〕〈說權三〉，《雕菰集》，卷十，頁144。
〔註106〕以上引言分見〈說權三〉，〈說權一〉，〈說權八〉，〈禮記鄭氏注〉，《雕菰集》，卷十，頁143～144，143，149；卷十六，頁274。

（2）「以禮轉移天下」──經世理想之落實

清儒「通經致用」正標幟著「以考據爲手段，經世爲目的」的學術特色，這其中又涵蘊著道在典章制度與治學以經世爲依歸的學術精神。是以清儒在治經的實踐中，依循顧炎武「讀九經自考文始，考文自知音始」的學術路徑，到了戴震身上得到更進一步的發揮，「故訓明則古經明，古經明則賢人聖人之理義明」，就是希望藉由經驗實證的考據手段，從經書中得到治世的實務、理則，焦循言「古人之學，期於實用」，〔註107〕故清儒遍考禮經、對禮制、典制、宮室、服飾等典章度數的考訂，就是希望經由考禮、習禮至禮教內化的具體道德實踐，故禮學經世成爲清儒的共同追求。

是以焦循亦主張學術研究能與社會現實結合，其曰：

> 求其訓詁，核其制度，明其道義，得聖賢立言之旨，以正立身經世之法。〔註108〕

理學末流走向空疏，形成學術風氣游談無根、束書不觀、空談心性，焦循斥其當時學者「猶沾沾爲假義理之說，以自飾其淺陋，及引而置之義理之中，其芒然者如故也。」早已破壞儒學「內聖」與「外王」的均衡傳統，是以在「舍虛務實」的取向中，「證之以實，運之以虛」就成爲焦循治經的重要主張。〔註109〕

他在考訂禮經時說：「第考究訓詁名物，於大道未之能及……亦不復能闡其精微而增益之。」其強調禮之精微（禮意）與名物度數（禮儀）同等重要，而後者更是前者的具體呈顯，是以「明乎《禮記》而後可學《周官》、《儀禮》」，正是明道經世思想的具體展現。故焦循在其「權」論中，強調「禮以安民」的現實作用，其言：

> 故聖人之轉移天下也，以禮。〔註110〕

〔註107〕以上引言分見顧炎武，〈答李子德書〉，《顧亭林詩文集》（台北：漢京文化事業有限公司，1984），卷四，頁73；戴震，〈題惠定宇先生授經圖〉，《東原集》（台北：台灣中華書局，1980），卷十一，頁6；焦循，〈加減乘除釋自序〉，《雕菰集》，卷十六，頁277。

〔註108〕焦循，〈與王引之論易書〉，收入羅振玉編，《昭代經師手簡二編》（《羅雪堂先生全集》，五編，台北：大通書局，1972），第12冊，頁5554～5555。

〔註109〕以上引言分見〈王處士纂周易解序〉，〈與劉端臨教諭書〉，《雕菰集》，卷十五，頁243；卷十三，頁215。

〔註110〕以上引言分見〈禮記鄭氏注〉，〈李泰伯覯〉，〈說權五〉，《雕菰集》，卷十六，頁274；卷六，頁90；卷十，頁146。

禮儀典制對於個人的行為規範與社會秩序能發揮約束的作用，也就是說形下領域的事理、情理，其對治之道無疑是經驗、客觀的禮制，是以「治天下則以禮」正是焦循經世理想的落實。

他進而藉由〈習禮格〉與〈俗禮荅問〉之文來說明如何以禮經世：

〈習禮格〉之強調由習禮而行禮

清儒言「理」指現實面的事理，故焦循認為孟子所說「其交也以道，其接也以禮」的「禮」，就是指「儀及其物」，亦即具體的禮儀器物。是以在「虛理難據，實譜易蹈」的情況下，[註111] 清儒重由外在禮儀的練習，使百姓能行禮如儀，以發揮禮教功效，故如凌廷堪為了讓繁瑣的禮文儀式易被人學習，用當時民間流行的博弈方式，在戲耍的過程中「習禮」，焦循亦據《儀禮》中禮制製定「習禮格」，使弟子「為格以習之」，在博弈的同時，經由實踐的過程中，熟悉禮節儀文，進而思其禮之精義，在潛移默化的習禮往來中，使繁文縟節在遊戲中展開，不但易為人接受，也使禮教易於推行與實踐，其曰：

> 或用刻，以十三篇為之譜，習時，各任一人，或兼之，按譜而行之，若東西左右升降之度，不容紊也，一揖一讓，不容遺也。……子弟門人，或用心於博弈，思有以易之，為此格演之者，必先讀經，經熟其文，熟其節，可多人演之，可少人演之，可一人演之。格有定，不容爭也，不容詐也，雖戲也而不詭於正，後之學禮者，或有好焉。
> 〔註112〕

習禮格模擬真實、具體的禮制社會，爾後再由弟子「按譜而行之」，而每格之中均有固定的形式與意義的要求，是以經由習以為常，可具體轉化行禮如儀為百姓日用倫常的實際行為了。故朱熹、凌廷堪、焦循等人強調「習禮」，使禮儀易知易行，事實上就是以「經驗」為著力的道德實踐，亦如焦循所主張「效有必驗而後行」的禮教經世作用。〔註113〕

〈俗禮荅問〉之強調時禮為要

清儒復禮重視禮儀具備敦風厚俗的效果，但是如果效果不彰，問題不是出在禮制的本身，而是出在使用人的觀念、行為是否正確。焦循就糾舉出鄉

〔註111〕以上引言分見〈萬章章句下〉，《孟子正義》，卷十九，頁 698；〈讀書三十二贊——燕樂考原〉，《雕菰集》，卷六，頁 89。

〔註112〕〈習禮格〉，《雕菰集》，卷十七，頁 289。

〔註113〕〈奉檄上制府書〉，《雕菰集》，卷十三，頁 201。

里中所犯俗禮之誤，如「喪禮不用紐」是沿古制，其原因「乃古者，生時衣帶，取其可解，則用紐，紐猶今俗所謂活結耳，歿則不復解衣帶，皆用死結，所謂不紐也」，鄉人卻誤解爲不用紐不用帶；又如鄉人對於父母之喪未滿三年而己死，卻以斬縗斂的錯誤做法，他指出依禮制「父母之喪三年凶服斂」才是正確的，其意義爲表明「死則侍親地下矣」之孝意；再如當時鄉里有久不葬之劣俗，他指出依古之禮制，「天子七月而葬，諸侯五月，大夫三月，士踰月」，而依今之禮律，「職官庶民三月而葬」，自天子至庶民，都有葬禮之限期，是以「有喪之家，必依禮安葬，若惑於風水，及托故停柩在家，經年暴露不葬者，杖八十」，所以「古無久不葬者」。〔註114〕緣此可知，時人不明禮制，以致禮節儀式僵化，難以收移風化俗之效，是以焦循俗禮苔問，矯正時禮，就是肯定禮制要能因時制宜，才能落實。

由以上可知，焦循對於禮教的推動，用力頗深，他認爲唯有禮制的正確實行，才能獲致化俗的具體成效，亦即禮制必須能靈活通變，因時制宜，才能以權治世，如運諸掌，其言：

> 王者之化俗也，國奢示之以儉，國儉示之以禮，可與權治天下，如運諸掌。〔註115〕

焦循欲「以禮轉移天下」的實踐制度與原則的提出，是經世思想最具體的呈現與落實，這和凌廷堪「以禮代理」的主張相互呼應，均是希望透過禮學的具體途徑，來達到經世的目的。

3. 制禮之法──「禮以時為大」

清儒積極入世、關懷現實的禮治理想，可說是激活並補足原始儒學中外王精神的發用，而儒家修己治人的實學，是一種禮以因革損益的精神發用。孔子曾說：「殷因于夏禮，所損益可知也。周因于殷禮，所損益可知也。其后繼周者，雖百世可知也。」所重在於禮應順時而變，這是儒家處世策略的靈活性。程頤曾云：「禮孰爲大？時爲大。亦須隨時。當隨則隨，當治則治。當其時，作其事，便是能隨時。隨時之義大矣哉！」〔註116〕所指正是「禮」不可全泥古，要視當時的風氣不同而須有損益，能機動、靈活的因應情勢，使

〔註114〕以上引言分見〈俗禮苔問二〉，〈俗禮苔問三〉，〈俗禮苔問四〉，《雕菰集》，卷十二，頁191。

〔註115〕〈說權二〉，《雕菰集》，卷十，頁144。

〔註116〕分見〈爲政〉，《論語纂疏》，頁160；程頤、程顥，〈入關語錄〉，《河南程氏遺書（一）》（《二程全書》，台北：中華書局，1986），卷十五，頁22。

道德準則能具體的貫徹。

　　清儒以經世爲主的復禮思潮中，重視禮的歷史意蘊與現實力量，顧炎武認爲禮的功用是「自治治人之具」，是以「先王之制禮也，不可多也，不可寡也，惟其稱也。」戴震論禮，本於「禮必以情起」，而「君子行禮，不求變俗，要歸於無所苟而已矣。」〔註117〕是以不應強變其禮，違背常情，故禮唯求其時宜，隨時而變。焦循思想中，禮制所以能具備實用、實效的現實力量，就因爲涵括「時」的積極動因，其言：

　　　　《記》之言曰：「禮以時爲大」，此一言也，以蔽千萬世制禮之法可矣。〔註118〕

〈禮器〉標誌著制禮的五個原則與要點，其曰：「禮、時爲大，順次之，體次之，宜次之，稱次之。」〔註119〕而這其中又以損益隨時爲制禮的首要法則，禮能適時而變，則達順、備體、從宜、合稱也才能一一呈顯。〔註120〕

　　是以焦循認爲制禮、行禮以「時爲大也」，而價值效應必表現在人們的社會行爲上，其言：

　　　　開國之君，審其時之所宜，而損之益之，以成一代之典章度數，

　　　　而所以維持此典章度數者，猶必時時變化之，以掓民之偏而息民

　　　　之詐。〔註121〕

他認爲聖人制禮必審時宜而損益，惟其適時用之，「設令周公生宇文周，必不爲蘇綽、盧辯之建官；設令周公生趙宋，必不爲王安石之理財」，焦循以歷史事實說明一切典章度數的施政具體作爲，「必時時變化之」，因情制禮，才能掓偏息詐、重整行爲規範與社會秩序；如此審時度勢、權時宜用的經世企圖，正是「禮時爲大」的具體發用，其言：「治平之要，歸之於權」，〔註122〕是以禮之時效性的呈顯正因能因時制宜，而實效性的呈顯正因能因人、地、事制宜，這正是焦循「權」論的具體說明。

〔註117〕以上引言分見顧炎武，〈儀禮鄭注句讀序〉，《顧亭林詩文集》，卷二，頁32；
　　　　顧炎武，《日知錄集釋》（台北：國泰文化事業公司，1980），卷六，頁147；
　　　　戴震，〈答朱方伯書〉，《東原集》，卷九，頁4。
〔註118〕〈禮記鄭氏注〉，《雕菰集》，卷十六，頁274。
〔註119〕〈禮器〉，《禮記今註今譯（上）》，頁391。
〔註120〕隨時、達順、備體、從宜、合稱五個制禮原則引自高明，〈原禮〉，《禮學新探》
　　　　（香港中文大學聯合書院中文系，1963），頁5～9。
〔註121〕同註118。
〔註122〕以上引言分見〈禮記鄭氏注〉，《雕菰集》，卷十六，頁274；〈梁惠王章句下〉，
　　　　《孟子正義》，卷五，頁171。

三、焦循「能知故善」說之重智主義推闡

儒學向來具有「道德」與「知識」兩種內涵，「道德」涉及應然的價值問題；「知識」涉及實然的事實問題，在修養人格的進程中，同時扮演著不可或缺的重要角色。而「道德」尤居於核心地位，成德之教中以「道德」爲第一義，相對來說，「知識」就顯的次要了，是以在儒學的發展過程中，德、智關係傾向德智不分、以德統智、以智輔德，「知識」沒有獲得獨立的地位，故「尊德性」與「道問學」雙脈，以前者得到充分的開發與重視，後者相對的弱化了。

「仁智雙修」是孔子強調的德、智模式。孟子在稱其孔子時說：「仁且智，夫子既聖矣。」是以聖人之學是「道德」與「知識」相互包含，不可偏廢。孔子亦多次言及「知識」與「道德」是同等重要的德目，如「知者不惑、仁者不憂」、「仁者安仁、知者利仁」、「未知，焉得仁」、「里仁爲美，擇不處仁，焉得知」等，〔註123〕可見在孔子的思想中，仁與知是統一的，兩者具有互相促進的內在聯繫，「道德」以「知識」爲基礎，道德才能落實；「知識」以「道德」爲依歸，知識才見豐富。

孟子在孔學的基礎上開發出道德主體的世界，把「智」視爲四端之一的「是非之心」，是一種具有明辨、判斷的德性自覺，具有協合仁、義，知「斯二者弗去是也」的先天能力，〔註124〕可見孟子進一步發展了孔子的仁學，對於宋明理學以「尊德性」爲首要綱領的思路影響很大，牟宗三先生提出：「在中國，則由孟子以至宋明儒者皆精言之，以「以仁識心」爲主流。」〔註125〕此語點出「尊德性」一脈的理路承繼與發展。

另外，荀子在儒家的成德之教中，另闢新途，他以性惡立論，倡導「隆禮至法」，透顯著客觀的精神，並強調外在知識學習「化性起僞」的矯揉作用，其言：「凡以知，人之性也；可以知，物之理也。」把「人之性」視爲認識主體，把「物之理」視爲認識客體、對象，他進一步指出「所以知之在人者，謂之知；知有所合，謂之智。」當認知主體與認識對象相合，形成了知識，就能「知明而行無過」。〔註126〕亦即經由認知過程，了解道理或物理後，才能

〔註123〕分見〈公孫丑上〉，《孟子纂疏》，頁 390；〈憲問〉，〈里仁〉，〈公冶長〉，《論語纂疏》，頁 300，181，197。

〔註124〕〈離婁上〉，《孟子纂疏》，頁 452。

〔註125〕牟宗三，《名家與荀子》（台北：學生書局，1985），頁 225。

〔註126〕分見〈解蔽〉，〈勸學〉，〈正名〉，《荀子集解》，卷十五，頁 664；卷十六，頁 673；卷一，頁 106。

加以辨識以爲善去惡，荀子肯定外在客觀對象與物理的知識論，可說是弘揚孔子的智識傳統，是以「道問學」一脈有了初步的萌芽。

　　而清代考據學的興盛、知識發展成爲主流，「道問學」受到前所未有的肯定，這和重客觀、經驗的荀子遙遙相契，是以荀學在清代的復興，可說是標誌著清代學術「由智達德」的特色。

　　德、智關係經過歷史的遞嬗，大抵來說，宋、明儒重視先驗的道德理性，以存養內省爲要，主張「德性之知，不假見聞」，〔註127〕亦即道德與知識不能相互觀照；相對於宋、明儒來看，清儒就顯得凸顯知識的傾向，其肯定客觀的經驗知識，重考訂、訓詁，主張積學成智，戴震提出「德性資于學問」，〔註128〕充分肯定「知識」對於「道德」的積極作用，焦循繼而提出「能知故善」說，強調人因有知識，才能知變通，靈活應變，因人、事、地而制宜，行爲得宜即得利，從踐履結果來言性善，正說明知識的最高表現，是價值的實踐。其關鍵正是人有知識才能知權變，選擇較適宜的言行來因應外在變化的環境，趨利故義，即是善。

　　是以焦循之「權」論中即凸顯主智的思想，充分肯定「智」是成就德性之必要條件和途徑，其言「君子之轉移氣質也，以學」，〔註129〕這正是呼應戴震「德性資於學問」的重智道德觀。錢穆先生即指出：

> 里堂言性善，以人之有智慧言之，又以人之能進化言之，其說亦本
> 於東原，而人類之自以其智慧而進化者，其一段之歷程，里堂名之
> 曰「變通」，變通之所得即善也。〔註130〕

是以焦循本於戴震重智思路，強調性善必資於人之智慧，而其關鍵在於「變通」，故焦循「能知故善」所闡發的重智旨意，正是指「趨時行權」的變通思想。

（一）「由智達德」的重智取向

　　《中庸》言「君子尊德性而道問學，致廣大而盡精微，極高明而道中庸。」〔註131〕是以「道德」與「知識」遂成爲理想人格的兩條進路，如鳥之雙翼、車之兩輪。一般而言，尊德性爲道德系統，道問學爲知識系統，有各自的領域與價值，但在儒學的發展中，其成德之教以崇尚道德爲特徵，一旦把知識

〔註127〕〈暢潛道錄〉，《二程遺書》，卷二十五，頁255。
〔註128〕戴震，〈理〉，《孟子字義疏證》（台北：廣文書局，1978），卷上，頁10。
〔註129〕〈說權五〉，《雕菰集》，卷十，頁146。
〔註130〕《中國近三百年學術史》，頁502。
〔註131〕《中庸纂疏》（《四書纂疏》），頁128。

納入道德系統，兩者的關係便產生了糾葛，成爲後之學者無法避免的問題。如宋明理學在歷史的條件下，側重仁心直覺體驗，重視本體至善，把一切價值的根源托諸於心，只要道德主體能持志存養，就能實現道德的理想境界，是以宋明理學家言心言性，把尊德性一系發揮到最巔峰，在「道德」的前提下，承認「知識」雖存在，但無助於成就道德，兩者毫不相干，知識在道德的完全籠罩下，似乎變得沒有價值。

張載認爲「見聞之知」是「乃物交而知，非德性所知」，亦即初步承認人交感於外在客觀之物所產生的知識是不同於先驗的道德覺悟，他雖承認客觀知識的存在，但沒有對聞見之知的內容作進一步的探究，而且所關注的仍只是道德問題，其言「德性所知，不萌於見聞」，視「道德」爲第一義，並主張「不以見聞梏其心」。〔註132〕二程深化張載之說，並更明確的劃清道德與知識的界限，是以「德性之知，不假見聞」，二程以「尊德性」爲前提，知識爲其附庸，受道德的制約。這樣以德統智的傳統看法，仍然沒有跳脫時代的局限。但如余英時先生所言：「理學家之所以分別「德性之知」與「聞見之知」，從某種意義說，也正是要把客觀知識在儒學系統中安排一個適當的位置。」〔註133〕就這點而言，至少道問學已暗中潛移到他們的視域了。

朱子說：「大抵子思以來，教人之法，惟以尊德性、道問學兩事爲用力之要。今子靜所說，專是尊德性之事，而熹平日所論卻是問學上多了。」朱、陸兩人所處的時代，以「尊德性」爲主流，只是在容納「知識」的程度上，大小本末之不同罷了。象山強調「發明本心」、「明心見性」，他並非主張完全廢書不觀，只是「知識」在他看來，對於成德工夫只是次要的、不直接相干的，一點也派不上用場，故其曰：「既不知尊德性，焉有所謂道問學？」可見他不同意朱子道問學的說法。陽明則把知識完全收攝在道德體系中，其言：「道問學即所以尊德性也。」他把「知識」徹底的道德化、倫理化了，甚至出現「知識反爲良知之害」的反智傾向。〔註134〕是以心學發展到末流，演變成「現

〔註132〕以上引言見張載，〈大心篇〉，《張子全書》（台北：中華書局，1988），卷二，頁 21。

〔註133〕余英時，〈自序〉，《論戴震與章學誠──清代中期學術思想史研究》（台北：東大圖書公司，1986），頁 5。

〔註134〕分見朱熹，〈答項平父二〉《朱子文集（六）》（台北：德富文教基金會，2000），卷五十四，頁 2550；陸象山，〈語錄上〉，《象山先生全集》（《四部叢刊初編》，第 63 冊，上海商務印書館，1975），卷三十四，頁 261；王守仁，〈傳習錄下〉《王文成公全書》（《四部叢刊初編》，第 84 冊，上海商務印書館，1975），卷

成良知」「束書不觀」的現象，形成空疏之弊，清儒提實學，就是針對宋、明儒輕忽知識對於道德具有促進與引化的實際作用。

　　相對的，朱熹在處理「知識」與「道德」的關係顯然比陸、王寬容多了，他教人偏向「道問學」一面，肯定知識對道德的積極指導作用，故「蓋能尊德性，便能道問學。所謂本得而末自順也。」他進一步闡發「格物窮理以致知」，其格物的範圍很廣泛，日用之間、事之所遇、物之所觸、思之所起、以至於讀書考古等，可見外在經驗、客觀知識的學習與累積對於成德有其必要性，兩者相互發明，他說：「知之愈明，則行之愈篤；行之愈篤，則知之益明，二者皆不可偏廢。」〔註135〕「行」代表道德，「知」代表知識，顯然由德性過渡到德行的修養歷程，勢必要透過知識的大用才能完成，這明顯繼承荀子「知明而行無過」的重智理路而來，如牟宗三先生所說「朱子的頭腦是荀子的頭腦」，〔註136〕所強調正是朱、荀子「由智達德」之相同思路也。

　　是以朱熹承認道問學的相對獨立性，不但上取荀子，亦下啓有清一代「道問學」興盛，余英時先生說：「東原在知識問題上繼承並發揚了朱子的觀點」，〔註137〕故可說是位於「居間轉換」的重要地位，雖然朱子「道問學」的終極目地仍是主觀的德性之知，而非純粹成就個人客觀知識，但朱學「格物致知」說在整體上表現出明顯的重智取向，清儒從「尊德性」到「道問學」的價值轉變便和其說有重要的傳承與聯繫。

　　明清之際，由於時代的急劇變化，宋儒談心說性論理、道的形上學術內容以至主觀、抽象的思辨方法，明顯的呈現出不符社會環境的要求，於是清儒在「崇實黜虛」的反思下，注重起形下的氣化世界，是以人倫關係與社會秩序為關懷重點，此時客觀、實證的學術方法也相應而起，故重訓詁、考據的「道問學」成為清儒的主要價值。清儒由於重訓詁、講求證據、實事求是、博學多聞的考據學風，推動了智識主義的進一步發展，是以「知識」的地位由伏流漸漸浮上抬面，清儒對於德、智關係的看法也有了轉變。

　　　　三，頁155；王畿，〈萬松會紀〉，《王龍溪語錄》（台北：廣文書局，1960），卷五，頁21。

〔註135〕分見〈中庸第二十七章〉，〈大學〉，《朱子語類》，卷六十四，頁1589；卷十四，頁281。

〔註136〕牟宗三，《中國哲學十九講》（台北：學生書局，1983），頁404。

〔註137〕〈儒家智識主義的興起——從清初到戴東原〉，《論戴震與章學誠——中期學術思想史研究》，頁33。

　　黃宗羲言「讀書不多，無以證斯理之變化」，是以從書中所獲得的客觀知識，對於先驗之理的體驗有引發作用，能明瞭道德原則與規範，有助於道德的實踐。王廷相認爲「物理不見不聞，雖聖哲亦不能索而知之」，認定辨識「日用之物」的客觀知識的獨立地位，故「神性雖靈，必藉見聞思慮而知，積知之久，以類貫通。」這種「由智達德」的取向至清初更爲明顯，如顧炎武提出「博學於文，行己有恥」，〔註 138〕把「知識」與「道德」區分爲二，並強調二者都是成聖之學，必須致力提昇與發展的。唐君毅先生即出：

> 蓋自顧亭林將「行己有恥」與「博學於文」、「多學而識」與「一貫之方」並列，即已意涵此二知並重之意，而非復宋明儒以德性之知爲主之精神。而清儒之業，於「博學於文」、「多學而識」上，多下工夫，而開清代之注疏、考據、名物、訓詁之學，其精神即爲重聞見之知者。〔註 139〕

可見清代的學術已轉向「道問學」的道路了。

　　王夫之對於「聞見之知」表現得最爲謹愼，他認爲「見聞不足以累其心，而適爲獲心之助」，故宋明儒「德性之知不假見聞」的觀點到了王夫之，面臨了最有力的挑戰，王夫之認爲知識可分爲「耳目」之經驗知識，「心官」之先驗知識，前者用格物的方法，後者用「致知」的方法，必須「均用」，也就是「學問爲主，而思辨輔之」，〔註 140〕這種較系統的知識論，表現出較高的水平見解，故他主張見聞之知仍是資助德性之知的，其言：「道問學而即以尊德性。」王夫之沿著朱熹格物致知的「道問學」而有了新的發展，由「尊德性」進至「道問學」已然成形。

　　唐甄對於德、智的看法有了新的發現，他主張「以智和德」，糾正傳統倫理的錯誤是把「智」視爲靜態的德目，「見智自爲一德，不以和諸德」，疏乎了「智」動態的發用作用。以智和德，仁才有「廣愛」作用，義才有「服暴」作用，禮才有「牽世」作用，故「折枝之仁」、「殺梟之義」、「先長之禮」必

〔註 138〕分見全祖望，〈梨洲先生神道碑文〉，《鮚埼亭集》（朱鑄禹彙校集注，《全祖望集彙校集注》，上海古籍出版社，2000），卷十一，頁 219；〈雅述上篇〉，《王廷相集》（北京：中華書局，1989），頁 836；顧炎武，〈與友人論學書〉，《顧亭林詩文集》，卷三，頁 41。

〔註 139〕唐君毅，《中國哲學原論──導論篇》（台北：學生書局，1978），頁 332。

〔註 140〕分見王夫之，〈大心篇〉，《張子正蒙注》，（台北：世界書局，1967），卷四，頁 106；王夫之，《讀四書大全說》（台北：河洛圖書出版社，1974），卷一，頁 12。

取決於「知識」，〔註141〕知識具有積極的引導與激勵意義。

到了乾嘉之際，戴震明確提出「德性資於學問」，知識成為成德之教的關鍵，打破了宋明以來視道德為第一義的格局，知識獲得了獨立的地位，「由智達德」成為清儒共同的思路，戴震說：「然舍夫道問學則惡可命之尊德性乎？」知識在成德之教中躍昇第一義，居主導地位，錢大昕呼應其說，曰：「天下豈有遺棄學問而別為尊德性之功者哉！」是以焦循深受影響，肯定客觀知識對於道德的發揮與實踐具有正面意義，兩者應平行對應，如果過度輕智重德，會據致弊端，其曰：

其弊至於尊德性而不道問學，講良知良能而不復讀書稽古。〔註142〕

可見「道問學」已成為清儒的基調。

故認知心為主的客觀、經驗知識才是清儒所推重與強調的。龔自珍說：「入我朝，儒術博矣，然其運實為道問學。」〔註143〕實指出清儒從「尊德性」到「道問學」價值轉變的學術特色。〔註144〕焦循就是在此背景下，依此由智達德的思路而推展出「能知故善」說。

（二）「能知故善」——重智與行權的凸顯

1. 對戴震「德性資於學問」理論的深化

胡適認為客觀、經驗的知識，是戴震所重視，而其所強調的智識作用，正因具備了靈活應用的特點，「如權衡之于輕重」，他進而指出：

戴學是培養人的「智的作用」，並增益「隨時應變，因地制宜」智慧。〔註145〕

〔註141〕唐甄，〈性才〉《潛書》（北京：中華書局，1984），頁19。

〔註142〕分見〈與是仲明論學書〉，《東原集》，卷九，頁5；錢大昕，〈策問〉，《潛研堂文集》（《四部叢刊初編》，第97冊，上海商務印書館，1975），卷十七，頁158；焦循，〈釋多〉，《論語通釋》，頁16。

〔註143〕龔自珍，〈江子屏所著書敘〉，《定盦續集》（《龔自珍全集》，台北：新文豐出版公司，1975），卷三，頁12。

〔註144〕「內在思想理路」說由余英時先生提出，他從思想史的角度觀察，認為宋明理學代表儒學「尊德性」階段發展，清學則是「道問學」——智識主義的重視。張師麗珠則從學術史整體發展的角度做補充說明，認為宋明理學可說是理性思維領域的知識型態，清學則是經驗實證領域的智識型態。本文從「尊德性」到「道問學」的價值轉變，則以張師麗珠的觀點，「從主觀、思辨的理性知識到客觀的經驗知識的轉變」為內涵，這樣不但可提供學術內部價值觀轉變的線索，亦可涵蓋新型態學術——考據學興盛的原因。

〔註145〕胡適，《戴東原的哲學》（合肥：安徽教育出版社，1999），頁82～83。

是以戴震肯定智識的作用，重視知識具備增益「隨時應變，因地制宜」的特質，此論點無疑被焦循全面的吸收與發揚，是以焦循論「權」，正是積極闡發這種能「隨時應變、因地制宜」的智識觀點，更總結出「能知故善」之說，可見戴震的重智學說，爲焦循「權」論提供了理論基礎。

（1）人智足以擇善

錢穆先生評戴震《緒言》時指出：「程、朱、橫渠則以不棄道問學一邊，與荀子同爲得聖學之一體。其論歸於重智，非智則無以精察自然以立必然之則也。」此語點出儒家「道問學」一脈的內在聯繫與發展，余英時先生亦言及清儒進一步發展了儒家「道問學」的主軸，其言：「清代思想史的中心意義在於儒家智識主義的興起和發展。」〔註146〕而這其中又以戴震義理最具重智傾向，其「德性資於學問」的提出，把知識擺放在與道德同樣的高度，改變了宋儒視知識、道德兩者不相干的命題，堪稱清儒重智主義的代表人物。

東原崇學尙智，源於對經驗界秩序的關心，其言「智足知飛走蠕動之性，以馴以豢，知卉木之性，以生以息，良農任以蒔刈，良醫任以處方」，〔註147〕通過認知心分析、辨別、裁斷所獲得的客觀知識，才能靈活應用在分殊現象界的實體實事，改造客觀世界中的事業而有所作爲，眞正切合人倫日用、現實人生，充分發揮現實面的實際效益，透過知識以提昇人我的生活，從而在道德的實踐中，知善、擇善以止於至善，故戴震以智言善的內涵主要強調「人智足以擇善」。

戴震拔高「智」的地位，化強調人是具有認識、辨別、判斷是非能力的認知主體，而這也是人與禽獸最大的區別，其言「人之智大遠乎物」，最重要的關鍵就是「人莫大乎智足以擇善也。」充分凸顯重智的主張，強調「知識」有引導人知善、擇善的作用，故其言：

> 人之心知，於人倫日用，隨在而知惻隱，知羞惡，知恭敬辭讓，知
> 是非，端緒可舉，此之謂性善。〔註148〕

宋儒從道德主體的根源處來論性善，著力於探討性本身是否爲善，戴震則從事實結果處來論性善，著力於性之善如何在現實面呈現。 他把孟子主觀的道

〔註146〕分見《中國近三百年學術史》，頁381；余英時，〈清代思想史的一個新解釋〉，《歷史與思想》（台北：聯經出版社，1977），頁154。

〔註147〕戴震，《原善》（《戴震集》，台北：里仁書局，1980），卷中，頁338。

〔註148〕《原善》，卷中，頁338；〈性〉，《孟子字義疏證》，卷中，頁10。

德心轉化爲客觀的認知心，認爲人之所以爲善是因爲人有心知，此認識主體能思而通變、靈活應用，「能不惑乎所行之爲善」，〔註149〕在道德的實踐中，用知識來判斷、審辨、而不致迷惑，故「人智足以擇善」所強調正是道德之圓滿，必有待於知識的開發。

是以焦循在戴震以智言善的理論上，進而言「人能知擇，故有不爲者，有爲者」，〔註150〕爲與不爲的抉擇，是立足於「智」的判斷與變通，說明了人智居於重要的引導環節，是人之所以爲善的根據，是以焦循「能知故善」說強化了知識對於成德之教的重要意義。

（2）以學養智

儒家弟子子貢曾言孔子「學不厭，智也」的求知方式，〔註151〕可見強化學習、擴充知識以增益人智本是儒家重「知識」的有效途徑與目的，戴震亦言：「惟學可以增益其不足而進于智」，是以他主張「以學養智」，強調學習而增加知識，故提出了「重問學、貴擴充」的方法。他指出「不蔽，智也」，是以智就是不蔽，指人們能夠正確認識和掌握外在事物有條不紊之理，從而處理事情時能變通的選擇完善的態度和方法，故「不蔽，則其知乃所謂聰明聖智也」，由此可見「蔽」是知識的阻礙，「得乎條理者智，隔於是而病智之謂蔽」，兩者是相互對立的，而「蔽」的產生是由於認識偏差，錯誤的判斷與行爲便隨之而來，故「蔽」之差謬發生在生活各個層面，如「生於心也爲惑」、「發於政爲偏」、「成於行爲謬」、「見於事爲鑿，爲愚」，最後「施之事亦爲固」，亦即面對具體境遇不知靈活變通、誣罔而固執己見，是以「儒者之學，將以解蔽而已矣」，「解蔽」成爲明理達智的必要條件。

是以戴震提出「解蔽莫如學」，強調解蔽的有效途徑便是加強學習、擴充知識，而焦循「權」論中所標舉「以學轉移氣質」，強調變通之方在於「學」，故學重博重多，其言「非智無以通，非學無以智」，〔註152〕由學而智，由智而通，這是戴震「解蔽達智」論的推拓。

〔註149〕〈性〉，《孟子字義疏證》，卷中，頁10。
〔註150〕〈離婁章句下〉，《孟子正義》，卷十六，頁553。
〔註151〕〈公孫丑上〉，《孟子纂疏》，頁390。
〔註152〕以上引言分見〈理〉，〈權〉，〈才〉，《孟子字義疏證》，卷上，頁4；卷下，頁10；卷下，頁3；《原善》，卷上，頁343；〈沈處士戴笠圖題詠序〉，《東原集》，卷十一，頁6；〈說權五〉，《雕菰集》，卷十，頁146；〈釋聖〉，《論語通釋》，頁12。

學以增人智既是戴震所重視，而積極的作用是「問學所得，德性日充」，〔註153〕也就是知識指導道德行爲，爲正確的德行提供良好的認識基礎，把知識視爲道德的必要本質條件。換言之，先有認知理義的能力，才能提供德行履的準則，故「行」是建立在「知」的基礎上，知指導行，其言：

　　聖人之言，無非使人求其至當以見之行；求其至當，即先務於知也。

　　凡去欲不求去蔽，重行不先重知，非聖學也。〔註154〕

以「行」言，「務在修身而已」，指道德踐履止於至善的工夫；以「知」言，「致其心之明而已」，指人智足以擇善的工夫，唯有通過認知心的審辨、判斷、權衡，人才能正確的行之無爽失，不惑乎其所行，故「聖賢之學，由博學、審問、愼思、明辨而後篤行，則行者，行其人倫日用之不蔽者也。」當然此時的博、審、愼、明之知，是指客觀的經驗知識，從知識層面來立論，根本轉化了宋儒道德意義的學、問、思、辨內涵，是以「重行先重知」是與戴震「德性資於學問」相應而來。

戴震主張有智識自能權度事情，無幾微差失，其曰：「謂心之明至于辨察事情而準，故曰權。」〔註155〕是以他強調心知的分辨、審察實際狀況而得到行事的客觀準則，才能應付複雜多變的人生境遇，故以「權」字來概括其靈活變通的意義。「權」的內涵在焦循的思想中得到了進一步的繼承與發揚，焦循總結其論而提出「能知故善」說，張舜徽先生就說：

　　焦氏認定……能知故善，這都是和戴震相同的。〔註156〕

正點出了焦循對於戴震「德性資於學問」理論的繼承。

2.「知變通」的智識凸顯

從清儒「由智達德」的理路開展而來，戴震倡「德性資於學問」，焦循繼之而言「能知故善」，其中的共同點是智識作用的凸顯與重視，強調從經驗世界所獲得的客觀知識才能解決現實社會的問題、改善人際的關係，也就是說凸顯智識主義的成德之教，就是通過客觀世界的判斷、權衡，做出符應的變通措施，以實現人生美善的文化價值與成就。

是以焦循繼承且充實戴震以智言善，強調人智足以知善、擇善，進而提出「能知故善」，王永祥先生在〈戴東原的繼承者焦里堂〉一文中就說：

〔註153〕《原善》，卷上，頁346。

〔註154〕〈權〉，《孟子字義疏證》，卷下，頁13。

〔註155〕以上引言同前註，頁12～13。

〔註156〕張舜徽，《清代揚州學記》（上海人民出版社，1962），頁132～133。

　　于性善論中重視智力之說，于駁赤子之無知中注重智識之開展，于論
　　良知良能中分別知能，而重視由知以變能，這種精神與東原一致。東
　　原在此處特別提出「權」字以爲標榜，里堂對此則更有發揮。〔註157〕
可知焦循論人性，就是凸顯人能知變通，從現實層面來權衡利害得失，並且
踐履以趨利得義（宜），獲致實際效益，這就是善的結果與完成，而其「以學
養智」、「以學轉移氣質」正是變通的方法與基礎。其言：「所以指明學者達天
徑路，端在學習，有以變化之耳。」〔註158〕故重學問積累、貴知識擴充，是
以焦循「能知故善」在強調人類因有知識而能判斷時宜以採變通措施，故其
智識的凸顯正說明行權之要。

　　（1）「智，人也；不智，禽獸也」──人物之辨唯在心知

　　宋儒言性善，側重在性的本質、根源處來談，強調本體至善、先天德性
內在而具足，性的實質是否爲善成爲中心點；清儒也言性善，不過偏重在形
下氣化的經驗世界，是以血氣心知的氣質之性受到重視，所以清儒「以氣論
性」，並從「性」的功能結果處來談，強調性善的踐履過程與完成，故性之善
如何在現象界如實而具體的呈現成爲關懷重點，而其中善境的完成，決定於
人類「心知」功能的引導作用，這是清儒言性善時所凸顯的，「以智言善」已
異於傳統人性論，而具有開新的近代氣息，這也是清儒人性論的特色。焦循
論人物之別在於人能知變通而趨利得善，即是立足在清儒以氣論性、以智言
善的基調上。

　　以氣論性

　　宋儒論人性側重於性體的探討，從超越的、先驗的、主觀的層面來理解
性與理，在理氣二分的義理間架上，把人性二分爲天命之性與氣質之性，認
爲天命之性純粹至善、先天具足，是一切價值的內在根源；氣質之性是稟受
陰陽二氣之清濁、昏明、厚薄而有偏駁不齊，既有善的一面，亦爲欲、惡的
淵藪，故必須「變化氣質」，宋儒視氣質之性會污染天命之性，進而提出「存
理滅欲」的道德修養論。

　　清儒論人性則著重工夫的踐履，從經驗、現實、客觀的層面來論理、
氣，主張理寓於氣、理不離氣，亦即義理在氣質之中，所以他們不同意宋

〔註157〕王永祥，〈戴東原的繼承者焦里堂〉，《東北叢刊》，第一卷，十二期，1930・
　　　　12，頁 23。
〔註158〕〈告子章句上〉，《孟子正義》，卷二十二，頁 735。

儒將人性割裂爲二，黃梨洲就說：「所謂理者，以氣自有條理」，強調理爲氣之理，王夫之亦言：「理在氣之中」、「理氣一也」，故理氣原不可分作兩截。戴震則主張氣化即道，天道爲陰陽五行，人道則是人倫日用，而「人倫日用，皆血氣心知所有事」，〔註159〕故他從自然人性觀點說：「人之爲人，舍氣稟氣質，將以何者謂之人哉？」是以清儒已然把重心擺落在形下氣化的現實世界。

　　焦循說在「人、物氣化而生」的「以氣論性」中，肯定「性即指氣質而言」、「性不妨歸諸理」，他認爲「有質有形有氣，斯有是性，是性從其質其形其氣而有者」，宋儒別之曰「氣質之性」與「理義之性」，是「無解於氣質之有善惡，恐其有累於性善之旨」，這是惑於釋氏之說，欲從超越質、形、氣的層次來言性，這是不務實的觀點，不能解決人類現象界的問題，故「無氣質則無人，無人則無心，性具於心，無心安得有性之善？」是以「性具氣質中」。〔註160〕在此脈絡下，「性即理」自然不是「得於天具於心」、「眞宰眞空」的虛渺之理，而是「實體實事」、「理爲條理」、「理在事情」的經驗界客觀實有之理。

　　由於對形下氣化領域的重視，現實人生、經驗事實、日用百爲全納入清儒的視野，人的情欲獲得了正視──「欲遂情達」，人性的內容與價值也有了新的理解，「欲出於性」、「理存乎欲」的自然人性論成爲清儒共同的認識。戴震認爲人物之別在於物能遂其自然，人能明其必然，其關鍵點在於「人智足以擇善」，人因有智慧，所以能因應時宜、隨時變通、擇善而爲，不惑於所行，故「人能全乎理義」之踐履無憾無失。這種主智的思想被焦循全面的吸收。

唐君毅先生說：

> 焦循之論性，則大體皆本東原之言血氣心知之義，而又逕以飲食男女爲人性之大端。〔註161〕

焦循承認自然生理情欲的必要性，故言「性無他，食色而已」、「飲食男女，人之大欲存焉。欲在是，性即在是，人之性如是，物之性亦如是」，人物雖有

〔註159〕分見黃宗羲，〈諸儒學案中四〉，《明儒學案》(《黃宗羲全集》冊8，台北：里仁書局，1987)，頁1175；王夫之，〈大心篇〉，《張子正蒙注》，卷九，頁266；戴震，〈誠〉，《孟子字義疏證》，卷下，頁9。

〔註160〕以上引言分見焦循，《易餘籥錄》(《叢書集成續編》，第29冊，台北：新文豐出版公司，1985)，卷十二，頁353；〈告子章句上〉，《孟子正義》，卷二十二，頁752，741～742。

〔註161〕唐君毅，《中國哲學原論──原性篇》(台北：學生書局，1979)，頁504。

相同的屬性，這是就本質條件而言，而人的真正意義與價值在於「性善」的實踐，故必須就功能而言，亦即「心知」——心的認識能力，這也是人獨具、百物所無的「智性」。故百物「但知飲食男女，而不能得其宜」，而人「則能擴充其知至于神明，仁義禮智無不全也」，〔註162〕這明顯是戴震「人能全乎理義」的證成。

以智言善

故在人物的分判上，焦循進而繼承且發揮戴震「人之知覺大遠乎物」的主張，提出「知覺運動者，人物之生；知覺運動之所以異者，人物之殊其性」，是以人物雖同具血氣心知，但「人有所知，異於草木，且人有所知而能變通，異乎禽獸」，〔註163〕故人因具備「心知」而能知變通、識時宜，權衡實際的利益，採變通措施以得利，這才是善的完成，故人物之別在於人有「心知」，其言：

> 人之所以異於禽獸者，在此利不利之間，利不利即義不義，義不義即宜不宜。能知宜不宜，則智也。不能知宜不宜，則不智也。智，人也；不智，禽獸也。幾希之間，一利而已矣，即一義而已矣，即一智而已矣。〔註164〕

是以「智識」是人物之別的致異主因，能引導人類完成和實踐「善」的歷程，也就是知變通，根據客觀環境條件，自覺的調整行為方式，以求得更高利益，趨利而得宜。

孟子講「人之所以異於禽獸者幾希」在於人具四德之善端，此善端有著不學而能、不慮而知的特質，是一種先驗假設的主體價值存在，稱為良知、良能。孟子以人具善端來分判人禽之異。焦循同意孟子的說法，在主智的思維下，他把孟子主觀道德義的良知、良能轉化為客觀認知義的「甚知」、「甚能」、「最知」、「最能」、「知之最」、「能之最」，強調「知以變能」，其言：

> 其言孩提之童，無不知愛其親，則不言無不能愛其親也；其言及其長也，無不知敬其兄，則不言無不能敬其兄也。蓋不慮而知，性之善也，人人所然也。不學而能，惟生知安行者有之，不可概之人人。知愛其親，性之仁也，而不可謂能仁也。知敬其兄，性之義也，而

〔註162〕分見〈性善解一〉，《雕菰集》，卷九，頁127；〈告子章句上〉，《孟子正義》，卷二十二，頁743。
〔註163〕同前註，頁740，734～735。
〔註164〕〈離婁章句下〉，《孟子正義》，卷十七，頁586。

不可謂能義也。曰親親，則能愛其親矣，仁矣，故曰親親仁也。曰
敬長，則能敬其兄矣，義矣。故曰敬長義也。何以由知而能也，何
以由無不知而無不能也？無他，有達之者也。〔註165〕

是以「由知而能」、「由無不知而無不能」的關鍵在於「達」——知通達。也
就是說「知愛其親」、「知敬其兄」是「性」中「心知」的功能——知仁、知
義，故「能愛其親」、「能敬其兄」，進而兼善天下，所以焦循主張「知以變能」、
「達之天下」的關鍵在於「知變通」。

　　焦循說：「人性相近，其善不爽。惟物則殊，知識罔罔」，他視知識爲
道德實踐的首要條件，除了是清儒「由智達德」的時風反映外，亦是針對
宋儒視知識無益於成德之教的批判，儒、釋、道混淆的理學爲焦循所揚棄，
故對於老、莊「絕聖棄智」、「爲學日益，爲道日損」的棄智傾向有所反對，
〔註166〕尤其針對莊子所謂「人雖有知，無所用之」的輕智主張提出反駁，
其言：

赤子之無知，……自桑弧蓬矢，方名六甲，就外傳，入小學，以至博
學無方，乃能知類通達，強立而不反。若失而不教，則終於愚而無
知。……以爲不必博文，不必好古，不必審問而明辨，第靜其心，存
其心，守其心，則不失乎赤子之心，而即爲大人。于是傭人匠賈，皆
可自命爲聖賢，相習成風，其禍於天下，與吃菜事魔者等矣。〔註167〕

焦循明以「赤子之心」譏斥老、莊，實對宋儒輕智的暗諷。是以焦循如此抬
高智識，強調非用理智不能變通，除了指出人物之別全在智與不智之關鍵外，
亦在說明行權之要在於人智。

　　（2）「能知故善」說——從「人性→教→知變通→實現善」的智性強調

　　「由智達德」的價值觀成爲清儒共同歸趨，是以戴震「德性資於學問」
之說成爲新義理典範，焦循依此脈絡而展開他「能知故善」的論證，其言：

性何以善？能知故善。同此男女飲食，嫁娶以爲夫婦，人知之，鳥
獸不知之；耕鑿以濟飢渴，人知之，鳥獸不知之。鳥獸既不能自知，
人又不能使之知，此鳥獸之性，所以不善。人縱淫昏無恥，而己之
妻，不可爲人之妻，固心知之也；人縱貪饕殘暴，而人之食，不可

〔註165〕〈盡心章句上〉，《孟子正義》，卷二十六，頁900。
〔註166〕分見〈讀書三十二贊——孟子字義疏證〉，《雕菰集》，卷六，頁85；朱謙之，
　　　　《老子校釋》（台北：華正書局，1986），上篇，頁196；下篇，頁74。
〔註167〕同註164，卷十六，頁557～558。

　　　　爲己之食，固心知之也；是性善也。〔註168〕

焦循「能知故善」一方面說明人禽雖同具飲食男女之「性」，但論性善，必專就人而言，因爲人性與物性不同，人有智慧能知所以性善，是以人禽之別在於「心知」，人知夫婦之別與耕稼火化之利，禽獸皆不知也，故「禽獸不知，則禽獸之性不能善；人知之，則人之性善矣」。另一方面說明性善的完成必須落實在家庭倫理與勞動生產的人倫日用上，人有智慧能知變通，是以嫁娶以爲夫婦、耕鑿以濟飢渴的經驗界秩序與成效才臻於完善。

　　由以上可知焦循性善論完全是就現實層面的踐履結果來立論的，這和宋儒側重超經驗層次的根源處談性善是迥然不同，故焦循批其「性善之說，儒者每以精深言之」，他認爲性善之說不能託於空言或「徒持高妙之說」，那會流於捉摸難定，必須就形下氣化萬物的共性——「男女飲食」之基質上「檢驗」，經由事實面的驗收效果，「性善乃無疑耳」。

　　焦循進而舉三個例子來強調性善是可以檢驗的：一、「乍見孺子入井，必有怵惕惻隱之心」，二、「臨之以鬼神，振之以雷霆，未有不悔而禱者」，三、「利害之際，爭訟喧囂，無不自引於禮義，無不自飾以忠孝友悌」，〔註169〕這三個實例都是與人倫日用切合的，在焦循看來，已理解爲人子入井，知怵惕惻隱而救危、對冥冥上位者知敬畏而戒愼、對利害爭訟的喧囂知引理義、知飾孝悌來息爭與調和，是以焦循「能知故善」，初步可了解爲由性→知→善的進路，性善的具體呈現，「知」是一個重要的中間環節與激勵分子，單由「性」無法直接連接到「善」的結果，必須經由「知」的引導才能通往「善」的完成，故「性善」所以得以成就正是「智性」。

　　他接著說：

　　　　善之言靈也，性善猶言性靈，惟靈則能通，通則變。〔註170〕

「不執於一，隨時變通，爲靈，乃爲善」，焦循把性善等同於性靈，「靈則能變化」，可見靈的意義爲通變、變化，是以焦循的「性善」論實際上也就是指「人性能轉移，則爲性善」，故「能知故善」的理路，可進一步擴大理解爲人性（存在善）→知變通→實現善，是以性善的被強調在於「知變通」，其言「夫人各有其性靈，各有其才智」，而「才不才則智愚之別也。智則才，愚則不才」，

〔註168〕〈性善解三〉，《雕菰集》，卷九，頁127～128。
〔註169〕上論及引言見〈性善解一〉，〈性善解三〉，〈性善解四〉，《雕菰集》，卷九，頁127～128。
〔註170〕〈性善解四〉，《雕菰集》，卷九，頁128。

故「雖有善性，而無才以盡之」，不知變通以行善。可見他言性善、性靈，著重於「智性」的凸顯，因為何以能變通？當然是要運用人類所獨具的「心知」作用，是以焦循言「智而後仁」，〔註171〕正是「能知故善」的強化說明。

完成道德實踐的關鍵在於「心知」之能知變通，是以智識的培養與訓練途徑就必須利用外在資具：「教」。焦循認為「性本知仁義，因而存之」，其人性內容涵攝有自然屬性與道德屬性，基本上他同意「善」是人性所固存的，但必須以是否具備知變通來判斷，也就是說人性中雖有「知之善端」，但「知之用」才是他所強調的，也就是知變通如何落實在「利用」、「厚生」上，性善才得以完成。故「教」是增益智慧的具體方法，故其言「非性善無以施其教，非教無以通其性之善」。而其「教」正是同荀子側重外在學習的矯揉、造作之教育方式，其言「教即荀子所謂偽也，為也」。是以他認為「人之性可因教而明，故善；禽獸之性，雖教之不明，故不善」，所以「惟人能移，則可以為善矣」，〔註172〕而「移，謂變通也」，〔註173〕在人性可引、能移的主張下，他強調性待教而為善，是以他主張因性而教、教以通善。

故焦循認為孩提之童愛其親、敬其長，非能愛親、非能敬長，那是因「慈母乳之而愛移」、「嚴師扑之而敬移」，故孟子所言良知、良能不足恃，「必教學成而後真知愛親敬長也。」〔註174〕是以他進而舉《淮南子·泰族訓》來說明「因性而為」、「因性而教」的重要，其言：

> 民有好色之性，故有大昏之禮，民有飲食之性，故有大饗之誼，有喜樂之性，故有鐘鼓筦弦之音，有悲哀之性，故有衰絰哭踊之節。
>
> 先王之制法，因民之所好而為之節文者也，皆人之所有於性而聖人之所匠成也。故無其性不可教訓，有其性，無其養不能遵道。〔註175〕

先民之時，男女無別、茹毛飲食不知火化、飲食無節，但聖人教示嫁娶之禮與耕耨之法後，人能知有人倫、知夫婦之宜別、上下尊卑之宜有等、知人道

〔註171〕分見《尚書補疏》，卷下，頁18；〈說秭〉，《雕菰集》，卷十，頁150；〈告子章句上〉，《孟子正義》，頁735；〈性　情　才〉，《易通釋》，卷五，頁239；〈釋仁〉，《論語通釋》，頁27。

〔註172〕以上引言見〈離婁章句下〉，〈滕文公章句上〉，《孟子正義》，卷十六，頁568；卷十，頁317；〈教〉，《易通釋》，卷五，頁243；〈性善解一〉，《雕菰集》，卷九，頁127。

〔註173〕同註164。

〔註174〕〈盡心章句上〉，《孟子正義》，卷二十六，頁900。

〔註175〕〈性善解五〉，《雕菰集》，卷九，頁129。

宜定、知自食其力，故「惟其才不能自達，聖人乃立教以達之」。

所以人能通過後天的教化而增益智慧，並運用智慧而變通、行權以實現宜善之所在，也是心之能思行善，此心能思慮可否、能度其可否，故言「人之心能裁度，得事之宜，所以性善。」〔註176〕故焦循「能知故善」亦可理解爲「能思行善」。

（3）小結

清儒挺高「知識」對「道德」的積極意義，聞見之知成爲德性之知的必要條件，兩者對於成德之教的作用等量齊觀，聞見之不知不再居於可有可無或次要的附庸地位。

焦循〈愚孝論〉一文即凸顯智、愚（聞見之知）與孝（德性之知）沒有必然的衝突，兩者分屬道德領域與知識領域，有不同的界限和功能，他在文中舉李氏之子因爲「親疾刲股肉至於死」，以致招人誚愚詆非的例子來說明，其言：

> 李氏之子，居郡城，素讀書，其知之，當更過於湖蕩中諸無識者。一旦臨親之疾，而行之自若，向所知爲愚者，固忘之，其忘之，何也？心一於親，不知其愚，亦不知其爲不愚也。……斯時之可以活親者，誠舍刲割之事，別無所出，而且傳之故老、載諸簡編者，皆刺刺稱其效之如響，奈何以其愚不一試之。且以是爲愚，必反是行，其智矣？處人倫之中，可以智乎？必依於古，仿於經，以自著其學，則至性之地。而已出之有心，有心行之，雖不愚，不必即爲孝，無心行之，雖涉於愚，不得謂之非者。李氏之子，謂之孝而愚，可也，謂之愚而非孝，不可也。〔註177〕

此文所凸顯的旨意有三：（一）、德性之知與聞見之知不應混合，如「愚而非孝，不可」，亦即不智就是不孝的混淆說法是不成立的，以此來凸顯聞見之知有獨立的地位與意義。（二）、強調客觀經驗領域中聞見之知的引導、指示作用，如「傳之故老」、「載諸簡編」、「依於古」、「仿於經」、（三）、兩者沒有必然的衝突，並非對立或只能二擇一，如李氏作法有人認爲「敝風俗、壞人心」，必須「忘其親而用其智」，焦循不認爲如此，他主張兩者是同時並存的，如「孝而愚，可也」，兩者的關係可綜合爲：就意義而言，德性之知爲重；就基礎而

〔註176〕〈告子章句上〉、〈盡心章句上〉，《孟子正義》，卷二十二，頁756；卷二十六，頁877。
〔註177〕〈愚孝論〉，《雕菰集》，卷八，頁124。

言，聞見之知居先。〔註178〕是以「知識」突破傳統的藩籬，躍昇爲道德實踐的前提，對「道德」具有引導、糾正、調整、協調、擴增的獨立價值便深刻的呈現出來了。

焦循認爲人能變通，那是因爲人有「智識」，這種思路影響著近代崇智主流的興盛，日本學者坂出祥伸就點中其中的脈絡，其言：

> 焦循反對株守一端，強調變化與進步的觀念時，又著〈說權〉八篇一事，似與下一代公羊學者的思想相通。〔註179〕

康有爲是公羊學派最主要的學者，亦是近代中國思想家中最早注意到中西文化價值差異者，他觀察到西方文化內在結構是重智、利，東方文化內在結構則重仁義，故反思在競新爭智之世，欲求社會的開發與進步，必須提高對智的重視。是以在他重智的學說中，其「人道之異于禽獸者全在智」、「有智而後仁義禮信有所呈」的主張，明顯是沿著焦循「智，人也；不智，禽獸也」、「智而後仁」的主智理路而來，他認爲社會文明的進步，倫常秩序的維持必須擴增、提高人類的知識水平，其言「人惟有智，能造作飲食宮室衣服，飾之以禮樂政事文章，條之以倫常，精之以義理，皆智來也。」這些都是焦循「能知故善」的重點，故坂出祥伸指出焦循著〈說權〉，強調變化、進步的思想和公羊學者思想相通，康有爲強調「時措有宜，變通盡利，其以行權。」〔註180〕可見是指兩者主智均在凸顯「智識」能使人知通權達變。

3.「趨利故義」──行權的實踐理則

清儒是一種以行爲結果之「終善」爲著眼的理論建構，異於理學家強調動機之「始善」立場。〔註181〕是以從動機根源處言「理」，「理」是先驗、內在的假設存在，是一切價值的標準，其涉及的是「應然」的問題，也就是價值判斷；而從行動結果處言「理」，「理」是經驗現象中的客觀事理，有賴「心知」主體的認知過程，其涉及的是「實然」的問題，也就是事實判斷。

戴震說「理在事情」、「實體實事」、「理散在事物」、「有物有則」，並且強

〔註178〕引自施扣柱，〈戴震人性論發微〉，《史林》，1998，第二期，頁51。

〔註179〕坂出祥伸著、廖肇亨譯，〈焦循的學問〉，《中國文哲研究通訊》，第十卷，第一期，2000．3，頁159。

〔註180〕以上引言見康有爲，〈仁智篇〉，《康子內外篇》（蔣貴麟編，《萬木草堂遺稿外編（上）》，台北：成文出版社，1978），頁24～25；康有爲，《論語注‧子罕》（《無備求齋論語集成》，台北：藝文印書館，1966），卷九，頁16。

〔註181〕引自張師麗珠，〈以利爲善──清儒對傳統義利關係的解構與重建〉，《清代新義理學──傳統與現代的交會》（台北：里仁書局，2003），頁260。

調「理義在事情之條分縷析，接于我之心知」，純然就經驗領域的觀察、判斷
以落實合宜的行為，以獲得人我之間更高的利益，那才是「性善」的完成。
焦循亦說：「求其輕重，析及毫芒，無有差謬，故謂之理。」可見經驗領域的
客觀實有理則，是「心知」的認識對象，故「理」必須通過心知的認識、判
斷，才能「無有差謬」的正確選擇，其言：

> 一事一物，其條理縷析分別，不窒不泥，然後各如其所得，乃能道
> 其所長。〔註182〕

「不窒不泥」就是變通，亦即事物條理經由「心知」的「縷析分別」，能靈活
變通、實際運用，才能「如其所得」、「道其所長」的產生時遇的效益，故焦
循「理為條理」的實有理則正是「能知故善」主智的原因。

　　因為清儒把「理」拉放在現實生活中加以檢驗，故人們的理欲觀也受到了
相對的重視，情欲是儒家首要的對治課題，而義利正是人類理想與行為的評價
標準，儒家向來重義（道德價值）輕利（物質價值），但到了清儒，「以利為善」
成為清儒對傳統義利觀的解構與重建，〔註183〕焦循「趨利故義」的主張在義利
價值觀的轉化過程中居於重要地位，是其「權」論中行權的實踐理則。

（1）「以義為利」——清儒對傳統義利觀的轉化

　　儒家傳統義利觀基本上是重義輕利、先義後利的。孔子明確的把義、利納
入道德規範的體系，其言「義以為質」、「見利思義」、「義之與比」、「君子喻於
義，小人喻於利」、「放於利而行多怨」。孟子繼承孔子的義利觀，其言「何必曰
利？亦有仁義而已矣」、「懷利以相接，然而不亡者，未之有也」、〔註184〕「惟
義所在」。在孔孟看來，「義」是合宜、適當、正當、恰當的狀態，也就是在變
動的情境中做最適當的判斷，而有因應時宜的舉措；而「利」相對於「義」而
言，指私人的物質之利而言。儒家雖重義輕利，但亦承認私利是人的本能欲望，
孔子言「富與貴，是人之所欲也」，〔註185〕故孔、孟義利關係沒有明顯的衝突
與對立，孔、孟雖強調「義」的重要性，亦承認私利存在的必然性與普遍性，
是以只要在行為抉擇的最後依歸「義之與比」、「惟義所在」，並不反對在合乎義

〔註182〕分見〈說理〉，〈述難五〉，《雕菰集》，卷十，頁151；卷七，頁106。
〔註183〕詳見張師麗珠，〈以利為善——清儒對傳統義利關係的解構與重建〉一文，頁
　　　　231～283。
〔註184〕以上引言見〈衛靈公〉，〈憲問〉，〈里仁〉，《論語纂疏》，頁312，294，185，
　　　　186，188；〈梁惠王上〉，〈告子下〉，《孟子纂疏》，頁353，512。
〔註185〕〈里仁〉，《論語纂疏》，頁183。

的前提下對於私利的追求，這種重義不輕利的觀點是清儒所肯定的。

清儒所真正反對的是宋儒把義、利之辨說成天理、人欲的對立，進而主張「存理滅欲」，朱熹說：「義者，天理之所宜；利者，人情之所欲。」〔註186〕把「義」視爲至高無上的天理，把「利」視爲橫流不當的情欲，故他主張若要復盡天理則必須革盡物質慾望與感性需求，才是道德修爲的唯一途徑，朱熹抬高天理的作用，否定「利」存在的客觀性與必要性，故在「重此而輕彼」、「此勝則彼退」、乃至「去彼而存此」的義、利關係緊張拉扯中，義、利逐漸走向了完全隔離與分趨。

宋儒過度標榜「理」的先驗性與絕對性，末流落入玄虛，脫離現實，隨著時代的更迭，社會、經濟的轉型、價值觀的轉變，人類逐漸意識到自身存在的利益，宋儒所強調至高無上的天理，已難以適應形下氣化的真實世界，在一片「崇實黜虛」的轃伐聲中，隨著「欲本乎性」、「理存乎欲」的情欲覺醒，「現實之利」轉而成爲可公開討論與追逐，不再罕言利或諱言利，義、利關係的實質與內涵也已悄然轉化。

明清實學家高拱就指出：「義者利之和，則義固未嘗不利也。義利之分，惟在公利之判。苟出乎義，則利皆義也；苟出乎利，則義亦利也。」「義」繫乎「利」才見實際，否則只是一空洞概念，他認爲爲國爲家者，不可「外本而內末」、「厭貧而謀利」，必須落實「生財之道」、「養生之道」。這些都是說明物質基礎的重要與必要，否則「人自爲生，苟無以治生，將逐粒米立錐之無有，父母妻子且餓以死，亦豈生人之理乎？」他批判程朱「徒以不言利爲高」是錯誤的。

王夫之亦主張「以義制利」，他說「立人之道曰義，生人之用曰利。出義入利，人道不立；出利入害，人用不生」，是以義利不可分割。顏元則主張「以義爲利」，他改造傳統義利觀爲「正其誼以謀其利，明其道而計其功」，把正義、明道落實在功利之上，這才是君子貴取的「實義中之利」。〔註187〕是以清儒將義、利緊密的交融、結合在一起，這和他們重視儒家經世、外王的實功是相關的。

〔註186〕〈里仁〉，〈論語集注〉，卷二，頁97。

〔註187〕上論及引言詳見高拱，《問辨錄》（《景印文淵閣四庫全書》，第207冊，台北：商務印書館，1985），卷一，頁8；卷六，頁157；王夫之，《尚書引義・禹貢》（《船山遺書（一）》，北京：北京出版社，1999），卷二，頁507；顏元，《顏習齋先生四書正誤》（《續修四庫全書》，第166冊，上海古籍出版社，1995），頁5。

（2）「利不利即義不義」

焦循認為「聖人以事功爲重，故不禁人干祿」，是以干祿之利原本就爲儒家所重視，故他主張「君子之治小人者，知小人喻於利」，其言：

> 無恒產而有恒心者，惟士爲能，君子喻於義也；若民則無恒產，因無恒心，小人喻於利也。惟小人喻於利，則治小人者，必因民之所利而利之。……天下不能皆爲君子，則舍利不可以治天下之小人，小人利而後可義，君子以利天下爲義。是故利在己，雖義亦利也；利在天下，即利即義也。〔註188〕

君子有超乎常人的堅毅情操，可以降低物質欲求而追求道德精神，但畢竟爲數不多，而大多數常民百姓必須先滿足食衣住行的物質基礎，也就是「仰足事父母」、「俯足畜妻子」才能「驅而之善」，故「教必本於富」，可見「人性趨利」是正當的，焦循批宋儒「舍利不言，可以守己，而不可以治天下」，〔註189〕故「空談誤國」成爲宋儒無法擺脫的包袱。

焦循在「雖義亦利」、「即利即義」的義、利統一觀衍生下，從現實經驗界的行爲踐履中尋繹出行權的客觀理則──「趨利故義」，也就是說他把「利不利」當成衡量行爲是否因時合宜的尺度，亦即現實之利成爲可供具體檢驗「善」是否踐履與完成的事實結果，可見他把義、利的實質已從宋儒具道德判斷的是非善惡價值義轉化成歷史判斷的成敗得失事實義來談，其言「利」，著重現實層面「及物之功」，其言：

> 〈繫辭傳〉云：「感而遂通天下之故。」又云：「是以明於天之道，而察於民之故。」又云：「又明於憂患與故。」通者，通其故之利也，察者，察其故之利也。明者，明其故之利也。故者，事也。傳云：「通變之謂事。」非利不足以言故，非通變不足以言事。〔註190〕

他強調現實之利的重要性，必須通事之利、察事之利、明事之利，也就是「利以能變化，言於故事之中，審其能變化，則知其性之善」，是以在現實中存在著利害得失，必須變通、觀察、明審後，選擇利得的較佳狀態。所以「趨利」是人存在的必要條件，故「於故（事）之中知其利，則人性之善可知矣。」〔註191〕也就是說「趨利」是性善的實行。

〔註188〕《論語補疏》，頁6；〈君子喻於義小人喻於利解〉，《雕菰集》，卷九，頁137。
〔註189〕同前註。
〔註190〕〈離婁章句下〉，《孟子正義》，卷十七，頁586。
〔註191〕以上引言同前註，頁585～586。

（3）義在變通

「知義」亦是性善的呈現，焦循說：「人之性善，禽獸之性不善者，人能知義，禽獸不能知義也」，物只知飲食男女，不能得其宜；人受教而知耕鑿之宜與嫁娶之宜，故人性之善，所以異於禽獸者，全在於「義」。

他認爲孔子「以義釋利」、「以義爲利」，其因是「謂古所謂利，今所謂義也」，故孔子雖罕言利，其實「利即是義」，亦即「利物足以和義」也。而義、利相通的關鍵在於「變通」，他說：「能變通則無不利；不能變通，無論得失存亡，皆歸於不利而已矣。」是以變通是利，不變通是不利。他進而強調「所變通在行在施」，〔註192〕也就是說「義」的實現是在現實中變通盡利而完成，亦即在趨利的具體施行中，必須能變通得利、變不宜爲宜才是「義」，故其言：

> 知其不宜，變而之乎宜，則義也。仁義由於能變通，人能變通，故
>
> 性善；物不能變通，故性不善。〔註193〕

故在現實中，變通得其事宜事利，即爲「善」的實踐；未有不得事宜事利者而有「善」者，所以他說「義爲事宜」，〔註194〕是故「義不義即宜不宜」，強調在現實境遇中變通得宜的「趨利故義」。

焦循從現實利益來強調「行義以達其通」，故「義」與「權」所涵的變通義，在焦循看來都是指在境遇中權衡而爲、變通趨利，以合宜的行爲營造人我有利的交際過程與結果，故其言：

> 合乎義與權，而後爲通。……義主於宜，權衡在我，所以輔仁以歸
>
> 於中正。……故曰仁、曰恕、曰義、曰權，皆所以去其固，而求其
>
> 通也。〔註195〕

此時「義」不再是一種主觀、僵固的道德標準，而是一種客觀、因人、時、地的不同而呈現變通得利、得宜的「隨在轉移而用」之行爲，是以「因事轉移，隨時通變，吾心確有權衡」，正說明「行義」與「行權」之所以去固求通正是實現利、完成善──「以利爲善」的關鍵，故焦循「能知故善」，強調「知者謂其能變通也」，〔註196〕凸顯智識能知變通，落實在客觀領域能行權，在經

〔註192〕以上引言分見〈離婁章句下〉，《孟子正義》，卷十七，頁568，586；《論語補
　　　　疏》，頁15；〈利〉，《易通釋》，卷一，頁71。

〔註193〕〈告子章句上〉，《孟子正義》，卷二十二，頁734。

〔註194〕〈釋聖〉，《論語通釋》，頁12。

〔註195〕〈釋仕〉，〈釋義〉，《論語通釋》，頁27，24。

〔註196〕分見〈告子章句上〉，《孟子正義》，卷二十二，頁746；〈仁義禮智信〉，
　　　　《易通釋》，卷五，頁246。

驗中實行「趨利故義」的客觀理則，這樣才能呈現善的具體成果。

4. 強調「積學成智」的變通之方

（1）非智無以通，非學無以智

學以達智，智以變通，焦循繼承戴震「以學養智」的積學成智主張，進而強調變通之方在「學」，故其言：

> 聖人以通得名，非智無以通，非學無以智。〔註197〕

《中庸》言「好學近乎知」，可見儒家原本就注重由學→智→通的積極作用。孔子屢次言及「學」的重要性，如「博學而篤志」、「敏而好學」、「多聞而識」、「好仁不好學，其蔽也愚」等，亦進而強調學與智有直接關係，如「好知不好學，其蔽也蕩」，〔註198〕是以在孔子論及「權」，「學而不固」正是經由「智」的導向與應變，故積學成智以變通成為孔子「知通乎大道應變而不窮」的具體方法。

是以焦循在「權」論中曰：

> 仁、知、信、直、勇、剛；經也，不好學，則其蔽愚、其蔽蕩、
> 其蔽賊、其蔽亂、其蔽狂，不知權也。故君子之轉移氣質，以學。
> 〔註199〕

「經」是道德準則，但若不知學以應變，流於僵化，反而會產生流蔽，那是不知權宜應變，故君子欲求變通以成就道德實踐，必須藉助學問、知識以為權衡，可見變通的方法在於「學」。

宋儒重心悟、心覺，認為知識與道德不相觀照，這種說法是焦循所力斥的，他認為主觀抽象的玄虛體驗，是「心無所憑」，故「徒以心覺為宗，盡屏聞見」必招致「強者持其理以與世競」、「弱者恃其心以為道存」之弊，所以他極重學問的積累，並主張人智的開通進化必有類於習行，而習行必有所因，此「因」就是指「誦其《詩》，讀其《書》，博學而詳說之」，故「惟其因，乃有所變通」，其言：

> 「通其變使民不倦」，通其所因，變其所因也。……「殷因於夏禮，
> 所損益可知也。周因於殷禮，所損益可知也。」損其所因也，益其
> 所因也。〔註200〕

〔註197〕同註194。
〔註198〕分見《中庸纂疏》，第二十一章，頁 108；〈子張〉，〈公冶長〉，〈述而〉，〈衛靈公〉，〈陽貨〉，《論語纂疏》，頁 340，196，221，307，314，326。
〔註199〕〈說權五〉，《雕菰集》，卷十，頁 146。
〔註200〕以上引言見〈離婁章句上〉，《孟子正義》，卷十四，頁 474。

可見，知通變、知損益乃以學問爲基礎。

荀生對焦循人智主變的觀點有得乎其意的看法，他說：

> 而人之智慧，必賴博學習行而始得變通進化。究里堂之意，所以重
> 學習者，蓋人之知識之明昧，因學而殊；知識之多寡，因習而異。
> 是知識之明昧多寡，因乎學習，習行亦必有所因，即因博學詳説。
> 〔註201〕

是以焦循認爲孟子「聞而能知其趣」，乃因「好古窮經之學深矣」，若不好學，則「執一而不知變通」，所以焦循論學極重「日新爲要」的變通性，〔註202〕如此才能因應時、空變化的要求，而由學所成就的知識，才能成爲人判斷和行爲的準據，使人能知變通，擇善而爲，這是他由學→智→通的「權」論思路。

（2）論學重博與多

焦循認爲學問是從經驗中學習而來，故必須博習，才能增益人智，其言：

> 「學而時習之，不亦悅乎？」曾子闡而明之云：「君子既學之，患其
> 不博也，既博之，患其不習也。」《學記》論考校之法，「五年視博
> 習親師」。然則時習者，非習一端而已。習必繫乎博，博必成於習。
> 〔註203〕

「博」與「約」是儒家的一組觀念，孔子言：「君子博學於文，約之以禮」，〔註204〕「博」可歸於知識領域，「約」可歸於道德領域，兩者同時是孔子成德之教的重要工夫。是以焦循主張積學成智，必須立基於學問之博與多，故論學重博重多。

「博」與「約」常相應著「道問學」與「尊德性」而來，故較注重於「道問學」的朱熹則指出「博學」強調致知；「約禮」強調踐履之實，兩者的關係是以博考驗其約，雖然朱子的「由博返約」論仍統括在道德層次中，但是「知識」卻獲得了較多的重視；而側重於「尊德性」的陸王，則主張「先約後博」，陸象山言「剝落」，王陽明言「日減」，就純粹是從道德至上、知識可有可無

〔註201〕荀生，〈焦循學述——爲焦里堂卒後百二十年紀念而作〉，收在《焦循之易學》（台北：鼎文書局，1975），頁5。

〔註202〕分見〈公孫丑章句上〉，〈告子章句下〉，《孟子正義》，卷六，頁212；卷二十五，頁860；焦循，《里堂家訓》（《叢書集成續編》，第60冊，台北：新文豐出版公司，1985），卷下，頁669。

〔註203〕〈釋多〉，《論語補疏》，頁16。

〔註204〕〈顏淵〉，《論語纂疏》，頁277。

的角度來立論，王陽明〈博約說〉一文，把「博文」與「約禮」視爲渾然一體，他認爲「博文」是「盡其條理節目」；「約禮」是「盡吾心之天理」，〔註205〕他把外在的博文緊收攝於內在約禮之中，故博文完全消融在尊德性中，知識已喪失其獨立的意義與地位。

到了清代，考證已蔚爲風尚，故對於「博」、「約」的認識已隨者博證的治學方式而有了不同的看法，顧炎武強調「非好古而多聞，則爲空虛之學」，主張務實多聞之學問，到了戴震，其「語知之約，致其心之明」就把「知之約」放在知識領域了，並主張重學問、貴擴充，其後章學誠撰有〈博約〉上、中、下三篇，主張「學貴博而能約」，其互爲資具的博約相濟觀則全然是從「道問學」的層次來說了，不論由約而博的「高明者由大略而切求」或由博而約的「沈潛者循度數而徐達」，都是重博學、重智性之意義了，他進而以知識的「學者自認資之所近與力能勉者而施其功力」來詮解陽明道德義的「致良知」之說，〔註206〕是以章氏博約觀已充分凸顯清儒積學成智的特色了。

「博學」既已成爲清代儒學的主流價值，是以焦循「權」論中主張「以學轉移氣質」，即強調重智的博學多聞，並主張「先博而後約」。焦循言「約則貫矣」、「通之爲言貫矣」，〔註207〕故約即貫通也。是以「先博而約」指對具體的、客觀的經驗知識做融會貫通的整體理解，才能得其要旨。故其言：

> 不博學而徒憑空悟者，非聖賢之學，無論也。博學而不能解說，文
> 士之浮華也。但知其一端，則詖而非要；但知其大略，則淺而非要；
> 故必無所不解，而後能知其要。博、詳與約相反，惟博且詳，反能
> 解得其約；舍博且詳而言約，何以能解？〔註208〕

他並舉戴震所說「約，謂得其至當」與阮元云「孔門論學，首在於博」，來說明博學的重要性。

焦循進而主張學貴善思、好學深思，故「思蘊於學」、「學洽於思」，而「學爲入德之始功」，故「聖人用功之序，先學而後思」，其「思」是對具體的行爲、事物與人生、歷史、文化的知識、經驗進行思考，正如其治學的主張「彙而通之，析而辨之，求其訓故，核其制度，明其道義，得聖賢立言之指，以

〔註205〕王陽明，〈博約說〉，《王文成公全書》（《四部叢刊初編》，上海商務印書館，1975），卷七，頁259。

〔註206〕〈與友人論學書〉，《顧亭林詩文集》，卷三，頁41；章學誠，〈博約中〉，〈博約下〉，《文史通義》（台北：鼎文書局，1977），頁49，51。

〔註207〕分見〈釋多〉，〈釋聖〉，《論語通釋》，頁16，頁11。

〔註208〕〈離婁章句下〉，《孟子正義》，卷十六，頁561。

正立身經世之法。」〔註209〕故「先學而後思」的內涵與「先博而後約」相應和，這正是他強調「知義在學問」的一種重學主張。〔註210〕

　　焦循論學重博重多，是因「博學於古，乃能不拘一端」，〔註211〕不拘一端才能靈活通變，是以「非智無以通，非學無以智」正說明焦循何以重智的博學多聞爲變通之方了。

〔註209〕分見〈離婁章句下〉，《孟子正義》，卷十六，頁586，560；〈釋學〉，《論語通釋》，頁14；〈與孫淵如觀察論考據著作書〉，《雕菰集》，卷十三，頁213。

〔註210〕〈告子章句上〉，《孟子正義》，卷二十二，頁735。

〔註211〕同註208。

第六章 結 論

　　對於經驗界的關注是清儒的共識，除了殷鑑於明亡外，也是儒家由內聖通外王理路的必然發展，是以在社會環境與文化氛圍變化的激刺下，「崇實黜虛」成為清代的學術趨向。焦循重新審視儒家「權」的概念便是在清儒強調社會實務與實效的意義上而產生的。

　　目睹大時代的整體變化，焦循深切感受到行權的重要，他認為必須變通應對客觀領域的日用百為，才能促進現實層面的進步，進而追求人類生活的和諧，是以焦循對儒家之「權」論的再詮釋，可說是一種符合時代進程的進步觀點，但也由於焦循身受儒家教育，傳統觀念已根深蒂固，是以在傳統與現代之間的拉扯中，其論「權」仍傾向於保守，這亦反映轉型社會的一種文化模式。

　　王永祥先生以「變通哲學」稱之，充分凸顯了焦循的思想特色，是清代經驗義理學重要的理論之一。是以本節對焦循之「權」論做一整體回顧，以呈現本論文寫作脈絡為：焦循論「權」，其人事義的權變是如何由物理義的稱權所觸發？「權」的本義指稱錘（稱權），是構成秤具的主要部分，視來物的輕重而機動調整位置，以保持秤桿平衡，當此物理作用的本義提昇到人事作用的引申義，就是指通權達變，視環境的變化而靈活變通舉措，以求生活功能的升級，可見從稱權的不固定昇華為權衡以變，兩者精神實質是相通且切合的，故「權」字做為靈活的應世之方即由稱權所引申而來。今人對於「權」的解釋頗為精湛，大致從四種說法來闡述「權」，堅持原則而靈活運用、是因革損益、為境遇主義、指儒家管理哲學的方法論，以上四種內涵相通無別，都是指涉「權」的變通意義。另外與「權」相關的概念包括「變」，所謂「常

謂之經，權謂之變」，後人常把常變、經權相提並論，經常、權變也就成為慣用的連用語詞，可見經與常、權與變的意義相應和，兩者可相互闡發。焦循說：「變而後不失常，權而後經正」，正說明以變釋權。除了與「變」的意義相似，「中庸」、「時中」亦可與「權」字互訓，可總括為變通義，焦循言：「聖人之道，以時為中，趨時則能變通，知變通則權也」。緣此得知，焦循「權」的概念，其意涵豐富，包括「變」、「中庸」、「時中」也。

儒家本重「權」，焦循之「權」論即是立足於孔孟及諸儒之「權」論的基礎上而有所發揮。故藉由對孔孟暨諸儒之「權」論的梳理，呈現出儒家「權」論的理路脈絡，可充分把握焦循論「權」的線索，是全面了解焦循之「權」論的重要環節。是以從子曰「未可與權」、孟子曰「嫂溺援之以手者，權也」，「權」的理論逐漸形成，而孔孟行權原則的提出——「義之與比」、「惟義所在」，更確立了「權」的思想在儒家學說中的重要地位。漢儒言「反經為權」、宋儒論「權只是經」，就是繼承孔孟之「權」論而加以闡釋，而漢宋諸儒立論的側重點雖不同，但對於「權」——通權達變、因時制宜的觀念卻是一致推崇。是以焦循論「權」可說是體會於孔孟及諸儒的「權」論而有所反省與修正，並因應時空的變化而對儒家之「權」觀做出歷史的總結。

焦循之「權」論不但反映乾嘉學術趨向，亦是印證儒學轉換——從形上之理轉向形下之氣的重要理論之一。明清之際，社會發生了掀天翻地的大變動，宋明理學充分探索性命義理本已完成儒學中的內聖之學，但其末流卻滋衍出游談無根、束書不觀的流弊，如此玄虛而蕩的學風在面對政治、經濟、文化等現實領域的巨大振盪，根本無法發揮整治作用。是以除了明亡所引發的歷史反思外，隨著經濟的繁榮、市民階層的崛起、西學的東漸等，人們的視野從形上之道轉向形下的氣化世界，對於真實情欲也有了新的體認，故「達情遂欲」遂取代宋明儒高倡的「存理滅欲」而成為新的義理典範。

從理到氣的價值轉變，與之相應則是從主觀思辨到客觀實證之方法論的轉變，內向冥想不能適用責求外功實績的新社會，勢必造成空疏無用、脫離現實的不良後果，故清儒回歸儒家原典尋求「修己治人之實學」，這種崇實尚博的學術趨向，正凝結在通經致用的目標上。焦循強調「期於實用」、「證之以實」，故其「權」論可說是立足在儒學已然轉折下所建構的社會哲學。

在相同的時代氛圍下，有識之士發出共同的呼聲，高拱主張以「權」經世，焦循亦主張「以權運世」、「以權平天下」；戴震特闢〈權〉章以駁宋儒執

理無權，焦循亦作〈說權〉八篇則明顯直承戴震「權」的理論，可見高拱、戴震影響焦循甚遠。從高拱言「以藥殺人」、戴震言「以理殺人」到焦循所提「以權用法猶因病用藥」來批判宋明理學執理不知變通的一致性來看，就可看出其中的脈絡。

「變而通之之謂權」，是以「變通」二字可以道盡里堂一生的思想，其〈說權〉八篇正是學說的主力。如前言及，焦循論「權」以孔孟之「權」論為主導，是以其釋「權」以《論語》、《孟子》做為發揮的憑藉，故其所注《論語通釋》、《論語補疏》與《孟子正義》中，均可見到對於「權」的進一步闡釋。他並重新詮解孔子所言「攻乎異端」、「一以貫之」，將其轉換成「權」的概念，藉此強調「惟其權，所以不執一」的理念。而焦循釋「權」，不但有所承繼，且吸收時人「權」的思想並賦予新見，他進一步從歷史的角度來把握「權」，認為不同的人行權會產生不同的社會作用，這種識見是傳統儒家所未提及的，尤為珍貴。

孔孟所說的是君子之權，而君子之權不可離，故經、權不離可說是焦循的經、權觀，也是清儒的共同基調，這和漢儒之「反經為權」就有實質上的差異。漢儒侷限在「權者反於經」的經、權對立上，焦循則轉化其說提出「反經所以為權也」的新主張，經、權既對立又統一，故「反經而經乃正」。可見焦循已跳脫傳統格局，以更通闊的視野來看待經與權。是以「反其法以通之」、「法之不變則弊生」的觀點，與後代龔自珍主張「一祖之法無不弊」、「不拘一祖之法」遙相呼應，故焦循「以權用法」的論調可說是公羊學者變法運動的先聲，其論點在歷史上不容忽視。

焦循力主變通，繼承孔孟知命、立命、俟命之說而充實為知命行權。他認為了解「命」的內涵才能行權以應命，進而行權造命，故強調現實中能變通才可實踐、可改造道德義命。再者，其論「權」受到時代的制約，在從傳統走向現代的過程中，既要固守傳統又要與時變革，所以他提出「經可反而道不可枉」的命題，企圖在「變」與「定」的矛盾中兩全其美，是以政制可變，倫理綱常恆定，故在肯定焦循之「權」論時，也看到了它的限度。但其實焦循所強調經可反、道不可枉的思維是儒家固有思想，根據《禮記》記載，文章、正朔、服色、徽號、器械、衣服等儀節典制可立權度量，但親親、尊尊、長長、男女等人倫之道是不可變革的。這也反映出在面臨古今、中西文化衝突的歷史事實時，身受儒家之教的學者對於捍衛傳統文化所盡的努力。

焦循「變」與「定」的思想不但上有所承，亦啓迪近代改良派張之洞「中體西用」的倡導，可見其思想是聯結古今、會通中西的重要媒介，就居間轉換的意義而言，其「權」論值得肯定。

　　焦循將「權」的概念會通於《易》中「變」的思想。他精治於《易》，從《易》中悟出爻之「旁通」與「時行」，進而衍化爲推己及人的旁通之情與變通趨時的時行之道，構成焦循變通思想的主要體現，這無疑是一個創新的命題。而他強調趨時行權要落實且運用在現實中的日用百爲，是以「禮以時爲大」、「能知故善」說是建構他變通實踐觀的兩大支柱。故清儒重社會實務，強調「以禮代理」，而此復禮思潮的主要特徵是「禮以隨時」，這是禮教經世的精神發用。是以焦循主張「以禮轉移天下」，其前提是禮制必須因革損益、因時制宜，才能發揮現實力量，故以權運世，如運諸掌。再者，由於清儒肯定客觀的「經驗」知識，是以道問學成爲清代的主要價值，「由智達德」成爲清儒的學術特徵。戴震即提出「德性資於學問」，強調「人智足以擇善」，人因爲有了智識，才能隨時而變，因地制宜，充分肯定知識才能引導人知善、擇善、進而履善，故戴震的另一重要主張就是以學養智。焦循總結其論並進而深化之，提出了「能知故善」說，從其人性（存在善）→教→知變通→實現善的邏輯中，明顯透露行權之要在於「知」，通過客觀世界而權衡利害得失，以「趨利故義」爲行權的實踐理則，在現實生活中能變通以得利合宜，是以利即義，義即宜也，也就是說現實之利、現實之宜才是「善」的實現，故「能知宜不宜，則智也」，知其不宜，變而之乎宜，此即爲知變通的智性凸顯，故「能知故善」充分強調智識與行權的重要。他進而提出博學爲變通之方，可見由學→智→通爲其論「權」的基本理路。近代公羊學者康有爲崇智的主張可說是受其影響，故就聯結傳統思想與現代思想而言，主智的「能知故善」說有其重要意義。

　　回顧之餘當有所期許。在經過對焦循之「權」論的淺略歸納後，我們對先進標舉焦循的哲學爲「變通哲學」「時行哲學」應有深刻的認同。僅管在中國學術史上，清代思想常爲人所忽視，甚至說清人不知思想爲何物、清代無義理等語，這就如焦循所說的「執一之見」。或許說者是以宋明理學綿密深遠的形上思維來檢視清代哲學，但是猶如張師麗珠所言：「每一個人都有自己的思想」，更何況歷史的發展必由其思想爲主導，只是有傾向以「道德主義」爲義理特色，如宋明理學重內在生命的心性涵養；也有傾向以「經驗主義」爲

義理特色，如清儒重社會生命的現實作爲，各有其時代課題、思想價值與方法論，這是儒學內在理路的自然發展，亦是因應時代的變化所做的價值抉擇，故不宜分而較之，兩相成全才能完成傳統儒學的全貌。若能如是觀之，學術的視野當更圓融通達！

是以焦循之「權」論不但有助於廓清如上之說，亦扮演著從傳統思想過渡到現代思維的重要引介者。他論「權」強調要落實，也就是現實行爲要變通，才能趨利得善，是以其主張「禮以時爲大」、「能知故善」，這種重視經驗世界的實務與功效，正是焦循論「權」的特徵所在。而當時中國的社會也從傳統走向現代，注重變革、變通、講求現實功利，是以焦循論「權」可說吐故納新，兼容傳統文化與歷史進程的思想，使得傳統思想與現代思維能順利銜接。因此把焦循之「權」論放在此一觀察點看，自有其理論意義與實踐價值。

參考書目

一、焦循著作

1. 《論語通釋》，焦循，台北：藝文印書館，1966。
2. 《論語補疏》，焦循，台北：藝文印書館，1966。
3. 《雕菰集》，焦循，台北：鼎文書局，1977。
4. 《易學三書》，焦循，台北：廣文書局，1977。
5. 《里堂家訓》，焦循，台北：新文豐出版公司，1985。
6. 《易餘籥錄》，焦循，台北：新文豐出版公司，1985。
7. 《孟子正義》，焦循，台北：文津出版社，1988。
8. 《易廣記》，焦循，上海古籍出版社，1995。
9. 《易話》，焦循，上海古籍出版社，1995。
10. 《尚書補疏》，焦循，上海古籍出版社，1995。

二、古籍專書

1. 《歸有光全集》，歸有光，台北：自力出版社，1959。
2. 《王龍溪語錄》，王畿，台北：廣文書局，1960。
3. 《疇人傳彙編》，阮元，台北：世界書局，1962。
4. 《南雷文定》，黃宗羲，台北：世界書局，1964。
5. 《張子正蒙注》，王夫之，台北：世界書局，1967。
6. 《修辭餘鈔》，程瑤田，台北：藝文印書館，1967。
7. 《論學小記》，程瑤田，台北：藝文印書館，1967。
8. 《說文解字注》，許慎、段玉裁，台北：藝文印書館，1970。
9. 《南雷文定後集》，黃宗羲，台北：商務印書館，1970。
10. 《漢紀》，荀悅，台北：商務印書館，1971。

11. 《人譜》，劉宗周，台北：商務印書館，1971。

12. 《讀四書大全說》，王夫之，台北：河洛圖書出版社，1974。

13. 《明夷待訪錄》，黃宗羲，台北：世界書局，1974。

14. 《揅經室集》，阮元，上海商務印書館，1975。

15. 《說文解字詁林正補合編》，丁福保，台北：鼎文書局，1975。

16. 《宋元學案》，黃宗羲，台北：河洛圖書出版社，1975。

17. 《龔定盦全集》，龔自珍，台北：新文豐出版公司，1975。

18. 《抱經堂文集》，盧文弨，上海商務印書館，1975。

19. 《潛研堂文集》，錢大昕，上海商務印書館，1975。

20. 《呻吟語》，呂坤，台北：河洛圖書出版社，1975。

21. 《象山先生全集》，陸象山，上海商務印書館，1975。

22. 《王文成公全書》，王陽明，上海商務印書館，1975。

23. 《管子纂詁》，安井衡，台北：河洛圖書出版社，1976。

24. 《春秋繁露》，董仲舒，台北：商務印書館，1976。

25. 《物理小識》，方以智，台北：商務印書館，1977。

26. 《文史通義》，章學誠，台北：鼎文書局，1977。

27. 《孟子字義疏證》，戴震，台北：廣文書局，1978。

28. 《康子內外篇》，康有為，台北：成文出版社，1978。

29. 《日知錄集釋》，顧炎武，台北：國泰文化事業公司，1980。

30. 《東原集》，戴震，台北：中華書局，1980。

31. 《原善》，戴震，台北：里仁書局，1980。

32. 《漢書》，班固，台北：商務印書館，1981。

33. 《惠氏易學》，惠棟，台北：廣文書局，1981。

34. 《清史稿》，王樹，台北：華世書局，1981。

35. 《述學內外篇》，汪中，台北：中華書局，1981。

36. 《莊子集釋》，郭慶藩，台北：國家出版社，1982。

37. 《新書》，賈誼，台北：中華書局，1983。

38. 《家禮》，朱熹，台北：商務印書館，1983。

39. 《王船山詩文集》，王夫之，台北：漢京文化事業有限公司，1984。

40. 《陳確集》，陳確，台北：漢京文化事業有限公司，1984。

41. 《後漢書》，范曄，台北：中華書局，1984。

42. 《癸巳孟子說》，張栻，台北：商務印書館，1984。

43. 《癸巳論語解》，張栻，台北：商務印書館，1984。

44. 《潛書》，唐甄，北京：中華書局，1984。

45. 《老子校釋》，朱謙之，台北：漢京文化事業有限公司，1985。

46. 《少墟集》，馮從吾，台北：商務印書館，1985。

47. 《龜山集》，楊時，台北：商務印書館，1985。

48. 《二程遺書》，程顥、程頤，台北：商務印書館，1985。

49. 《二程粹言》，程顥、程頤，台北：商務印書館，1985。

50. 《居業錄》，胡居仁，台北：商務印書館，1985。

51. 《問辨錄》，高拱，台北：商務印書館，1985。

52. 《通雅》，方以智，台北：商務印書館，1985。

53. 《本語》，高拱，台北：商務印書館，1985。

54. 《晦庵集》，朱熹，台北：商務印書館，1985。

55. 《二程全書》，程顥、程頤，台北：中華書局，1986。

56. 《盱江集》，李覯，台北：商務印書館，1986。

57. 《論語稽求篇》，毛奇齡，台北：藝文印書館，1986。

58. 《癸巳存稿》，俞正燮，台北：藝文印書館，1986。

59. 《春秋公羊通義》，孔廣森，台北：藝文印書館，1986。

60. 《公羊義疏》，陳立，台北：藝文印書館，1986。

61. 《方望溪全集》，方苞，台北：河洛圖書出版社，1986。

62. 《韓非子》，韓非，台北：中華書局，1987。

63. 《新語》，陸賈，台北：中華書局，1987。

64. 《全唐文及拾遺》，董誥、陸心源，台北：大化書局，1987。

65. 《臨川集》，王安石，台北：中華書局，1987。

66. 《張子全書》，張載，台北：中華書局，1988。

67. 《王廷相集》，王廷相，北京：中華書局，1989。

68. 《論語正義》，劉寶楠，台北：文史哲出版社，1990。

69. 《四書纂疏》，趙順孫，台北：學海出版社，1993。

70. 《淮南子》，劉安，台北：中華書局，1993。

71. 《四書正誤》，顏元，上海古籍出版社，1995。

72. 《遜志齋集》，方孝孺，寧波：寧波出版社，1996。

73. 《中論》，徐幹，台北：黎明文化事業公司，1996。

74. 《劉子》，劉晝，台北：黎明文化事業公司，1996。

75. 《劉宗周全集》，劉宗周，台北：中央研究院中國文學研究所籌備處，1996。

76. 《北溪字義》，陳淳，北京：北京圖書館出版社，1997。

77. 《校禮堂文集》，凌廷堪，北京：中華書局，1998。

78. 《張之洞全集》，張之洞，河家莊：河北人民出版社，1998。

79. 《船山遺書》，王夫之，北京：北京出版社，1999。

80. 《四書章句集注》，朱熹，台北：大安出版社，1999。

81. 《習齋四存編》，顏元，上海古籍出版社，2000。

82. 《朱子文集》，朱熹，台北：德富文教基金會，2000。

83. 《荀子集解》，王先謙，台北：藝文印書館，2000。

84. 《鮚埼亭集》，全祖望，上海古籍出版社，2000。

85. 《武英殿本四庫全書總目提要》，紀昀，台北：商務印書館，2001。

86. 《十三經注疏》，孔穎達，台北：新文豐出版公司，2001。

三、其他參考著作

1. 《清代揚州學記》，張舜徽，上海人民出版社，1962。

2. 《禮學新探》，高明，香港中文大學聯合書院中文系，1963。

3. 《羅雪堂先生全集》，羅振玉，台北：大通書局，1972。

4. 《經學歷史》，皮錫瑞，台北：河洛圖書出版社，1974。

5. 《焦循之易學》，楊家駱，台北：鼎文書局，1975。

6. 《歷史與思想》，余英時，台北：聯經出版社，1977。

7. 《中國哲學原論——導論篇》，唐君毅，台北：學生書局，1978。

8. 《中國哲學原論——原性篇》，唐君毅，台北：學生書局，1979。

9. 《管錐編》，錢鍾書，香港：太平圖書公司，1980。

10. 《中國哲學思想史——清代篇》，羅光，台北：學生書局，1981。

11. 《中國哲學史新編，馮友蘭，北京：人民出版社，1982。

12. 《中國古代著名哲學家評傳續編四》，辛冠浩，濟南：齊魯書社，1982。

13. 《中國哲學十九講》，牟宗三，台北：學生書局，1983。

14. 《史記會注考證》，瀧川龜太郎，台北：洪氏出版社，1983。

15. 《中國哲學辭典大全》，韋政通，台北：水牛出版社，1983。

16. 《大戴禮記今註今譯》，高明，台北：商務印書館，1984。

17. 《儒家與現代中國》，韋政通，台北：東大圖書有限公司，1984。

18. 《名家與荀子》，牟宗三，台北：學生書局，1985。

19. 《論戴震與章學誠——清代中期學術思想史研究》，余英時，台北：東大

圖書公司，1986。

20. 《知識與價值——和諧、真理與正義之探索》，成中英，台北：聯經出版
事業公司，1986。

21. 《朱子語類》，黎靖德，台北：文津出版社，1986。

22. 《治學的方法與材料》，胡適，台北：遠流出版事業公司，1986。

23. 《問題與主義》，胡適，台北：遠流出版事業公司，1986。

24. 《韓詩外傳今註今釋》，賴炎元，台北：商務印書館，1986。

25. 《讀經示要》，熊十力，台北：明文書局，1987。

26. 《禮記今註今譯》，王夢鷗，台北：商務印書館，1987。

27. 《中國哲學範疇史》，葛榮晉，哈爾濱：黑龍江人民出版社，1987。

28. 《儒家思想的現代意義》，蔡仁厚，台北：文津出版社，1987。

29. 《中國思想傳統的現代詮釋》，余英時，台北：聯經出版事業公司，1987。

30. 《中國力學史》，戴念祖，石家莊：河北教育出版社，1988。

31. 《周易的自然哲學與道德函義》，牟宗三，台北：文津出版社，1988。

32. 《明清實學思潮史》，辛冠浩、葛晉榮、陳鼓應，濟南：齊魯書社，1989。

33. 《中國古典哲學概念範疇要論》，張岱年，北京：中國社會科學出版社，
1989。

34. 《焦循研究》，何澤恆，台北：大安出版社，1990。

35. 《儒家的常與變》，蔡仁厚，台北：東大圖書公司，1990。

36. 《明清之際儒家思想的變遷與發展》，林聰舜，台北：學生書局，1990。

37. 《歷史文獻研究》，龐天佑，北京：燕山出版社，1990。

38. 《清史研究集》，胡發貴，北京：人民大學，1990。

39. 《困知二錄》，趙紀彬，北京：中華書局，1991。

40. 《清儒學記》，張舜徽，濟南：齊魯書社，1991。

41. 《戴震》，張立文，台北：東大圖書公司，1991。

42. 《清代哲學》，蔣國葆、余秉頤、王茂、陶清，安徽：人民出版社，1992。

43. 《戴震評傳》，李開，江蘇：南京大學出版社，1992。

44. 《中國思想通史》，侯外廬，北京：人民出版社，1992。

45. 《儒家管理哲學》，黎雷紅，廣東：高等教育出版社，1993。

46. 《孟子研究》，梁韋弦，台北：文津出版社，1993。

47. 《中國古代物理學》，戴念祖，台北：商務印書館，1994。

48. 《焦循雕菰樓易學研究》，賴貴三，台北：里仁書局，1994。

49. 《以禮代理——淩廷堪與清中葉儒學思想之轉變》，張壽安，台北：中央

研究院近代史研究所，1994。

50. 《荀子之核心思想——「禮義之統」及其現代意義》，李哲賢，台北：文津出版社，1994。

51. 《第四屆清代學術研討會論文集》，中山大學，高雄：國立中山大學中國文學系，1995。

52. 《中國哲學範疇導論》，葛榮晉，台北：萬卷樓圖書有限公司，1995。

53. 《中國歷代婚姻與家庭》，顧鑒塘、顧鳴塘，台北：商務印書館，1995。

54. 《中國古代婚姻史研究》，董家遵，廣東：人民出版社，1995。

55. 《周易縱橫談》，黃慶萱，台北：東大圖書公司，1995。

56. 《明清啟蒙學術流變》，許蘇民，瀋陽：遼寧教育出版社，1995。

57. 《中國古代哲學問題發展史》，方立天，台北：洪葉文化事業公司，1995。

58. 《中國近三百年學術史》，錢穆，台北：商務印書館，1996。

59. 《新譯墨子讀本》，李生龍，台北：三民書局，1996。

60. 《善的歷程——儒家價值體系的歷史衍化及其現代轉換》，楊國榮，台北：五南圖書出版社，1996。

61. 《中國哲學範疇發展史——人道篇》，張立文，台北：五南圖書出版社，1997。

62. 《中國人性論史》，姜國柱、朱葵菊，鄭州：河南人民出版社，1997。

63. 《孟子與經營管理》，熊禮匯、姜國斌，台北：絲路出版社，1998。

64. 《華學》（第三輯），紫禁城出版社，北京：紫禁城出版社，1998。

65. 《清代義理學新貌》，張麗珠，台北：里仁書局，1999。

66. 《梁啟超全集》，梁啟超，北京：北京出版社，1999。

67. 《戴東原的哲學》，胡適，合肥：安徽教育出版社，1999。

68. 《易學新探》，程石泉，台北：黎明文化事業公司，1999。

69. 《朱子道德哲學研究》，周天令，台北：文津出版社，1999。

70. 《和諧論——儒家文明與當代社會》，田廣清，北京：中國華僑出版社，2000。

71. 《儒家思想意涵之現代闡釋論集》，劉述先，台北：中央研究院中國文哲研究所，2000。

72. 《清代學術概論》，梁啟超，台北：里仁書局，2000。

73. 《焦循儒學思想與易學研究》，陳居淵，濟南：齊魯書社，2000。

74. 《明清儒學轉型探析——從劉蕺山到戴東原》，鄭宗義，香港：中文大學出版社，2000。

75. 《變》，張立文，台北：七略出版社，2000。

76. 《慶祝莆田黃錦鋐教授八秩嵩壽論文集》，文史哲出版社，台北：文史哲出版社，2001。

77. 《儒家中和哲學通論》，董根洪，濟南：齊魯書社，2001。

78. 《十八世紀禮學考證的思想活力──禮教論爭與禮秩重省》，張壽安，台北：中央研究院近代史研究所，2001。

79. 《清代學術論叢》第二輯，文津出版社，台北：文津出版社，2001。

80. 《清代新義理學──傳統與現代的交會》，張麗珠，台北：里仁書局，2003。

四、期刊論文

1. 王永祥，〈戴東原的繼承者焦里堂〉，《東北叢刊》，第一卷第十二期，1930.12。

2. 高明，〈朱子的禮學〉，《輔仁學誌》，十一期，1982.6。

3. 黃懿梅，〈清代哲學中人性論的探究〉，《台大哲學論評》，第六期，1983.1。

4. 黃懿梅，〈清代哲學中格物致知理論之探究〉，《台大哲學論評》，第八期，1985.1。

5. 何澤恆，〈論語孟子中所說的「權」〉，《孔孟月刊》，第二十四卷第三期，1985.11。

6. 蕭義玲，〈從方法論的發展看清代諸子學的興起〉，《孔孟學報》，第七十五期，1988.3。

7. 楊國榮，〈論原始儒家的經權學說〉，《孔孟月刊》，第三十一卷第三期，1992.11。

8. 周婉窈，〈清代桐城學者與婦女的極端道德行為〉，《大陸雜誌》，第八十七卷第四期，1993.10。

9. 孫實明，〈論孔孟的中庸之道〉，《理論探討》，第四期，1994。

10. 呂紹綱，〈說孔子「中」的哲學〉，《哲學與文化》，第二十一卷第四期，1994.4。

11. 葛榮晉，〈明清實學與中國傳統價值觀念的轉變〉，《哲學雜誌》，第十二期，1995.4。

12. 吳付來，〈試論儒學經權論的邏輯走向〉，《安徽師大學報》，第二十四卷第一期，1996。

13. 蔡方鹿，〈朱熹之禮學〉，《朱子學刊》，第一輯，1996。

14. 許倬雲，〈中國人的生活與精神狀態〉，《中華心理衛生學刊》，第九卷第一期，1997。

15. 楊澤波，〈孟子經權思想探微〉，《學術論壇》，1997.6。

16. 施扣柱，〈戴震人性論發微〉，《史林》，第二期，1998。

17. 張壽安，〈清儒的考證、經世與制度重建〉，《當代史學》，第一卷第四期，1998.12。

18. 吉永生，〈論孔孟倫理思想中的境遇主義成分〉，《孔子研究》，第三期，1999。

19. 陳寧，〈儒家的「知命」內容分析〉，《哲學雜誌》，第二十七期，1999.1。

20. 坂出祥伸著、楊菁譯，〈焦循的學問〉，《中國文哲研究通訊》，第十卷第一期，2000.3。

21. 坂出祥伸著、楊菁譯，〈關於焦循的《論語通釋》〉，《中國文哲研究通訊》，第十卷第二期，2000.6。

22. 林憶芝，〈聖之時者——孟子心目中的孔子〉，《鵝湖學誌》，第二十四期，2000.6。

23. 馬育良，〈仁、義與孔孟的經權思想〉，《安徽師範大學學報——人文社會科學版》，第二十八卷第四期，2000.11。

24. 賴貴三，〈清代乾嘉揚州學派經學研究的成果與貢獻〉，《漢學研究通訊》，第十九卷第四期，2000.11。

25. 楊晉龍，〈台灣學者研究「清乾嘉揚州學派」述略〉，《漢學研究通訊》，第十九卷第四期，2000.11。

26. 林憶芝，〈《論語》「可與共學」章試釋〉，《中國文化研究所學報》，第十期，2001。

27. 劉仲華，〈清代荀子的復活〉，《蘭州大學學報（社會科學版）》，第二十九卷第一期，2001。

28. 李承貴，〈中國傳統哲學中的德智關係論〉，《齊魯學刊》，第二期，2001。

29. 王新春，〈周易「時」的哲學發微〉，《孔子研究》，第六期，2001.1。

30. 岳天雷，〈高拱的權變方法論及其實踐價值〉，《孔子研究》，第三期，2001.3。

31. 楊芳燕，〈明清之際思想轉向的近代意涵——研究現狀與方法的省察〉，《漢學研究通訊》，第二十卷第二期，2001.5。

32. 賴貴三，〈焦循（1763～1820）研究論著目錄：1796～2001〉，《漢學研究通訊》，第二十一卷第一期，2002.2。

33. 劉德明，《焦循《孟子正義》之義理學研究》，中央大學中國文學研究所碩士論文，1995.6。

34. 廖千慧，《焦循《論語》學研究》，中正大學中國文學研究所碩士論文，1995.7。

35. 石櫻櫻，《「執兩用中」之恕道——焦循《論語》義理思想之闡發》，逢甲大學中國文學研究所碩士論文，1998.6。